Riedl/Schweder • Der kleine Unterschied

Sabina Riedl
Barbara Schweder

DER KLEINE UNTERSCHIED

Warum Frauen und Männer anders denken und fühlen

Mit Illustrationen
von Smoky Riedl

Deuticke

für Hannes und Michael, in Liebe

INHALT

VORWORT

Es war ein Tag wie jeder andere, und doch sollte jener Montagmorgen im Jänner einige Überraschungen für mich bereithalten. Am Freitag war eine von mir gestaltete Dokumentation im ORF-Wissenschaftsmagazin *Modern Times* gelaufen. Es ging darin um den »kleinen« Unterschied zwischen Mann und Frau, um die jüngsten und aufregendsten Forschungen über die unterschiedlichen Gedankenwelten in den Köpfen von Männern und Frauen – und um die alte Streitfrage, wer oder was uns zur Frau oder zum Mann macht: die Umwelt oder die Biologie.

Ich hatte das Glück, für das Fernsehprojekt einige der interessantesten Forscherinnen und Forscher auf diesem Gebiet gewinnen zu können: das Psychologenehepaar Raquel und Ruben Gur aus Philadelphia, das in letzter Zeit für die aufsehenerregendsten Ergebnisse in der Gehirnforschung gesorgt hat; die Bostoner Psychologin Ceilia Moore, die kürzlich im Tierversuch nachgewiesen hat, wie entscheidend die mütterliche Zuwendung für die gesunde Entwicklung der Jungen ist; die Sprachforscherin Sally Shaywitz von der Yale University, die entdeckt hat, daß Männer und Frauen unterschiedliche Teile ihres Gehirns zum Sprechen verwenden; die junge Utrechter Psychologin Stephanie Van Goozen, die an Transsexuellen den Einfluß der Geschlechtshormone auf das Gehirn von Erwachsenen untersucht hat. Und, zu guter Letzt, einen der berühmtesten Anthropologen unserer Zeit, den Kanadier Lionel Tiger, der an der Rutgers University, New Jersey, unterrichtet und zahlreiche Bücher über die biologische Ausstattung unserer Spezies geschrieben hat. Er versteht sich darauf, die menschlichen Verhaltensweisen mit feiner Klinge zu sezieren und auf ihre stammesgeschichtlichen Wurzeln zurückzuführen.

Die lebhaften Erzählungen all dieser herausragenden Persönlichkeiten, ihre leidenschaftlichen Statements darüber, was Männer und Frauen unterscheidet und warum, und ihre teils euphorischen, teils nachdenklichen Prognosen, wie die neuen Forschungsergebnisse wohl das Verhältnis der Geschlechter in Zukunft beeinflussen werden, hatte ich noch deutlich vor Augen.

Auf meinem Schreibtisch fand ich an jenem Montagmorgen neben dem üblichen Stapel Post eine Notiz. Die erste Überraschung des Tages: »Deuticke Verlag rückrufen«, stand da auf einem Zettelchen. Der Verlag – stellte sich heraus – wünschte sich auf der Basis der in der Sendung vorgestellten Ergebnisse ein Buch, allerdings mit einem Koautor – ein Autorengespann bestehend aus einem Journalisten und einem Wissenschaftler. Ich mußte nicht lange überlegen, um die ideale zweite Hälfte für das Gespann zu finden: Barbara Schweder ist eine brillante junge Anthropologin, die sich wie keine andere auf dem Gebiet der Geschlechterforschung und in den angrenzenden Disziplinen auskennt. Die Lektorin am Institut für Humanbiologie an der Universität Wien hat vielbeachtete Arbeiten über die Partnerwahl des Menschen geschrieben. Die gute Zusammenarbeit für das Buch verdanken wir nicht zuletzt einem glücklichen Zufall, der uns als »biologisches Gespann« zur Welt kommen ließ: als Geschwister.

Außer der Notiz, die dieses Buch zur Folge hat, lag an jenem Montagmorgen also noch die Post auf meinem Schreibtisch: Die meisten Briefe entpuppten sich als Reaktionen auf die Sendung. Ich war wohl auf kontroversielle Meinungen gefaßt gewesen, nicht aber auf diese explosive Mischung aus Haß, Feindseligkeit, Sexismus, Verachtung und Vorurteilen, die mir aus einigen der Zuschriften entgegenschlug. Sollten diese Äußerungen nichts anderes widerspiegeln als den alltäglichen Kampf auf dem Schlachtfeld der Geschlechter?

Selbst ernsthafte wissenschaftliche Untersuchungen über die Unterschiede zwischen Mann und Frau geraten zu einem gefährlichen Lauf über ein Minenfeld: Zu alt und zu übermächtig sind die Vorurteile zwischen den Geschlechtern, zu groß ist der »kleine« Unterschied, als daß darüber ohne Emotionen sachlich diskutiert werden könnte. Wie sehr diese Mutter aller Schlachten immer noch tobt, wurde mir klar, als ich die Reaktionen auf die Fernsehsendung genauer unter die Lupe nahm ...

S. R., Frühjahr 1997

EINLEITUNG

»Wenn ich richtig aufgepaßt habe«, schrieb mir ein Tiroler Mannsbild, »kam in Ihrer Sendung über die Unterschiede des Denkens zwischen Mann und Frau das Wort ›Weiberlogik‹ nicht vor.« Die »Weiberlogik«, die gebe es ganz einfach, meinte der Mann weiter. Er hätte dafür schließlich jede Menge Indizien gesammelt! Und er schilderte – zu meinem Erstaunen – folgenden Sachverhalt: »Meine Schwester hat sich wiederholt bemüßigt gefühlt, mein Zimmer ›aufzuräumen‹, dito meine Mutter. Beide haben wiederholt WICHTIGES weggeschmissen, ohne es gemerkt zu haben!!! Unvorstellbar!! Sie hätten bestimmt auch 1000-Schilling-Scheine vernichtet. Sie hinterfragen ihr eigenes Tun NICHT!! Sie richten sich nicht nach der Richtigkeit, sondern orientieren sich an ihrem vorurteiligen Weltbild!! Das meine ich mit ›Weiberlogik‹. Was geht da in den Frauen vor? Was hat das mit höher entwickelten Hirnregionen zu tun??« Der Verfasser empfahl sich schließlich mit »männlichen Grüßen«.

Jetzt hätte ich natürlich annehmen können, da mache sich jemand einen Spaß. Aber ich glaube, der Brief war ernst gemeint ebenso wie die offensichtliche Überzeugung des Schreibers, daß die Frauen, von ihm abschätzig »Weiber« genannt, nicht nur einer bloß anderen Logik folgen würden als Männer, sondern einer im Vergleich zu Männern auf jeden Fall minderwertigen Logik.

Eine Frau aus Wien schrieb, was mir einfiele, überhaupt über solche Forschungsergebnisse zu berichten. Ob ich nicht wisse, was ich damit anrichten würde. »Sie haben all jenen, die immer schon gewußt haben, daß Frauen nur für Küche und Kinder taugen, die Beweise dafür nachgeliefert«, meinte sie aufgebracht und verabschiedete sich in »tiefster Verachtung«.

Diese beiden Reaktionen sind typisch für das vergiftete Klima zwischen Frauen und Männern und typisch für die Rollen, die die beiden Geschlechter darin spielen. Es ist nicht zufällig ein Mann, der sich verächtlich über eine vermeintlich angeborene Eigenschaft des anderen Geschlechts äußert, und es ist auch nicht zufällig eine Frau, die neue wissenschaftliche Erkenntnisse fürchtet wie den Leibhaftigen. Das alles hat freilich seinen guten Grund.

»Weiber sind dümmer«

In den vergangenen Jahrhunderten ließen Mediziner und Gelehrte nichts unversucht, biologische Beweise dafür zu erbringen, daß Frauen von Natur aus minderwertig seien. Als der französische Anatom Paul Broca Mitte des vorigen Jahrhunderts entdeckte, daß die Gehirne von Frauen im Durchschnitt weniger wiegen als die von Männern, schloß er daraus messerscharf, daß »Weiber ein bißchen dümmer sind als Männer«.[1] Er hatte bei seiner Untersuchung allerdings geflissentlich übersehen, daß Frauen insgesamt kleiner und leichter sind als Männer. Hätte er diese Tatsache berücksichtigt, wäre ihm aufgefallen, daß das Verhältnis Körpergewicht zu Gehirnvolumen bei Frauen auf keinen Fall schlechter ausfällt als bei Männern – im Gegenteil.

Einen Höhepunkt der wissenschaftlich bemäntelten Frauenfeindlichkeit lieferte 1900 der deutsche Nervenarzt Paul Julius Möbius mit seinem Werk *Der physiologische Schwachsinn des Weibes*. Darin behauptet er: »Demnach ist also nachgewiesen, daß für das geistige Leben außerordentlich wichtige Gehirntheile, die Windungen des Stirn- und Schläfenlappens, beim Weibe schlechter entwickelt sind als beim Manne und daß dieser Unterschied schon bei der Geburt besteht.«[2]

Da auch diese Behauptung mit wissenschaftlich fundierten Erkenntnissen nicht das geringste zu tun hat, darf man davon ausgehen, daß das Motiv für derartige schriftgewordene Verfehlungen reine Frauenverachtung gewesen sein muß. Die armen Frauen. Hatte ihnen ein paar Jahrhunderte zuvor die Kirche den Besitz einer Seele abgesprochen, machte ihnen nun die Wissenschaft ihre Intelligenz abspenstig mit dem Ziel, Frauen daran zu hindern, sich zu bilden und sich mit ihrer Bildung zur Wehr zu setzen. Wie formulierte es die Dichterin Marie von Ebner-Eschenbach im Jahre 1830? »Eine gescheite Frau hat Millionen geborener Feinde: alle dummen Männer.«[3]

Rivalisierende Stämme

Seither tobt der Kampf der Geschlechter unvermindert weiter, obwohl Frauen, zumindest in unserer Wohlstandsgesellschaft, längst dieselbe Bildung genießen wie Männer und Gesetze durchgesetzt haben, die ihnen das Anrecht auf Gleichbehandlung garantieren. Dennoch hat sich so viel Gehässigkeit gegen Frauen gehalten. »Lange Haare, kurzer Verstand« ist ein solches Sprüchlein oder Nietzsches »Gehst du zum Weibe, vergiß die Peitsche nicht!« Die Frauen haben später zum Gegenschlag ausgeholt: »Eine Frau ohne Mann ist wie ein Fisch ohne Fahrrad«, lautete ein Slogan der Frauenbewegung.

Männer und Frauen, so der Anthropologe Lionel Tiger, seien einerseits wie rivalisierende Stämme, andererseits bestünde da diese magische Anziehungskraft zwischen den beiden Geschlechtern, die der verkorksten Beziehung zwischen Adam und Eva eine paradoxe Note gibt. Geliebte Feinde – verhaßte Geliebte? [4]

Wozu, fragen Sie sich jetzt vielleicht, sollte man unter diesen Umständen noch Forschungen darüber anstellen, wie sich die beiden Geschlechter unterscheiden, wenn das doch nur dazu führt, daß alte Vorurteile noch fester in den Köpfen einzementiert werden?

Ganz einfach: Weil die jüngsten Forschungsergebnisse mit altbackenen Klischees wie jenem von der »schwachen Frau« und mit dem Mythos vom »starken Mann« aufgeräumt haben. Sie bieten die Chance, Sexismen und Geschlechtsdiskriminierung endlich die Grundlage zu entziehen, und zeichnen eine Welt der Geschlechter, die viel bunter, differenzierter und überraschender ist, als wir es uns je erträumt hätten.

Und noch etwas Entscheidendes kann die Erforschung des »kleinen« Unterschieds leisten: So wie man einen einzelnen Menschen besser einschätzen kann, wenn man mehr über ihn weiß, kann man auch den Umgang mit dem anderen Geschlecht durch Wissen übereinander positiver gestalten. Denn sind es nicht Unwissen und Ignoranz, die in ungerechter Behandlung und Diskriminierung gipfeln?

»Den Tag, an dem man Männer und Frauen nur noch daran erkennt, auf welcher Seite sie ihre Mäntel knöpfen, möchte ich nicht mehr erleben«, soll unser Großvater einmal gesagt haben. Vermutlich hat er mit diesem Ausspruch seiner Befürchtung Ausdruck verliehen, die äußeren Merkmale von Männern und Frauen – also das, was man im Volksmund den »kleinen Unterschied« nennt – könnten sich irgendwann in Luft auflösen und die Menschen in völliger Orientierungslosigkeit hinterlassen. Aber selbst wenn dieser Fall jemals eintreten sollte, könnten wir ihn beruhigen, denn dann gäbe es immer noch das schier unendliche Universum der Gefühle und Gedanken, die die Wahrnehmung des anderen Geschlechts um eine lebensnotwendige Dimension bereichern: Es lebe der große »kleine« Unterschied!

DIE UNTERSCHIEDE

DAS KROKODIL IM MANN

»Mein Mann und ich sind seit sieben Jahren glücklich verheiratet. Im Bett klappt es gut, eines stört mich: Solange ich gut drauf bin, ist alles okay. Aber sobald ich Sorgen habe und seine Zuwendung brauche, wendet er sich von mir ab. Immer wenn ich ihm von meinen Problemen erzähle, habe ich das Gefühl, er hört gar nicht zu. Was soll ich nur machen? Heißt das, er liebt mich nicht mehr?«

Hilferufe dieser Art füllen Tag für Tag die Ratgeber- und Herz-Schmerz-Spalten der Zeitungen und Illustrierten. Wer genauer hinsieht, kann sich davon überzeugen, daß diese Leserbriefe – obwohl von den unterschiedlichsten Leuten aus den unterschiedlichsten Gründen verfaßt – ein gemeinsames Thema haben. Ein roter Faden zieht sich durch all diese Schilderungen: Die Schreiber, egal ob männlichen oder weiblichen Geschlechts, beklagen meist den Umstand, daß sie sich von ihrem Partner nicht verstanden fühlen.

Die SIES wollen gerne über ihre Gefühle reden, die ERS empfinden das als peinlich; SIE liebt Romantik, ER mag lieber Action. SIE fühlt sich verletzt, ER ist überfordert.

Es ist ein Perpetuum mobile der Unerfreulichkeiten, und irgendwann fragt man sich kopfschüttelnd: Warum ist es für Männer und Frauen gar so schwierig, miteinander auszukommen, obwohl sie doch seit Jahrmillionen füreinander bestimmt sind und ihre Körper dafür gemacht sind, Freude aneinander zu haben?

Einschlägige Sachbücher und Ratgeber versuchen die emotionalen Verwicklungen zwischen den Geschlechtern zu entwirren. Diese Bücher werden in hoher Auflage produziert und auch gekauft. Der Markt profitiert davon, daß die »Gefühlskostüme« von Frauen und Männern so unterschiedlich »gestrickt« sind.

Der absolute Renner unter den »Beziehungsratgebern« trägt den Titel *Männer sind vom Mars – Frauen sind von der Venus*[1]. Und diese Zeile trifft mitten ins Schwarze. Sie gibt genau das wieder, was sich insgeheim schon viele über ihren Partner gedacht haben: Ist SIE/ER von einem anderen Stern? Warum kommen die Botschaften, die ich schicke, nur verzerrt oder gar nicht bei IHR/IHM an?

Die verschiedenen Gefühlswelten von Frauen und Männern existieren. Sonst wären sie schließlich nicht ein derart unerschöpfliches Diskussionsthema. Jeder hat seine eigene kleine Theorie dazu, und auch der Volksmund hat sich auf diese offenkundigen Unterschiede längst seinen Reim gemacht. Der Begriff »Heulsuse«, selbst wenn er abwertend gemeint ist, läßt keinen Zweifel, welchem der beiden Geschlechter man gemeinhin die Gefühle zuschreibt.

Freundlichere Worte, allerdings für dasselbe Phänomen, fand der große Dichterfürst der Romantik, Novalis, 1795/96: »Im Manne ist Vernunft, im Weibe Gefühl /beides positiv/ das Tonangebende. Die Moralität des Weibes ist im Gefühl – wie die des Mannes, in der Vernunft gegründet. (...) /Der Mann darf das *Sinnliche* in *vernünftiger* Form, die Frau das *Vernünftige* in *sinnlicher* Form begehren./ Das *Beywesen* des Mannes ist das *Hauptwesen* der Frau.«[2]

Sind Frauen nun tatsächlich die gefühlsbetonteren Menschen? Läßt sich so etwas Unbestimmtes, Undefinierbares wie »Gefühl« wissenschaftlich überhaupt untersuchen? Sind es nicht gerade die Gefühle, die sich im Kern jeder Beschreibung und Darstellung widersetzen? Wie lassen sich Glück, Traum, Hoffnung, Liebe definieren? In einer künstlerischen Form ist das immer wieder einigen wenigen großen Meistern gelungen – Michelangelo, Shakespeare, Mozart, Goethe, Rodin ...

Liebe, Haß und andere Kleinigkeiten

Was geschieht wirklich im Menschen, wenn ihn ein Gefühl »überwältigt«? Was empfinden Mann und Frau beim Anblick der ersten Vorboten des Frühlings, beim Klang einer Mozartoper oder bei einem Popkonzert? Und vor allem: Empfinden sie tatsächlich unterschiedlich? Und wenn ja, warum? Und wie läßt sich das feststellen?

Ruben Gur, Psychologe an der University of Pennsylvania, hat eine Antwort auf diese Fragen gefunden – in den tiefsten und ältesten Schichten jenes geheimnisvollen Organs, das nach Jahrmillionen von Versuch und Irrtum als Meisterwerk der Evolution hervorgegangen ist: im menschlichen Gehirn. »Wir hatten kaum begonnen, die Gehirnfunktionen auf Geschlechtsunterschiede zu untersuchen«, erzählt er, »da waren sie auch schon da.«[3]

Ruben Gur hat sich von der spekulativen Aura, die den »kleinen« Unterschied zwischen Frauen und Männern umgibt, nicht abschrecken lassen und gilt mittlerweile als eine der wenigen unumstrittenen Kapazitäten auf dem heiklen Gebiet der Geschlechtsunterschiede im Gehirn. Er und seine Frau Raquel, ebenfalls Psychologin, arbeiten eng zusammen. Dabei fiel ihnen auf, wie unterschiedlich sie beide an ihre gemeinsame Arbeit herangehen. »Raquel arbeitet viel lieber mit Menschen zusammen als ich«, gesteht Ruben Gur. »Wenn ich eine Woche lang allein an meinem Computer sitzen kann, bin ich selig. Im Unterschied zu mir ist sie auch eher in der Lage, Gefühle von anderen Menschen zu verstehen. Sie kann besser mit Patienten umgehen oder mit Mitarbeitern im Labor. Und sie kann viel besser auf deren Bedürfnisse eingehen.«

Ruben Gur war überzeugt, daß die Unterschiede zwischen Mann und Frau nicht bloß individuell, sondern vom Geschlecht abhängig seien. Beweisen konnte er seine These allerdings noch nicht. Gefühle im Gehirn aufzuspüren und zu messen, gehört zu den schwierigsten Aufgaben der modernen Gehirnforschung. Viel leichter ist es festzustellen, welches der beiden Geschlechter bei bestimmten Aufgaben wie Rechnen, Ballspielen oder Reimen besser abschneidet. Gefühle hingegen sind zu komplex für derartige Untersuchungen. Fast scheint es, als wollte das Gehirn seine intimsten Vorgänge vor unerwünschtem Zugriff schützen. Die Gurs mußten sich also etwas einfallen lassen. Sie beschlossen, das Gehirn im Ruhezustand zu untersuchen, und zwar nicht nur seine Durchblutung, sondern noch einen weiteren hochsensiblen Indikator für die Vorgänge in seinem Inneren: den Glukose-Stoffwechsel.

Das Gehirn ernährt sich von Glukose, also Zucker. Dort, wo es aktiv ist, verbraucht es die Nahrung wie ein Motor den Sprit. Diesen »Verbrennungsvorgang« kann man sichtbar machen – mit Hilfe der Positronen-Emissions-Tomographie (PET). Zu diesem Zweck wird der Versuchsperson eine schwach radioaktive Zuckerlösung injiziert, deren Abbau auf einem Bildschirm verfolgt wird. Dort, wo die radioaktiv markierten Moleküle schneller abgebaut werden, ist das Gehirn stärker tätig. Selbst wenn eine Versuchsperson regungslos daliegt, ohne an etwas Bestimmtes zu denken, verrät das Muster ihres Gehirnstoffwechsels, welche Teile des Gehirns gerade aktiv sind.

Diese geheimnisvollen Spuren führten das Forscherduo geradewegs zu einer spektakulären Entdeckung:[4] Während sich auf den ersten Blick keine nennenswerten Unterschiede in den Gehirnen der 24 weiblichen und 37 männlichen Freiwilligen zeigten – »Im gesamten Großhirn war der Gehirnstoffwechsel bei Männern und Frauen gleich«, erzählt Ruben Gur –, lauerte die eigentliche Sensation in den verborgenen Tiefen des menschlichen Denkorgans: »Sobald wir in das emotionale Zentrum, den sogenannten ventromedialen Teil des Gehirns, vordrangen, wo sich das limbische System befindet, also jener Teil des Gehirns, der für die Gefühle verantwortlich sein dürfte, fielen uns gewaltige Unterschiede zwischen Männern und Frauen auf.«

Fressen und gefressen werden

Der Sitz der Emotionen, das limbische System, besteht aus zwei Teilen. Der eine liegt unterhalb des Corpus callosum, eines Stegs von Nervenfasern, der die beiden Gehirnhälften miteinander verbindet. Dieser Teil wird als das untere oder das alte limbische System bezeichnet. »Es ist jener Teil des Gehirns, der sich ganz früh im Lauf der Evolution gebildet hat«, erklärt Ruben Gur, »ein Teil, den wir mit niederen Säugetieren wie Ratten und Hunden, aber auch mit Reptilien teilen. In diesem Bereich des limbischen Systems zeigen Männer mehr Aktivität als Frauen. Dort haben sie einen erhöhten Glukoseverbrauch.«

»Der zweite Teil des limbischen Systems«, so Gur, »liegt oberhalb des Corpus callosum und ist aus evolutionärer Sicht betrachtet ein jüngerer Teil des Gehirns. Wirklich groß ist er erst beim Menschen – selbst bei unseren nächsten Verwandten im Tierreich ist er noch winzig klein. In diesem Teil haben Frauen den deutlich regeren Stoffwechsel als Männer.«

Jener Teil des Gehirns also, der die Gefühle der Männer steuert, ist einer mit langer Geschichte. Er ist ein Relikt aus jenen frühen Tagen der Menschheitsgeschichte, als die Überlebensformel noch lautete: essen, trinken, fortpflanzen, angreifen, weglaufen – fressen oder gefressen-werden. Gehorchen Männerhirne immer noch diesen urgeschichtlichen Kommandos, während Frauen wie moderne Menschen denken – sozial und rücksichtsvoll?

Das wäre in der Tat ein gewaltiger Unterschied. Nicht zu vergleichen mit jenen, die bisher beim räumlichen

Vorstellungsvermögen oder der sprachlichen Begabung zwischen Frauen und Männern gemessen wurden.

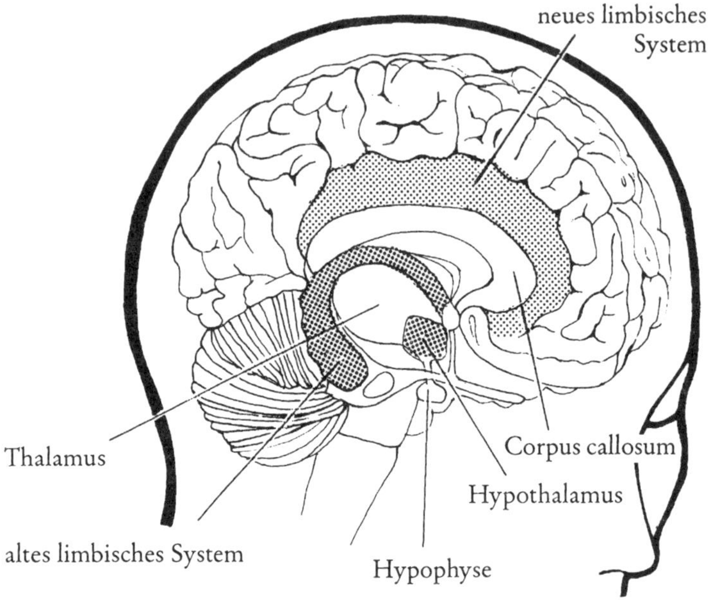

Abb. 1 Das limbische System – Sitz der Emotionen

Aber was bedeutet diese Entdeckung? Müssen wir Adam und Eva fortan mit anderen Augen betrachten? Sind Männer primitiver als Frauen, weil sie ihre Gefühlswelt mit »niederen« Geschöpfen wie zum Beispiel Reptilien teilen? Sind Frauen die »höher« entwickelten Lebewesen, weil ihre Gefühle in einem Teil des Gehirns verarbeitet werden, der nur beim Menschen, also der Krone der Schöpfung, ausgeprägt vorhanden ist? Sind Männer und Frauen am Ende nicht einmal artverwandt?

»Natürlich gehören wir zur selben Spezies«, räumt der Psychologe Gur ein, »aber wir kommen nicht immer gut miteinander aus. Manchmal ist es sogar ziemlich mühsam, sich zu verstehen. Und das könnte damit zusammenhängen, daß wir auf so unterschiedliche Weise mit unseren Emotionen umgehen.«

Über die Tragweite seiner Entdeckung war Ruben Gur zwar überrascht, nicht aber darüber, daß Männer und Frauen auf so unterschiedliche Weise mit ihren Gefühlsregungen umgehen. »Man muß sich nur die Statistiken ansehen, die Zahl der Gewaltverbrechen, die Zahl der tätlichen Angriffe. Da gibt es keine Relation zwischen Männern und Frauen, so als ob sie tatsächlich zu zwei verschiedenen Arten gehören würden. Das hängt vielleicht mit diesem Unterschied zusammen, weil der alte Teil des limbischen Systems auf instrumentale Weise, wie die Psychologen es nennen, mit Gefühlen umgeht. Wenn man eine Gefühlsregung verspürt, tut man etwas dagegen.« Das heißt, wenn ein Mann zornig ist, reagiert er sich ab, indem er zuschlägt – nicht in jedem Fall, aber doch eher als eine Frau, sagt Ruben Gur.

»Der Gyrus cinguli, der neue Teil des limbischen Systems, der oberhalb des Corpus callosum liegt, verfährt mit Emotionen in einer symbolischen Art. Tiere, die über einen Gyrus cinguli verfügen, sind in der Lage, ihre Gefühle in komplexerer Weise auszudrücken – ohne Aktionen. Dieser Teil liegt in der Nähe des Sprachzentrums. Möglicherweise ist das der Grund, warum Frauen ihre Gefühle besser in Worte kleiden können.« Das heißt, Frauen verarbeiten ihre Gefühle, indem sie sie zum Ausdruck bringen, in Worte kleiden, während Männer ihre Gefühle zumeist nur abreagieren.

Der blinde Fleck der Männer

Offenbar können Frauen nicht nur mit ihren eigenen Gefühlen besser umgehen als Männer. Sie sind auch Weltmeister im Erkennen von Gefühlen und Emotionen bei

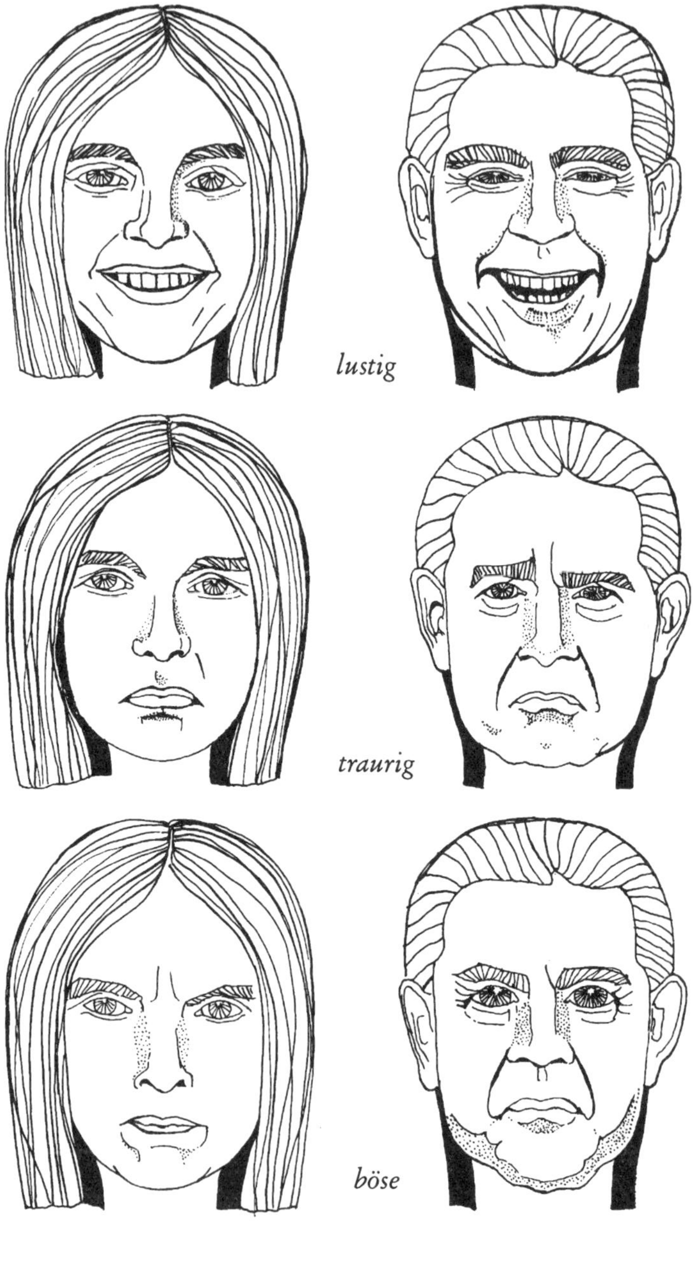

Abb. 2

anderen. In einer weiteren Versuchsreihe haben die Gurs herausgefunden, daß Frauen den Männern viel voraushaben, wenn es darum geht, Gemütsverfassungen oder Stimmungen im Gesichtsausdruck ihrer Mitmenschen abzulesen.

Für diesen Test ließ Ruben Gur Fotos von männlichen und weiblichen Schauspielern anfertigen, die die verschiedenen Gefühlsregungen bis in die feinste Nuance mit ihrer Mimik wiedergaben: von »sehr fröhlich« bis »sehr traurig« reichte die Palette an Gesichtsausdrücken, die der Psychologe seinen Versuchspersonen auf einem Computerbildschirm präsentierte. Die Testpersonen mußten so schnell wie möglich bestimmen, welche Gemütsverfassung das soeben gesehene Gesicht widerspiegelte. Erwartungsgemäß schnitten die 24 Männer und 15 Frauen unterschiedlich gut ab. Insgesamt zeigten die Frauen mehr Einfühlungsvermögen und erkannten die Stimmungen in den Gesichtern mit größerer Treffsicherheit als die männlichen Versuchspersonen.

Aber es gab noch ein anderes, völlig überraschendes Ergebnis: Männer können wichtige Signale in den Gesichtern von Frauen einfach nicht erkennen. Freilich fiel es den männlichen Versuchspersonen nicht allzu schwer, eindeutige Gefühlskundgebungen wie unbeschwerte Fröhlichkeit und Lachen in den weiblichen Gesichtern abzulesen. Aber die ältesten und wichtigsten Signale im Gesicht einer Frau, wie Angst oder Traurigkeit, blieben den Männern verborgen. »Sie wirkten«, schildert Ruben Gur seine überraschende Entdeckung, »als hätten sie einen Gehirnschaden.«[5]

»Generell«, hat Gur beobachtet, »erkennen Frauen Gefühle schneller. Wenn man ihnen einen Gesichtsausdruck nur ganz kurz einspielt, also nicht länger als eine Zehntelsekunde – in einer so kurzen Zeit, kann man kaum erkennen, daß es ein Gesicht war –, können Frauen die Emotionen darin ablesen, während Männer länger brauchen, um abzuschätzen, ob der Gesichtsausdruck fröhlich oder traurig war. Wenn man Männer so lange schauen läßt, wie sie wollen, sind sie extrem sensibel, was die Gesichtsausdrücke anderer Männer anlangt. Sie erkennen traurige und fröhliche Stimmungen in männlichen Gesichtern ganz hervorragend. Bei dem Versuch, fröhliche Stimmungen bei Frauen zu erkennen, tippen sie in über 90 Prozent der Fälle richtig. Aber wenn Männer versuchen, Traurigkeit in den Gesichtern von Frauen zu erkennen, schaffen sie das einfach nicht.«

Sowohl Frauen als auch Männer sind also demnach empfänglicher für die Signale der männlichen Mimik. Das kann freilich nicht heißen, daß die weiblichen Gefühle weniger wichtig sind als die der Männer. Aber woher kommen diese Unterschiede in der Wahrnehmung von Emotionen? Wieso sollte es für Männer schwieriger sein, Traurigkeit im Gesichtsausdruck einer Frau als in dem eines Mannes auszumachen? Ruben Gur hat dafür eine ebenso verblüffende wie einleuchtende Erklärung: »Im Laufe der Evolution, besonders in primitiveren Zeiten – und in manchen Kulturen bis heute –, als die Körperkraft ein wichtiger Aspekt für den Wert eines Menschen war, war es für Frauen wichtig, zu erkennen, ob Männer fröhlich oder traurig waren. Denn Männer konnten viel mehr Schaden anrichten, wenn sie nicht gut aufgelegt waren. Und es war nicht so wichtig für einen Mann, zu wissen, ob eine Frau traurig war. Männer haben sich eben nicht dahingehend entwickelt, Traurigkeit bei Frauen zu erkennen, weil es für sie nicht von Bedeutung war.«

Die Zeiten roher Gewalt und des Faustrechtes, in denen sich der körperlich Stärkere gegen die Schwächeren durchsetzte, müßten wir doch schon längst in der Steinzeit zurückgelassen haben. Oder nicht? Warum belauern dann Männer immer noch jede kleinste Gefühlsregung eines vermeintlichen Nebenbuhlers und Rivalen, anstatt sich um die Gefühle ihrer Frauen zu kümmern? Unsere Zivilisation würde es Männern jedenfalls erlauben, genauso gefühlsbegabte Wesen zu sein wie Frauen. Aber vielleicht sind die unterschiedlichen Arten der Gefühlswahrnehmung so tief in unseren Köpfen verwurzelt, daß ein paar tausend Jahre Zivilisation sie nicht einfach auslöschen konnten.

Weltmeister der Gefühle

Männer sind also tatsächlich das, was viele Frauen insgeheim schon lange vermutet haben: höchst sensibel, vorsichtig, ja sogar ängstlich, soweit es ihre Geschlechtsgenossen anbelangt, aber relativ ungerührt und teilnahmslos, wenn es um die Wesen vom anderen Stern geht: um die Frauen.

Frauen mußten im Laufe der Evolution nicht nur für die Schwingungen empfänglich sein, die ein gewalttätiger Mann aussendet, sondern auch die kleinsten Gefühlsregungen der schwächsten und abhängigsten Geschöpfe in der Gruppe: der Kinder. Mütter erkennen sofort, was los ist, wenn ihr Baby auch nur ein klein wenig das Gesicht verzieht. Haben Frauen von Natur aus das bessere Sensorium, wenn es darum geht, nonverbale Botschaften aufzufangen und richtig zu interpretieren? Möglicherweise.

Dann ist es vielleicht auch kein Zufall, daß zu den bekanntesten Verhaltensforschern relativ viele Frauen zählen. Die legendäre Schimpansenforscherin Jane Goodall meinte einmal, daß die weibliche Fähigkeit, auf die Bedürfnisse eines Neugeborenen eingehen zu können, für Verhaltensforscher von unschätzbarem Wert sei. Dank dieser Gabe könnten sie sich auch in andere Geschöpfe der Primatenfamilie hineinversetzen, die – so wie Säuglinge – nicht sprechen können: die Menschenaffen. Und tatsächlich:

Die bedeutendsten Leistungen in der Primatenforschung wurden von drei Frauen vollbracht. Der berühmte englische Paläoanthropologe Louis Leakey hatte ihr Talent für die Verhaltensforschung entdeckt und gefördert und nannte sie – in Anlehnung an die Primaten, die sie studierten – liebevoll seine »Trimates«. Diane Fossey lebte achtzehn Jahre lang bei den Berggorillas im Grenzland zwischen Ruanda und Zaire, bis sie im Jahr 1985 ermordet wurde. Jane Goodall ist bis heute die bedeutendste Schimpansenforscherin der Welt, und Biruté Galdikas, eine Verhaltensforscherin litauischer Abstammung, hat ihr Leben der Erforschung der dritten großen Primatengruppe, den Orang Utans, gewidmet. Zufall?

Gegen einen »Zufall« spricht eine neue Studie des deutschen Verhaltensbiologen Günther Tembrock. Er hat die Interessen seiner Akademikerkollegen und -kolleginnen genauer unter die Lupe genommen und herausgefunden, daß Frauen eine Vorliebe für ganz bestimmte Forschungsgebiete haben: An erster Stelle stehen Arbeiten über die Mutter-Kind-Beziehung beim Menschen, gefolgt von Untersuchungen über die Brutpflege bei Primaten, an dritter Stelle steht allgemeine Verhaltensforschung an Primaten, und schließlich Motiv-, Appetenz- und Präferenzforschung. Die männlichen Kollegen, so Tembrock, tummeln sich eher in den theoretisch-taxonomischen Disziplinen – also jenen Wissensgebieten, die weniger mit den Lebewesen direkt oder deren Verhalten als mit deren systematischer Erfassung zu tun haben.[6]

Natürlich könnte man diese ungleiche Verteilung der Interessen und Fähigkeiten damit begründen, daß Frauen schon früh in die Rolle der fürsorglichen Mutter und Pflegerin gedrängt werden. Doch daß diese gesellschaftliche Norm allein dafür verantwortlich sein sollte, ist unwahrscheinlich. Gerade bei Wissenschaftlerinnen, also Frauen mit sehr hohem Bildungsniveau, kann man getrost davon ausgehen, daß sie sich in ihrer Berufswahl nicht so ohne weiteres von der Geschlechterrolle, mit der sie seit ihrer Kindheit konfrontiert worden sind, beeinflussen lassen.

Vielleicht sind gerade die Gurs ein gutes Beispiel für den Unterschied zwischen den beiden Geschlechtern. Sie sind beide international geachtete Psychologen, teilen das Interesse an derselben Forschungsrichtung und sind einander, was die Allgemeinbildung betrifft, absolut ebenbürtig. Dennoch fallen Ruben Gur Unterschiede auf, die, seiner Meinung nach, nur auf ihr unterschiedliches Geschlecht zurückzuführen seien. »Ich fühle mich im Umgang mit Zahlen wohler«, bekennt der erklärte Computerfreak, »Raquel hingegen im Umgang mit Worten. Ich glaube, wir sind zwar in einigen Bereichen sehr untypisch für unsere Geschlechter, aber in vieler Hinsicht auch wiederum Sklaven unserer Biologie.«

Die Last der Gefühle

Sklaven unserer Biologie? Entsetzlich! Aber keine Sorge, das klingt schlimmer, als es ist. Wer würde nicht liebend gerne ein mitfühlendes, gefühlsbetontes Wesen von sich Besitz ergreifen lassen und sich damit den Zugang zur Gefühlswelt seiner Mitmenschen erschließen? Wer würde freiwillig auf diesen direkten Draht zu den Empfindungen anderer verzichten wollen – auf diesen sechsten Sinn, dieses Röntgenauge für Ängste, Nöte, Freuden, Wünsche und Hoffnungen anderer Menschen – für ihre Emotionen, die Triebfedern allen menschlichen Handelns und allen Verhaltens? Sich von der weiblichen Biologie »versklaven« zu lassen, das kann doch beileibe nicht unangenehm sein – im Gegenteil: was für eine Bereicherung der menschlichen Wahrnehmung!

Daß Frauen ihre Empfindsamkeit aber auch gelegentlich zur Last werden kann, hat erst kürzlich eine Studie der Universität Trier bewiesen. Der Psychologe Clemens Kirschbaum vom Forschungszentrum für Psychobiologie und Psychosomatik bat 34 Frauen und 32 Männer zum sogenannten »Trier Social Stress Test«. Seine Absicht war es herauszufinden, auf welche Weise die beiden Geschlechter psychischen Streß bewältigen. Diese Frage ist besonders im Hinblick auf psychosomatische Erkrankungen wichtig. Denn mittlerweile kennt die Medizin psychischen Streß als Ursache zahlloser Immunschwächekrankheiten. Unter Streß produziert der Körper unter anderem größere Mengen des Streßhormons Cortisol, gleichzeitig sinkt die Anzahl der Killerzellen des Immunsystems, deren Aufgabe es ist, ungebetene Gäste im Körper – also Krankheitserreger – zu liquidieren. Der Organismus wird vorübergehend in Alarmbereitschaft versetzt. Ist die Gefahr oder die Streßsituation vorbei, sinkt der Cortisolspiegel wieder ab. Das heißt: Je mehr Cortisol der Körper produziert, desto schwächer werden die körpereigenen Abwehrkräfte, und umgekehrt. Diesen uralten Schutzmechanismus des Körpers, dieses »Mobilmachen« für den Ernstfall, wollte Clemens Kirschbaum genauer untersuchen.

Zu diesem Zweck dachte er sich den Sozialen-Streß-Test aus. Und wodurch ließen sich die Sklaven der Leistungsgesellschaft wohl mehr stressen als durch ein Vorstellungsgespräch für einen Job – möglichst vor einem großen Auditorium? Schmetterlinge im Bauch, feuchte Hände und erhöhten Herzschlag – genau diese den meisten Menschen wohlvertrauten Reaktionen wollte Kirschbaum seinen freiwilligen Versuchspersonen entlocken, um die biologischen Grundlagen des Phänomens Streß zu erforschen. Die Testpersonen mußten unter den strengen Blicken einer Jury vorsprechen, ihr Können anpreisen und ihre rhetorischen Fähigkeiten gleich unter Beweis stellen. Für dieses frei gesprochene Referat durften sie sich nicht länger als zehn Minuten vorbereiten. Das taten sie einmal allein, einmal mit Unterstützung einer fremden Person des jeweils anderen Geschlechts und einmal mit Unterstützung des eigenen Partners. Vor, während und nach dem Leistungsstriptease wurden Speichelproben genommen, um den Cortisolspiegel in jeder Testphase genau bestimmen zu können.

Das Ergebnis bei den männlichen Testpersonen fiel nicht anders aus, als der deutsche Psychologe erwartet hatte. Männer reagierten viel weniger gestreßt, wenn ihnen jemand zur Seite stand. Waren die Männer bei der Vorbereitung ihres »Auftritts« sich selbst überlassen, maß Clemens Kirschbaum die höchste Cortisolkonzentration in ihrem Speichel. Wurden sie vor dem Referat von einer ihnen unbekannten Frau betreut, beraten und seelisch unterstützt, war ihr Streßhormonspiegel schon etwas niedriger. Aber kaum standen ihnen ihre Ehefrauen oder Lebensgefährtinnen zur Seite, hatten die Streßhormone plötzlich gar keine Chance mehr: Der Cortisolspiegel der männlichen Testpersonen war mit einem Mal erstaunlich niedrig. Gecoacht von ihren Partnerinnen waren sie offenbar wesentlich weniger streßanfällig als allein. Das war nicht sehr überraschend: Schon Beobachtungen an Affen hatten gezeigt, daß Tiere mit psychischem Streß, wie beispielsweise im Zuge eines Ortswechsels, in Gesellschaft besser fertigwerden als allein. Und genau diesen Erkenntnissen entsprach die männliche Streßbewältigung.

Hilfe, ein Mann hilft!

Bei den Frauen hingegen verhielt sich der Cortisolspiegel ganz anders. Auch sie hatten eine hohe Konzentration des Streßhormons im Speichel, als sie ihre Referate alleine vorbereiteten und vortrugen. Doch dann wurde es spannend:

Als ihnen Clemens Kirschbaum eine hilfreiche Hand in Gestalt eines fremden Mannes zur Seite stellte, stieg ihr Cortisolspiegel geringfügig an. Völlig überrascht war der Psychologe schließlich von den Werten, die er maß, als die Frauen von ihren eigenen Partnern betreut wurden. Die Cortisolkonzentration erreichte ihren absoluten Höchststand. Die Frauen standen eindeutig stärker unter Druck, als ihnen ihr Partner zur Seite gestellt wurde.[7]

Heißt das, daß Frauen keinen Zuspruch brauchen? Sind sie deshalb insgesamt streßanfälliger, weil sie das empfindsame, das zartbesaitete Geschlecht sind? Und sind Männer deshalb besser beim Streßabbau, weil sie an sich das seelisch robustere Geschlecht sind?

Clemens Kirschbaum ist sich noch nicht ganz sicher. Er meint jedoch, daß das Verhalten der Männer an der überschießenden Streßreaktion der Frauen schuld sei. »Tja«, sagt er nachdenklich, »die Männer sind offenbar keine so gute seelische Stütze. Das sehen wir auch an der Klinik immer wieder. Wenn ein männlicher Patient mit einer niederschmetternden Diagnose konfrontiert wird, ist ihm die Anwesenheit seiner Frau eine große Hilfe, über den Schicksalsschlag hinwegzukommen. Umgekehrt leiden Patientinnen mehr, wenn ihr Mann in einer schweren Stunde bei ihnen ist.«[8]

Dieses Verhalten entspricht den uralten Klischees von der gefühlvollen Frau und dem gefühllosen Mann. Doch Clemens Kirschbaum meint, dieses Phänomen erklären zu können: Die Frau ist, seiner Ansicht nach, die »geborene« Trösterin, die ihrem Mann, wie es schon in der Kindheit seine Mutter getan hat, in seelischer Not das Händchen hält. Mutters Rockzipfel gibt also selbst erwachsenen Männern noch das Gefühl der Geborgenheit. Männer sind scheinbar weniger gut in der Lage, eine Frau, die unter Streß steht, zu beruhigen oder aufzumuntern. Dies vielleicht deshalb, weil Männer die weniger guten Antennen für die Stimmungen und Gemütsverfassungen des anderen Geschlechts haben.

Es gibt das Bonmot über die ehrgeizige Ehefrau, die ihren Mann mit den Worten »Liebling, steh' auf und sei bedeutend!« in die Schlacht des täglichen Lebens schickt. Könnte das am Ende die Zauberformel sein, die Männer gegen psychischen Streß abhärtet? An dem Sprichwort »Hinter jedem starken Mann steht eine starke Frau« ist womöglich doch etwas Wahres.

Daß die höhere Streßanfälligkeit der weiblichen Versuchspersonen mit der weiblichen Körperchemie zusammenhängen könnte, hält der deutsche Psychologe für unwahrscheinlich. Denn er konnte keinerlei Zusammenhang zwischen dem weiblichen Östrogenspiegel und der erhöhten Cortisolkonzentration feststellen. All seine weiblichen Versuchspersonen, egal in welcher Phase ihres Monatszyklus sie gerade waren oder ob sie die Pille nahmen, reagierten gleich entnervt auf die »Unterstützung« des eigenen Partners. Vielleicht sind Frauen tatsächlich nicht so sehr auf seelischen Zuspruch angewiesen wie Männer. Und selbst wenn sie es wären, sie bekämen in ihrer Partnerschaft immer nur die Unterstützung ihres Mannes, und die ist eben weniger effizient als umgekehrt.

Bestimmt gleicht kein Mensch dem anderen in seinen Empfindungen und der Art, wie er mit seinen Gefühlen umgeht. Natürlich überwiegen die individuellen Unterschiede zwischen den einzelnen Menschen bei weitem. Sie variieren mit der Erfahrung, der Erziehung, dem Kulturkreis und der Persönlichkeit eines Menschen. Dennoch gibt es biologische Gesetzmäßigkeiten für beide Geschlechter, um die sich weder Frauen noch Männer – selbst wenn sie wollten – herumdrücken können. Diese unumstößlichen Charakteristika von Mann und Frau wurden aber nicht immer freudig begrüßt, etwa als Bereicherung der menschlichen Spezies. Ganz im Gegenteil:

Bei der Erforschung des »kleinen« Unterschieds kam es immer wieder zu den gemeinsten und gehässigsten Untergriffen, deren sich die – männliche – Wissenschaft nur bedienen konnte.

FRAUEN SIND GORILLAS

»Bei den intelligentesten Rassen, wie bei den Parisern, gibt es eine große Anzahl Frauen, deren Gehirn der Größe nach den Gorillas näher steht als den höchstentwickelten männlichen Hirnen. Diese Unterlegenheit ist so offensichtlich, daß niemand sie auch nur einen Augenblick lang bestreiten kann; nur ihr Ausmaß lohnt die Erörterung. Alle Psychologen, die die Intelligenz von Frauen studiert haben, erkennen heute ebenso wie Dichter und Romanschriftsteller, daß sie eine der minderwertigsten Formen der Menschheitsentwicklung darstellen und Kindern und Wilden näher sind als dem erwachsenen zivilisierten Mann. Sie zeichnen sich aus durch Launenhaftigkeit, Sprunghaftigkeit, Gedankenarmut, Mangel an Logik und durch die Unfähigkeit zu denken«, schreibt 1879 Gustave Le Bon[1], Mitbegründer der Sozialpsychologie und Schüler des Chirurgen Paul Broca, dem Entdecker des nach ihm benannten Sprachzentrums im menschlichen Gehirn.

Diese Meinung spiegelt nichts anderes wider als die Vorurteile der Zeit – Vorurteile und Urteile, die vielfach bis heute die Rollen der Geschlechter bestimmen. Und die guten alten Machos unter den Personalberatern, Firmenchefs und an den Stammtischen glauben noch immer daran: Männer, wohlgemerkt »richtige« Männer, sind einfach die besseren Menschen. Noch der dümmste Mann fühlt sich den Frauen überlegen, und die Gesellschaft bestärkt ihn mitunter auch heute noch darin. Wenigstens aber haben hundert Jahre Frauenemanzipation eines bewirkt: Kein Wissenschaftler kann heute mehr postulieren, was Paul Broca im vorigen Jahrhundert noch problemlos von sich geben konnte: Das größere Hirngewicht sei für die überlegene Intelligenz des Mannes verantwortlich.[2]

Die Hypothese von der Überlegenheit des schwereren

Gehirns mußte schon angesichts von Beobachtungen im Tierreich scheitern: Wal und Elefant haben große, schwere Gehirne und doch übertreffen sie den Menschen nicht an Intelligenz. Naheliegend erschien es, angesichts dieser Tatsache das Verhältnis von Körper- und Gehirngewicht zur Bestimmung des intelligentesten Wesens auf dem Planeten heranzuziehen. So erwies sich das weibliche Gehirn im Verhältnis zum Körper als das schwerere. Sehr rasch mußte die Theorie verworfen werden.

Die Wissenschaftler suchten alsbald nach einer verläßlicheren Proportion – eine, die wiederum den Mann begünstigen sollte. Das längere Gesicht des Mannes bot sich an. Natürlich – so mußte es sein! Ein im Verhältnis längeres Gesicht zeugt von größerer Intelligenz. Aber bei genauerer Prüfung der Hypothese stellten der Vogel und das Pferd die Proportionen des Mannes in den Schatten.

Die unermüdlichen Forscher im Dienste männlicher Überlegenheit wandten sich nun den Proportionen des Gehirnes selbst zu. Da bot sich zunächst der Stirnlappen an. Die ausladendere Stirn schien doch der Mann zu haben, also zog man in Erwägung, die Intelligenz mit einem besonders großen Stirnhirnanteil in Verbindung zu bringen. Dabei hatte man außer Acht gelassen, daß die männliche Stirn lediglich durch ihre größeren Stirnhöhlen weiter ausladend erscheint als die weibliche. Stirnhöhlen sind jedoch mit Schleimhaut und nicht mit Gehirn gefüllt, und so erwies sich auch bezüglich der Stirnhirnproportionen wieder einmal die Frau als überlegen.

Man sollte nun glauben, der Mann hätte, dermaßen von Vertretern des Tierreiches und von der Frau übertroffen, endlich resigniert und es aufgegeben, seine intellektuelle Überlegenheit beweisen zu wollen. Weit gefehlt!

Mit der Entdeckung der Erbsubstanz boten sich weitere Möglichkeiten. Wie einfach wäre es gewesen, würden die

Söhne ihr gesamtes Genom – also die molekulare Bauanleitung für einen Menschen, die in jeder seiner Körperzellen enthalten ist – vom Vater und die Töchter alles von der Mutter erben. Doch so leicht machte es die Natur den Wissenschaftlern nicht. Jeweils die Hälfte des Genoms stammt von der Mutter und die andere Hälfte vom Vater.

XY – ungelöst

Ein gesunder Mensch hat 46 Chromosomen (man hat sie »anfärbbare Körperchen« genannt, weil sie sich dank dieser Eigenschaft unter dem Mikroskop beobachten lassen), die jedes einen bestimmten Teil des Erbgutes tragen. Sie sind paarig, das heißt, es gibt zwei von jeder Art – eines kommt vom Vater und eines von der Mutter. Der einzige Unterschied zwischen den Geschlechtern besteht in den Geschlechtschromosomen, dem X- und dem Y-Chromosom. Während die Tochter das X-Cromosom des Vaters und eines der beiden X-Chromosomen der Mutter bekommt, erhält der Sohn ein X der Mutter und das Y des Vaters.

Da die 22 anderen, die Körperchromosomen, sowohl an Töchter als auch an Söhne weitergegeben werden, erweckten sie geringes Interesse bei den Intelligenzforschern. Hartnäckig versuchten sie, die Intelligenz an den Geschlechtschromosomen X und Y festzumachen.

Vorerst wurde das Y-Chromosom unter die Lupe genommen. Da es nur beim Mann vorkommt, war es für die Zwecke der männlichen Wissenschaftler wie geschaffen. Das Y-Chromosom ist eines der kleinsten Chromosomen im menschlichen Erbgut. Die wenigen Gene, die es enthält, sind lediglich für die körperliche Entwicklung zum Mann verantwortlich, also für die Hormon- und Spermaproduktion. Außerdem ist es ein Fossil unter den Chromosomen, das heißt, es hat sich in der Evolution der Säugetiere kaum verändert. Das kommt daher, weil es kein Gegenstück im Genom besitzt. Es hat keinen Partner wie die anderen Chromosomen und kann sich daher nicht, wie alle anderen, bei der Spermienentwicklung austauschen und neu organisieren.[3]

Wie sollte man aber Geschlechtschromosomen, Mannsein und Intelligenz unter einen Hut bringen, wenn jede Frau die offensichtlich entscheidenden großen X-Chromosomen gleich in doppelter Ausführung besaß?

Mancher wäre an dieser Fragestellung verzweifelt. Nicht so Robert Lehrke, ein Genetiker, der in den siebziger Jahren eine gewagte Hypothese aufstellte: Seiner Theorie zufolge gibt es deshalb mehr hochbegabte Männer als Frauen, weil bei Frauen ein X das andere behindert. Männer besitzen nur ein X-Chromosom und sind daher für Defekte auf diesem Chromosom anfälliger. Farbenblindheit, Bluterkrankheit und Glatze sind auf dem X-Chromosom lokalisiert und bei Männern deshalb häufiger. Frauen besitzen zwei Ausprägungen davon und sind nur dann farbenblind, bluterkrank oder glatzköpfig, wenn zufällig beide X von dem gleichen Gendefekt betroffen sind.

Aus der Tatsache, daß mehr geistesgestörte Männer als Frauen die Anstalten bevölkern, schloß Robert Lehrke, daß Frauen mit dem zweiten X auch gröbere Intelligenzdefekte korrigieren können. Außerdem leitete er davon ab, daß auch jene X-Chromosomen, die außergewöhnliche Intelligenz tragen, von ihrem Gegenstück behindert werden. Männer dagegen könnten, ausgestattet mit einem hochbegabten X, geistige Höhenflüge antreten.[4]

Die Statistik schien ihm recht zu geben. Tatsächlich »streuen« Männer mehr als Frauen, was ihren Intelligenzquotienten betrifft, das heißt, es gibt mehr Männer in den Extrembereichen besonders hoher, aber auch besonders niedriger Intelligenz. Dafür gibt es im Bereich des durchschnittlichen Intelligenzniveaus mehr Frauen als Männer.

Die Wissenschaftler waren zufrieden. Sie hatten die männliche Überlegenheit gegenüber Frauen bewiesen, allerdings blieb ihnen ein Bauernopfer nicht erspart: Einige besonders unterdurchschnittliche Männer mußten sich nun statistisch hinter die Frauen reihen. – Doch zu dieser Gruppe fühlten sich die Wissenschaftler ohnehin nicht zugehörig.

Die australische Genetikerin Gillian Turner und ihr Koautor Michael Partington überprüften kürzlich Lehrkes Theorie. Auch sie fanden unter den geistig Behinderten 25 bis 50 Prozent mehr Männer. Die einleuchtendste Erklärung dafür ist tatsächlich eine wesentliche Beteiligung des X-Chromosoms an der Intelligenz. Die Autoren kamen allerdings in ihrer Publikation, die 1996 in der medizinischen Fachzeitschrift *The Lancet* erschien, zu einem anderen Ergebnis als Lehrke.

Intelligenz hat ein Geschlecht

Turner glaubt, daß Frauen in der Stammesgeschichte des Menschen den Mann vor allem nach Kraft und Geschicklichkeit ausgesucht hätten. Da der Mann seine Intelligenz-Gene nicht an seinen Sohn, sondern nur an seine Tochter vererben konnte (der Sohn bekommt ja nur das Y-Chromosom vom Vater), sei es relativ unwahrscheinlich, daß ein besonderer Selektionsdruck auf der männlichen Intelligenz gelastet hätte. Intelligenz an die Nachkommen weiterzugeben, sei Frauensache gewesen.[5]

Die Schlagzeilen um diese Wiederentdeckung erregten großes Aufsehen: Frauen vererben Intelligenz! Das X-Chromosom ist der Erbträger für Intelligenz, das Y-Chromosom enthält also nur »genetischen Müll«.[6] Zugegeben, das sind harte Worte. Doch sie kommen von dem wissenschaftlichen Begriff »junk DNA« (wörtlich »Müll-DNS«), den Fachleute für die leeren Kilometer im Erbgut verwenden – also jene Abschnitte, die keine Erbinformation enthalten. Sind Männer daher auch genetisch primitiver als Frauen?

Angesichts solcher emotionsgeladener Auseinandersetzungen und der Tatsache, daß die Forscher immer ihr eigenes Geschlecht als das bessere hinstellen wollen, könnte man meinen, es wäre besser, die Finger ganz von der Erforschung der Geschlechtsunterschiede zu lassen. Dagegen spricht allerdings, daß der Wissenschaft dadurch einige der aufregendsten Entdeckungen entgehen würden – wie jene, über die Ruben und Raquel Gur erst kürzlich – mehr oder weniger durch Zufall – stolperten.

Sie wollten eigentlich herausfinden, ob sich die Durchblutung des Gehirns beim Denken steigert und ob sie sich – je nach Aufgabenstellung – in unterschiedlichen Gehirnregionen steigert: etwa bei verbal-analytischen Aufgaben eher in der linken Hemisphäre und bei räumlich-visuellen Aufgaben eher in der rechten Hemisphäre. Dabei machten sie eine ganz sensationelle Entdeckung: Bei den weiblichen Versuchspersonen zeigte sich eine zwischen fünfzehn und zwanzig Prozent intensivere Durchblutung des Gehirns als bei den männlichen. »Wir dachten, daß das irgend jemand bereits gesehen haben mußte. Aber dem war nicht so. Wir publizierten die Studie in *Science*, und sie schlug ein wie eine Bombe. Es war eine große Neuigkeit«, sagt Ruben Gur. Er und seine Frau waren anfangs selbst mißtrauisch und suchten vergeblich nach Erklärungen, bis auch andere Untersuchungen ihre Ergebnisse bestätigten.[7]

Ist Denken Frauensache?

Es ist schwer zu sagen, ob und in welcher Weise sich die stärkere Durchblutung des Gehirns auf die Denkleistung auswirkt. Noch bevor die Gurs dieser wichtigen Frage nachgehen konnten, waren sofort wieder die alten Vorurteile zur Stelle. »Als ich die Ergebnisse das erste Mal präsentierte«, erinnert sich Ruben Gur, »sagten die Leute: Oh, das ist, weil Frauen sich beim Denken mehr anstrengen müssen. Aber das war nicht wahr, weil Frauen selbst dann eine stärkere Durchblutung hatten, wenn sie gar nicht nachdachten – sogar wenn sie vollkommen entspannt waren. Und wenn man sich anschaut, wie sich die Durchblutung beim Lösen von Aufgaben im Verhältnis zum Ruhezustand steigert, war der Anstieg bei Männern und Frauen etwa der gleiche.« Bis heute ist nicht geklärt, wieso es zu diesem gravierenden Unterschied kommt.

Nicht minder auffällig ist ein weiterer geschlechtsspezifischer Unterschied des Gehirns: Frauen haben mehr graue Substanz als der Mann, dieser hat dafür mehr weiße Substanz. Was heißt das nun konkret? Die kurzen Zellverbindungen und die Zellkörper sind dunkel gefärbt und werden als »graue Substanz« bezeichnet. Die langen Verbindungen sind weiß, weil sie, ähnlich wie eine Kabelleitung, von einer Isolierschichte umgeben sind. Im Inneren der beiden weiblichen Gehirnhälften oder Hemisphären scheint demnach die »Nahversorgung« besser zu funktionieren. Das weibliche Gehirn ist vielleicht besser dafür geeignet, Informationen intensiv lokal zu verarbeiten. Die männlichen Gehirnhälften scheinen dafür stärker »vernetzt« zu sein. Sie sind besser dafür ausgerüstet, Informationen über weitere Strecken hin- und herzuschicken. Es scheint, als wären Frauen die gründlicheren Denker und Männer besser beim Assoziieren.

Sandra Witelson von der McMaster University in Hamilton, Kanada, entdeckte einen anderen überraschenden Unterschied zwischen männlichen und weiblichen Gehirnen. Sie untersuchte die Dicke des Corpus callosum, jener festen Faserschichte, die beide Hirnhälften miteinander verbindet. Zunächst stellte sie fest, daß das Corpus callosum bei Rechtshändern allgemein stärker ausgebildet ist als bei Linkshändern. Geschlechtsunterschiede fanden sich in verschiedensten Bereichen des Faserkörpers. Zunächst überraschte, daß die Dickenunterschiede zwischen Rechts- und Linkshändern nur bei Männern, nicht aber bei Frauen gefunden werden konnten. Witelson schließt daraus,

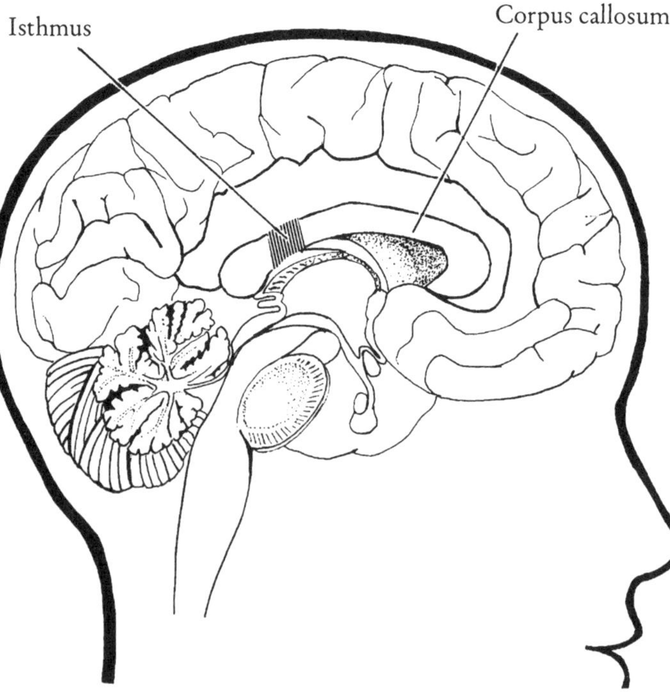

Abb. 3 Der Isthmus verbindet die Sprachzentren der beiden Gehirnhälften

daß die Lateralisierung, das heißt die Spezialisierung auf eine Gehirnhälfte, beim Mann ausgeprägter ist als bei der Frau. Deshalb würde nur beim Mann die Festlegung auf Linkshändigkeit zu einem Substanzverlust der Verbindungsbahnen führen. Ein bestimmter Teil des Corpus callosum, der Isthmus, ist bei Frauen deutlich stärker ausgeprägt als bei Männern. Die Fasern, die sich durch den Isthmus ziehen, kommen aus den Schläfen- und Scheitelteilen des Großhirns, jenen Regionen also, die mit der Sprache in Verbindung gebracht werden.[8]

In den unterschiedlichsten Gehirnregionen entdeckte man geschlechtsspezifische Unterschiede. Der holländische Gehirnforscher Dick Swaab fand einen Kern im menschlichen Hypothalamus (siehe Abb. 14, Seite 144), der bei Männern und Frauen unterschiedlich geformt ist: bei Frauen ist er länglich, bei Männer eher rund. Dieser Kern ist für den Tag-Nacht-Rhythmus und für den Fortpflanzungszyklus zuständig. Ein zweiter Kern, dessen Funktion noch nicht bekannt ist, zeigte sich bei Männern nicht nur doppelt so groß wie bei Frauen, sondern er enthielt auch doppelt so viele Zellen.[9]

Noch weiß niemand, wozu all diese Unterschiede gut sind und wie sie zustande gekommen sind. Die Gehirnforschung steckt noch in den Kinderschuhen, und doch überraschen die Ergebnisse im Grunde nicht besonders, wenn man sich die zahllosen anderen anatomischen Unterschiede zwischen Mann und Frau vergegenwärtigt. Abhandlungen dazu füllen ganze Bibliotheken. Und dennoch: Es ist fast nicht möglich, einen Unterschied – und sei er noch so klein – zu finden, dessen Existenz nicht mit Vorurteilen behaftet ist.

Mrs. Universum

Was glauben Sie wohl, welcher Muskel der schwerste im menschlichen Körper ist? Na? Ist doch klar, werden Sie bestimmt sagen, und sofort an einen männlichen Bodybuilder denken, der seine ölglänzenden Muskelpakete spielen läßt. Der große Gesäßmuskel, der Gluteus maximus, einmal angespannt – jawohl, das muß er sein! Kein anderer Muskel des menschlichen Körpers kann diesen Burschen an Masse übertreffen. – Und doch gibt es da einen. Er ist zwar nicht so spektakulär, weil er nicht trainiert und auch nicht vorgeführt werden kann, dennoch ist er viel essentieller für unser Dasein: Es ist der Uterus, die Gebärmutter. Während der Schwangerschaft schwillt er von zarten 300 Gramm auf eine Masse von einem Kilogramm an.[10]

Dafür haben Männer im Vergleich zu den Frauen den größeren Knochen- und Muskelanteil. Der Muskelanteil der Frau beträgt etwa 36 Prozent, beim Mann sind es 41 Prozent. Die Knochen sind leichter – sie machen bei der Frau etwa 15 Prozent, beim Mann etwa 19 Prozent des Körpergewichtes aus. Die schwächere Muskulatur führt bei den Frauen zu einer geringeren Muskelleistung. Selbst sportliche Mädchen erreichen nicht einmal den Durchschnittswert ihrer männlichen Altersgenossen, auch nicht im Alter von etwa 13 Jahren, in dem sie den Burschen im Entwicklungsstand voraus sind. Kreislauf und Lungenleistung sind ebenfalls bei Frauen schwächer, bei starker körperlicher Beanspruchung reagiert der weibliche Körper mit schnellerem Herzschlag und rascherer Ermüdung.[11]

Die Welt des Sports zeigt einen Vorsprung der Männer in fast allen Disziplinen. Der schnellste 100-Meter-Läufer der Welt, der Amerikaner Leroy Burell, hält seit Juli 1994 den Rekord von 9,85 Sekunden. Die schnellste Frau, Florence

Griffith-Joyner, ebenfalls aus den USA, liegt mit 10,49 Sekunden weit dahinter. In anderen Disziplinen wie Hoch- und Weitsprung findet man die Unterschiede ebenfalls. Bei Ausdauerdisziplinen wie beim Marathonlauf liegt die schnellste Frau, die Norwegerin Ingrid Kristiansen, 15 Minuten hinter dem schnellsten Mann, Belayneh Demsimo aus Äthiopien. Man kann es drehen und wenden wie man will: Die Frau ist im Leistungssport unterlegen.

Gelenkig, aber gehbehindert

In den Augen eines amerikanischen Autors des vergangenen Jahrhunderts ist die Frau eine physische Mißgeburt. A. Walker schreibt: »Die Breite ihres Beckens und der daraus resultierende Abstand zwischen den Pfannen ihrer Oberschenkelknochen erschwert sogar das Gehen.«[12] Daß er gerade diesem Umstand seine Existenz verdankt, scheint er geflissentlich übersehen zu haben.

Das weibliche Becken mußte im Laufe der Evolution gleich zwei extremen Anforderungen gerecht werden: der Anpassung an den aufrechten Gang und der Funktion bei der Geburt. Das männliche Becken war diesem doppelten Selektionsdruck nicht ausgesetzt. Es ist daher schmäler und höher, und sicherlich für das Laufen besser gerüstet. Dafür würde ein Neugeborenenköpfchen darin hoffnungslos steckenbleiben.

Diese relative Unterlegenheit des weiblichen Körpers hat also mit seiner Funktion bei der Geburt zu tun. Dafür ist der Bewegungsradius aller Gelenke bei der Frau größer als beim Mann. Das führt dazu, daß Frauen im allgemeinen ihre Bewegungen besser koordinieren können und Männern in der Feinmotorik überlegen sind. Tatsächlich fällt es nicht schwer, etwa den männlichen Gang vom weiblichen zu unterscheiden. Während die männlichen Bewegungen trotz aller sportlichen Dynamik eher eckig und abgesetzt wirken, so charakterisieren Geschmeidigkeit und Anmut die Bewegungen der Frauen. Diese fundamentalen Unterschiede in der weiblichen und männlichen Motorik lassen sich sogar bis in die kleinsten Handbewegungen verfolgen.

Das zeigte sich bei einem Test, den der Psychologe William Hayes am Albion College in Albion, Michigan, durchführte. Er konfrontierte Studenten und Studentinnen mit handgeschriebenen Texten und ließ sie raten, welchem Geschlecht und welcher Altersgruppe deren Urheber angehörten. Tatsächlich gelang es den Testpersonen mit einer erstaunlich hohen Trefferquote von 75 Prozent das Geschlecht der Verfasser richtig zu identifizieren, nicht aber deren Alter. Hayes schloß daraus, daß auch die Handschrift Ausdruck der allgemeinen Körperhaltung und des Bewegungstypus sei. Das heißt, selbst die kleinsten Bewegungen tragen noch im wahrsten Sinne des Wortes die »Handschrift« des jeweiligen Geschlechts.

Die Liste der körperlichen Unterschiede zwischen Mann und Frau ließe sich beliebig lange fortsetzen. Sie alle aufzuzählen würde den Rahmen dieses Buches sprengen. Deshalb seien lediglich zwei weitere erwähnt, die auf den ersten Blick zwar unspektakulär wirken, auf den zweiten allerdings tief in die Befindlichkeiten und den Lebensvollzug der beiden Geschlechter eingreifen. Es geht um das, was Leib und Seele zusammenhält: um Essen und Trinken und die Folgen für Männer und Frauen, die unterschiedlicher nicht sein könnten.

Prost! Mahlzeit!

Ein entspannter Abend in einem Restaurant mit Vorspeise, Hauptgang und Dessert, dazu ein paar Gläschen Wein, entfaltet im Körper einer Frau eine andere Wirkung als im Körper eines Mannes – besonders der Wein. Männer vertragen mehr als Frauen, weil sich der konsumierte Alkohol bei Männern meistens auf ein größeres Blutvolumen verteilt, da sie im Durchschnitt größer und schwerer sind als Frauen. Aber selbst wenn ein Mann und eine Frau gleich viel wiegen, kann ER immer noch zwanzig bis dreißig Prozent mehr trinken als SIE, bis er beschwipst ist. Auch dafür gibt es eine Erklärung: Männer besitzen mehr von dem Enzym, das Alkohol im Blut abbaut, der Acetaldehyddehydrogenase. Diesen physiologischen Vorteil verspielen sie allerdings wieder mit ihrem Trinkverhalten. Deutsche Männer trinken im Durchschnitt einen halben Liter Wein pro Tag, Frauen gerade einmal die Hälfte.[14] Die Statistiken bestätigen: Die männliche Körperchemie kann mit Alkohol offenbar besser umgehen als die männliche Psyche. Nicht umsonst sind 93 Prozent aller betrunkenen Autofahrer in Deutschland Männer.[15]

Was für den Wein gilt, gilt auch für feste Nahrung. Es macht einen Unterschied, ob ein Mann oder eine Frau ißt – besonders was das Ansetzen überschüssiger Kilos betrifft. Dabei starten die beiden Geschlechter schon von sehr unterschiedlichen Positionen. Der folgende Vergleich verdeutlicht das sehr gut: Der Mann übertrifft die Frau in allen Körpermaßen bis auf eines: den Umfang des Oberschenkels. Das ist nicht auf die starken Muskeln zurückzuführen, sondern auf die geschlechtertypische Fettverteilung. Ein Drittel des weiblichen Körpervolumens besteht aus Fett, beim Mann ist es nur ein Fünftel. Die Frau, könnte man glauben, braucht mehr Reserven für die Belastung durch die Schwangerschaft, doch in der Schwangerschaft wird das Fettdepot kaum angetastet, im Gegenteil: meistens kommt noch etwas hinzu.

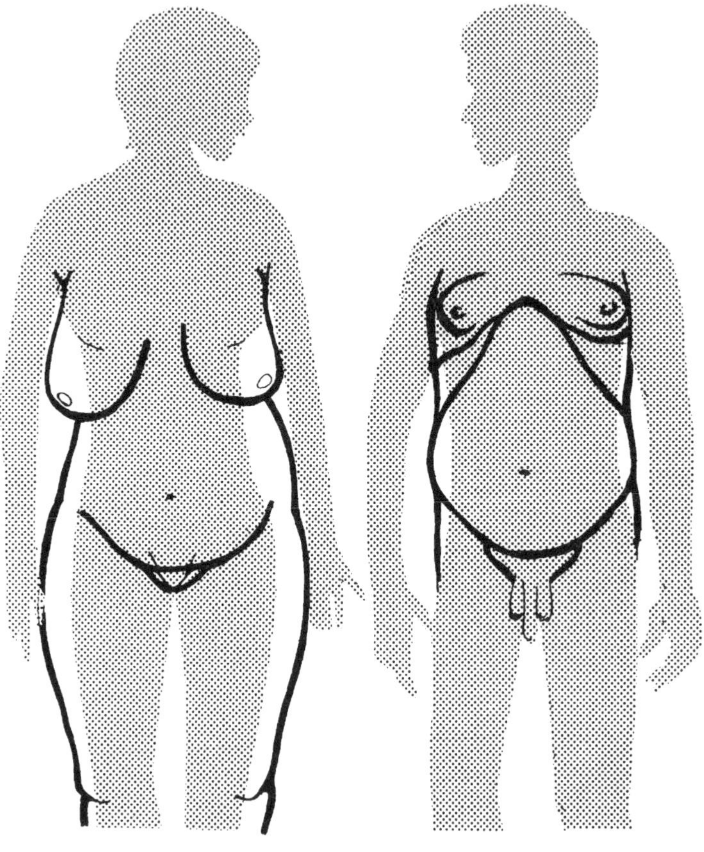

Abb. 4 Fettverteilung bei Frau und Mann

Wieso aber hat die Natur die Frau mit diesem Hang zum Fettansatz ausgestattet? Eine Neurowissenschaftlerin der Rockefeller University in New York hat herausgefunden, daß Mädchen nur dann geschlechtsreif, das heißt fortpflanzungsfähig werden können, wenn ihr Körper einen bestimmten Fettanteil erreicht. Sarah Leibowitz hat sich über zehn Jahre lang mit dem Mechanismus im Gehirnstoffwechsel befaßt, der Mädchen mit dem Einsetzen der Pubertät dazu bringt, sich die nötigen Fettreserven für die Fortpflanzung anzufuttern.[16] Die New Yorker Forscherin vermutet, daß es im wesentlichen zwei Botenstoffe im Gehirn sind, die den Appetit des Menschen regeln – die uns gewissermaßen sagen, worauf wir Lust haben: Galanin steigert das Verlangen nach Fett und Neuropeptid-Y die Lust auf Kohlehydrate. Diese beiden Substanzen werden in der Schaltzentrale des Heißhungers produziert. Dieses dichte Gewirr aus Nervenzellen, Botenstoffen und Rezeptoren wird als paraventrikularer Kern bezeichnet und liegt in den tiefsten Schichten des Hypothalamus eingebettet, jenem uralten Teil des Gehirns, von dem aus alle lebenserhaltenden Funktionen, darunter auch der Sexualtrieb, gesteuert werden. Die Zentrale des Sexualverhaltens liegt also Tür an Tür mit der Zentrale des Appetits, und so ist es nicht überraschend, daß Jungen und Mädchen unterschiedliche Eßgewohnheiten und kulinarische Vorlieben entwickeln, sobald ihre Körper beginnen, deutlich unterschiedliche Formen anzunehmen.

Dicke Steaks und geile Torten

Sarah Leibowitz hat festgestellt, daß junge Ratten vor der Geschlechtsreife überhaupt keine Lust auf Fett haben. Sie bevorzugen Kohlehydrate als Energielieferant und Eiweiße für den Aufbau von Muskeln und Gewebe. Der einzige Unterschied vor der Pubertät: junge weibliche Ratten haben höhere Mengen von Neuropeptid-Y im Blut, was ihren Appetit auf Kohlehydrate steigert.[17] Mit dem Einsetzen der Geschlechtsreife entwickelten sich der männliche und der weibliche Appetit in vollkommen verschiedene Richtungen. Darin unterscheiden sich Ratten offenbar nicht von Menschen. Denn auch für Mädchen beginnt mit der Pubertät oft ein lebenslanger Kampf gegen überschüssige Kilos.

Der Grund dafür ist der plötzliche Östrogenschub, der den Grundstein für die Geschlechtsreife der Frau legt. Das weibliche Hormon kurbelt die Produktion des Appetitmachers Galanin an. So entsteht bei Mädchen das erste Mal seit ihrer Kindheit ein echter Heißhunger auf fette Kost. Auch bei den Jungen sorgt Galanin für mehr Appetit auf Fett, aber sie neigen – im Gegensatz zu Mädchen – eher dazu, ihren Bedarf an Fett mit tierischen Eiweißen aufzunehmen, also in Form von dicken Steaks, deftigen Braten, Würsten oder Hamburgern. Da der Körper eines Halbwüchsigen erst in diesem Stadium beginnt, die kräftige männliche Muskulatur aufzubauen, sorgen die überschüssigen Kalorien bei den Burschen eher für eine gute Figur. Mädchen hingegen befriedigen ihre Lust auf Fett anders. Bei ihnen sorgt die ohnedies hohe Neuropeptid-Y-Konzentration zusammen mit Galanin dafür, daß sie plötzlich zu süßen Kalorienbomben greifen: Sie beginnen, oft hemmungslos Schokolade, Eiscreme und geile Torten in sich hineinzustopfen – nicht weil sie in der Pubertät etwa maßlos werden, sondern weil sich zwei mächtige Instanzen in ihrem Gehirn auf ein gemeinsames Ziel eingeschworen haben. Das Zentrum für die Fortpflanzung und jenes für den Appetit geben den gemeinsamen Befehl: Fett ansetzen!

Logisch: Wenn man sich einen Männer- und einen Frauenkörper nebeneinander vorstellt, wird augenblicklich klar, warum die weibliche Figur der größeren Fettreserven bedarf. Die Fettpölsterchen sind schließlich nicht wahllos, sondern wohl durchdacht über den ganzen Körper verteilt. Mädchen entwicklen in der Pubertät neben Brüsten auch noch den typisch weiblichen »Reithosenspeck«. Popo und Oberschenkel sind mehr oder minder rundlich gepolstert, während die Taille schlank bleibt.

Viele Mädchen empfinden diesen plötzlichen Zuwachs an Fülle als Schock. Sarah Leibowitz hält es für keinen Zufall, daß die meisten Patienten mit Eßstörungen junge Frauen sind. In den satten Industrienationen sind fünfzig bis siebzig Prozent der weiblichen Bevölkerung auf Diät. Die häufigste Erkrankung, die dadurch entsteht, ist die Magersucht, Anorexia nervosa, und tritt meistens mit dem Beginn der Pubertät auf. In dieser äußerst sensiblen Phase, in der junge Mädchen besonders verletzlich sind, erleben sie, wie ihre Figur plötzlich auszuufern beginnt. Unter Aufbietung all ihrer Willenskraft zwingen sie sich, den Heißhunger auf Fett zu besiegen, was Sarah Leibowitz als »heroische Tat« bezeichnet, nur um nicht dick und unförmig zu werden. Der so auf Sparflamme gesetzte Körper glaubt, er muß verhungern, und setzt das Notprogramm in Gang: Das Gehirn beginnt große Mengen von Neuropeptid-Y auszuschütten, damit der Körper wenigstens ausreichend Kohlehydrate zu sich nimmt. Aber genau da liegt der Haken. Die unnatürlich hohe Konzentration von Neuropeptid-Y bewirkt, daß die Produktion der Sexualhormone gedrosselt wird. In harmloseren Fällen bleibt die Menstruation aus oder setzt erst gar nicht ein. In den schlimmsten Fällen sterben die Betroffenen an Unterernährung.

Die New Yorker Ernährungswissenschaftlerin glaubt den Mädchen in Zukunft helfen zu können. Sie hat im Tierversuch ein Medikament entwickelt, daß die Ausschüttung von Galanin hemmt beziehungsweise kontrolliert. Damit könnte pubertierenden Mädchen möglicherweise der psychische Schock durch die plötzliche Gewichtszunahme erspart werden. Leibowitz will versuchen, mit der neuen Substanz M 40 den Galaninspiegel langsam und sachte anzuheben. Bis das vielversprechende Medikament auf dem Markt ist, müssen junge Frauen aus eigener Kraft weiterhin mit Gewichtsproblemen und der gefährlichen Magersucht fertigwerden.

Ein kleiner Trost für die Betroffenen: Die größere Menge an Fettpölsterchen bietet – zugegeben in ganz anderer Hinsicht – einen gewissen Vorteil gegenüber dem Mann. Frauen sind die Energiesparvariante unter den beiden Geschlechtern. Durch den größeren Fettanteil ihres Körpers hat die Frau die bessere Isolierung – ähnlich wie ein Haus mit solider Wärmedämmung –, weshalb ihr Energieumsatz deutlich niedriger ist als der des Mannes. Sie ist energetisch gesehen besser beziehungsweise sparsamer gebaut. Männer sind Energieverschwender. Sie haben daher auch einen höheren Kalorienbedarf. Sie verbrauchen im Durchschnitt 2.500 Kilokalorien pro Tag, Frauen hingegen nur 2.100.[18]

Schließlich werden die unterschiedlichen Körperproportionen auch noch für einen anderen Geschlechtsunterschied verantwortlich gemacht, der für gewöhnlich zwischen Glück oder Ende einer Beziehung entscheidet: die eheliche Treue. Immer wieder verweisen vor allem Männer gerne darauf, daß sie nicht für eine dauerhafte Paarbeziehung gemacht sind. Was steckt dahinter?

Die »Casanova-Konstante«

Schuld daran ist nicht etwa ein Gen, wie kürzlich behauptet wurde, sondern der Geschlechtsdimorphismus – so nennt man die körperlichen Unterschiede zwischen Männchen und Weibchen einer Gattung – wie etwa die unterschiedliche Körpergröße. Im Tierreich zeichnet sich folgendes Prinzip ab: Je größer die Differenz zwischen Männchen und Weibchen ist, desto mehr Weibchen schart ein Männchen in seinem Harem. Diese These hat bisher niemand eindrucksvoller untermauert als der amerikanische Verhaltensforscher Burney LeBoeuf von der

University of California in Santa Cruz. Er beobachtete See-Elefanten, die sich jedes Jahr zur Paarungszeit zu Hunderten an der Pazifikküste einfinden. Die mächtigen Bullen wiegen fast eine Tonne und werden zwei- bis dreimal so groß wie die Kühe. LeBoeuf stellte fest, daß ein dominantes Männchen dieser schwergewichtigen Spezies in einer Paarungssaison über 30 Weibchen befruchtet.[19]

Arten, die Paare bilden, wie zum Beispiel Wildgänse, sind dagegen meist gleich groß. Dieser Trend kann auch bei Primaten beobachtet werden: Gorillamännchen etwa sind deutlich größer als die Weibchen und verfügen über einen ansehnlichen Harem. Männchen und Weibchen der Brüllaffen hingegen sind gleich groß – sie schließen sich zu Paaren zusammen, die gemeinsam ihr Revier gegen Artgenossen oder andere Eindringlinge verteidigen.[20] Im Menschenreich ist der Mann im Durchschnitt sieben Zentimeter größer als die Frau.[21] Läßt sich daraus schließen, daß der Mann – zwar nur geringfügig, aber doch – zur Polygamie neigt?

Tatsächlich haben Frauen und Männer auch in einer traditionell monogamen Gesellschaft wie der unseren unterschiedliche Reproduktionsraten. Frauen bekommen in ihrem Leben durchschnittlich zwischen 1,5 (Deutschland, Österreich) und 6,9 Kinder (Nigeria, Kenia).

Eine Bäuerin aus der Umgebung von Moskau soll zwischen 1725 und 1765 die beachtliche Anzahl von 69 Kindern zur Welt gebracht haben. In 27 Schwangerschaften gebar sie 16 Zwillingspärchen, siebenmal Drillinge und viermal Vierlinge. Nur zwei verstarben im Säuglingsalter. Während der Körper einer Frau mit einer derartig großen Nachkommenschar sicherlich an die Grenze seiner Möglichkeiten stößt, kann ein Mann diesen Rekord mühelos einstellen: Mulay Ismail der Blutdürstige, der Marokko zwischen 1672 und 1727 regierte, zeugte mit hunderten Frauen seines Harems 888 Kinder. Dafür dürften wohl einige männliche Untertanen des Herrschers kinderlos geblieben sein.

Ob Reproduktionsrate, Anatomie oder Körperchemie, der Natur gefällt es offenbar, zwischen den beiden Geschlechtern zu unterscheiden. Und während man die meisten Unterschiede zwischen Männer- und Frauenkörpern wohl oder übel als gegeben hinnehmen muß, könnte es sein, daß die eine oder andere krasse Ungerechtigkeit, die uns die Evolution beschert hat, durch die Medizin behoben werden könnte.

Männerschicksal: alt und grantig

Ruben Gur kam im Zuge seiner Forschungen hinter ein Geheimnis geschlechtsspezifischer Alterungsvorgänge im Gehirn. Männergehirne verlieren im Alter stärker an Substanz als die weiblichen Gegenstücke. Nicht nur die grauen Zellen, auch die Verbindungsbahnen sind betroffen. Das Corpus callosum, der Verbindungsstrang zwischen den beiden Hirnhälften, wird überhaupt nur in alternden Männerhirnen dünner. Wie kommt es dazu?

Die Durchblutung des Gehirns läßt im Alter bei Mann und Frau etwa im gleichen Ausmaß nach. Frauen senken aber gleichzeitig auch den Stoffwechsel. Der Mann, der bereits von Natur aus eine geringere Durchblutung des Gehirns hat, reduziert diese im Alter noch weiter, ohne gleichzeitig den Stoffwechsel zu verringern. Was passiert?

»Stoffwechselabfälle sind giftig für das Gehirn«, erklärt Ruben Gur, »deshalb ist es so wichtig, eine gute Durchblutung zu haben, denn der Blutstrom spült die Schadstoffe weg, reinigt das Gewebe und schützt so die Gehirnzellen vor der Zerstörung. Die Tatsache, daß Männer in ihren Gehirnen fortgesetzt einen hohen Stoffumsatz haben, das Gewebe dünner wird und die Durchblutung abnimmt, setzt einen Lawineneffekt in Gang: Sie verlieren Gehirngewebe immer schneller und schneller.«

Das Gehirn eines Mannes verschleißt also schneller als das einer Frau. Offenbar ist das weibliche Gehirn besser darauf eingestellt, die Stoffwechselabfälle, die bei angestrengtem Denken entstehen, abzutransportieren. Inzwischen vermuten die Forscher, daß die weiblichen Geschlechtshormone das Gehirn vor allzu raschem Zerfall schützen.[22]

Frauen benutzen außerdem unterschiedliche Gehirnteile, je nachdem, ob sie denken oder sich entspannen. Männer neigen dazu, immer dieselben Gehirnteile zu strapazieren, ob sie nun arbeiten oder sich ausruhen. Die Folge davon ist, daß die Altersdegeneration bei weiblichen Gehirnen eher langsam und gleichmäßig im gesamten Großhirn fortschreitet, während sie bei Männern eher in der linken Hemisphäre, dafür aber in galoppierendem Tempo auftritt. Und das bleibt nicht ohne unangenehme Folgen: Patienten, deren linke Gehirnhälfte durch Unfall oder Krankheit beschädigt wurde, verlieren die Kontrolle über ihre negativen Gefühle. Sie brechen plötzlich in Tränen aus oder beginnen grundlos zu schimpfen oder zu fluchen. Der linke Stirnlappen wird außerdem mit Konzentrationsfähigkeit in Verbindung gebracht. Die sprichwörtliche schlechte Laune älterer Männer – man denke an den Ausdruck »der alte Grantler« – könnte eine Folge des rapiden Verfalls der linken Hemisphäre sein. »Der linke Stirnlappen des Gehirns tut viele Dinge«, erklärt Ruben Gur, »aber vor allem ist er für die Hemmung zuständig. Also wenn du etwas tun möchtest, wird dir dieser Teil des Gehirns sagen: Stop! Er stoppt impulsives Verhalten, er ist verantwortlich für die Langzeitplanung, er ist verantwortlich für die Aufmerksamkeit, Konzentrationsfähigkeit und so weiter.«

Peggy Cohen, eine Fachkollegin Ruben Gurs an der Universitätsklinik Utrecht in den Niederlanden, war gerade dabei, den Substanzverlust des männlichen Gehirns im linken Stirnlappen graphisch darzustellen, als sie überrascht ausrief: »Also das ist der Grund für die Midlifecrisis und warum sie bei Männern viel häufiger auftritt als bei Frauen!« Die Midlifecrisis ist die zweite Pubertät um die Lebensmitte und betrifft Männer viel häufiger als Frauen, obwohl Frauen in der Menopause starken hormonellen Schwankungen ausgesetzt sind. Depressionen, Konzentrationsschwächen und üble Laune begleiten Männer in ihren reifen Jahren häufiger als Frauen.

Warum hat die Natur das so eingerichtet? »Die Evolution«, meint Ruben Gur, »würde nur ungerührt die Achseln zucken und meinen: Sobald Männer ihren Samen abgesetzt und Nachwuchs gezeugt haben, sind sie überflüssig. Die Evolution hat kein Interesse am Leben des einzelnen. Für sie zählt nur das Leben der Nachkommen. Männer spielen in dem Zusammenhang eben eine viel geringere Rolle, während Frauen ihre Kinder während ihrer ganzen langen Entwicklung bis zum Erwachsenenalter begleiten, bevor sie verzichtbar werden. Und vielleicht braucht man sie ja noch für die Betreuung der Enkelkinder. Also, vom Standpunkt der Evolution, werden Männer früher überflüssig.«

Trotzdem ist für den Mann noch nicht alles verloren. »Es wäre eventuell möglich, Männern das beizubringen, wozu Frauen von Natur aus in der Lage sind: ihr Gehirn nur in dem Maße zu fordern, wie es die Durchblutung erlaubt«, meint Ruben Gur. »Ich glaube, wir sind gar nicht so weit davon entfernt, Verhaltensmaßnahmen zu definieren, die das ohne den Einsatz von Medikamenten möglich machen.«

Auf jeden Fall läßt dieses Beispiel eine gewisse Hoffnung aufkeimen: Wenn man das neu gewonnene Wissen über die Geschlechtsunterschiede nicht dazu benutzt, gönnerhaft mit dem Finger aufeinander zu zeigen, sondern bereit ist, die Besonderheiten von Mann und Frau wertfrei zu betrachten, kann möglicherweise beiden geholfen werden.

FRAU AM STEUER

Mühsam ruckelt das Auto ein wenig vor, dann wieder zurück. Der Motor heult auf, blaue Schwaden verhüllen einen Moment lang die Zeugen des unbeholfenen Einparkmanövers. Rumms! Knirschend schiebt sich die Stoßstange unter die des davor abgestellten Wagens. Der Motor stottert und stirbt ab. Kopfschütteln und Heiterkeit bei den Beobachtern. Na so was, in die Riesenparklücke würde doch ein Autobus hineinpassen. Hinter dem Auto – es ist mittlerweile wieder angesprungen – hat sich ein ansehnlicher Stau gebildet. Die Wartenden sind verärgert. Endlich kann einer vorbei. Den Bruchpiloten muß er sich ansehen. Und prompt, als er einen Blick in das andere Auto riskiert, sind seine Erwartungen auch schon bestätigt: Na, wer sagt's denn ... ist ja wieder typisch ... Frau am Steuer! ... Beim Überholen riskiert er noch einmal einen Blick in den Rückspiegel. Doch halt! Der Blondschopf mit der Wallemähne trägt ja einen Bart! Das gibt's doch gar nicht – daß ein Mann so schlecht fährt!

Solche Szenen hat sicher jeder schon einmal erlebt. Ein schlechter Autofahrer quält sich in eine Parklücke. Aber warum denkt jeder automatisch, es müsse eine Frau sein? Warum wird immer Frauen unterstellt, sie hätten kein Gefühl für Distanz, kein Einschätzungsvermögen und keine Reaktion beim Autofahren? Schließlich gibt es auch genügend Männer, die schlecht fahren – etwa den gefürchteten »Mann mit Hut« – einen ganz besonderen Exponenten männlichen Fahrstils. Doch der »Mann mit Hut« ist meist ein älteres Semester, und deshalb verzeiht man ihm die mangelnde Entschlossenheit am Steuer.

Frauen werden jedoch in Bausch und Bogen verurteilt – egal wie alt sie sind. Sie tragen den Stempel der schlechten Autofahrerin – auch wenn jeder Gegenbeispiele kennt.

Wer fährt nun wirklich besser? Mann oder Frau? Gibt es tatsächlich Unterschiede, die den jeweiligen Fahrstil von Frauen und Männern beeinflussen können? Sehen Frauen anders als Männer – zumindest hinter dem Steuer eines Wagens?

»Crash-Test«

Nun, eine brandneue Untersuchung scheint das jedenfalls zu bestätigen. Der Psychologe Frank McKenna von der britischen Reading University hat mehrere Jahre lang das Fahrverhalten von Frauen und Männern studiert und ist zu dem Schluß gekommen: »Frauen fehlt das Gespür, um Abstände richtig einschätzen zu können.« Dieses Manko sei auch dafür verantwortlich, daß weibliche Autofahrer Kurven nicht in einem eleganten Bogen, sondern mit mehreren Haken und Ruckern nehmen, nicht gezielt links abbiegen können und sich – selbstverständlich – viel mühevoller in kleine Parklücken quälen als Männer. Diese Erkenntnisse sind Teil einer Studie, die Frank McKenna im Auftrag der Automobile Association Foundation, des größten Automobilclubs Großbritanniens, durchgeführt hat. Umgerechnet 400.000 Mark oder 2,8 Millionen Schilling waren den britischen Automobilisten diese Informationen wert, die heftige Kontroversen auslösten. Und obwohl sie noch nicht einmal veröffentlicht wurden, haben sie bereits für großes Aufsehen in den Medien gesorgt.[1] »Ich habe in meinem ganzen Leben keinen solchen Blödsinn gehört«, kommentiert Englands derzeit bekannteste Führerscheinnovizin – sie hat nach 27 Jahren Fahrschule erst vor kurzem die Führerscheinprüfung bestanden – die Früchte von McKennas jahrelangen Beobachtungen.

Mit soviel Gegenwind hat der gebürtige Ire nicht gerechnet. Von der heftigen Medienschelte zerzaust, versucht er den durchaus ehrenhaften Grund für seine Nachforschungen zu erklären. »In den letzten zwanzig Jahren hat sich die Zahl der weiblichen Autofahrer verdoppelt«, schildert er die Situation auf Englands Straßen, die durchaus für die gesamteuropäischen Verhältnisse repräsentativ ist. »Außerdem fahren die Frauen heute doppelt soviele Kilometer wie früher.«[2] Dem englischen Automobilclub sei es darum gegangen herauszufinden, ob und in welcher Weise Frauen ein erhöhtes Sicherheitsrisiko im Straßenverkehr darstellten. Dieses dreiste Vorurteil war der Hauptgrund für die Untersuchung.

Zu diesem Zweck entwickelte Frank McKenna einen Test, an dem bis jetzt 300 Frauen und 300 Männer teilgenommen haben. Den Versuchspersonen wurden Videos von heiklen Verkehrssituationen aus der Sicht des Lenkers vorgespielt. Die Teilnehmer mußten dabei die Entfernung der anderen Verkehrsteilnehmer abschätzen, ihren eigenen Bremsweg und in Situationen, in denen sich Kollisionen anbahnen, die Zeit, bis der Unfall passiert. Die Frauen schnitten tatsächlich schlechter ab als die männlichen Versuchspersonen, was McKenna allerdings eher darauf zurückführt, daß der Großteil der ungeübten Autofahrer Frauen sind. Früher war Autofahren Männersache. Doch seit die Zahl der berufstätigen Frauen ansteigt, sind immer mehr von ihnen gezwungen, sich zu motorisieren. Auf die Frage, ob denn nun Frauen eine Gefahr am Steuer sind, will McKenna – er ist schließlich vorsichtig geworden – nicht so recht antworten und verweist darauf, daß seine Studie noch nicht abgeschlossen ist. Er meint allerdings, daß sich gewisse geschlechtertypische Tendenzen im Fahrverhalten von Männern und Frauen abzeichnen. Während Männer gerne aufs Gas steigen und dem Rausch der Geschwindigkeit erliegen, scheinen Frauen tatsächlich größere Schwierigkeiten zu haben, Abstände und Distanzen einzuschätzen. Ob dieser Unterschied nun biologische Ursachen hat, eine Frage der Übung oder der Erziehung ist, will der Psychologe nicht beurteilen. Er tritt jedenfalls dafür ein, daß die Schwächen von männlichen und weiblichen Lenkern bereits in der Fahrschule berücksichtigt werden sollten.

Um herauszufinden, ob Frauen unsere Straßen unsicherer machen als Männer, muß man aber nicht auf McKennas Studie warten. Zahlreiche einschlägige Untersuchungen entlarven Männer als die wahren Bruchpiloten. Laut Angaben des Österreichischen Kuratoriums für Verkehrssicherheit verursachen Lenkerinnen zwar genauso viele Unfälle wie Lenker – allerdings mit einem entscheidenden Unterschied: Unfälle, die Frauen verursachen, richten deutlich weniger Schaden an als jene, für die Männer verantwortlich sind. Außerdem haben Männer ein beinahe doppelt so hohes Risiko wie Frauen, in einen tödlichen Unfall verwickelt zu werden. Das hat freilich seinen Grund: Frauen sind die rücksichtsvolleren Autofahrer. Sie fahren längst nicht so aggressiv und risikoreich wie Männer. Sie zeigen auch am Steuer mehr soziales Gewissen, indem sie eher bereit sind, in Ortschaften ihre Geschwindigkeit zu reduzieren und auf Sicht zu fahren. Was Frauen oft als Zaudern oder Unentschlossenheit ausgelegt wird, ist laut Angelika Brückner, einer Verkehrssicherheitsexpertin des österreichischen Automobilclubs ÖAMTC, darauf zurückzuführen, daß sie ihre Einschätzung von Entfernungen zu anderen Verkehrsteilnehmern oder der Straßenbegrenzung häufiger hinterfragen als Männer.

Und das ist vielleicht gut so, weil Frauen im allgemeinen tatsächlich über ein schlechteres Raumvorstellungsvermögen verfügen.

Wieder sind es Raquel und Ruben Gur, die hier eine entscheidende Entdeckung gemacht haben. Und wieder war es der PET-Scanner, der Positronen-Emissions-Tomograph, der die Gedankengänge ihrer Versuchspersonen offenlegte.

OrientierungsLos

Die Gurs wollten wissen, wer Aufgaben, die räumliches Vorstellungsvermögen und Orientierungssinn fordern, besser gewachsen ist. Adam oder Eva? Um das herauszufinden, entwickelten die Psychologen einen Test, an dem 60 Männer und 60 Frauen teilnahmen.

Auf einem Monitor sind elf bunte Striche zu sehen. Die Striche sind halbkreisförmig angeordnet. Sie haben einen gemeinsamen Ausgangspunkt, aber jeder deutet in eine andere Richtung, ähnlich wie Zeiger auf einem Zifferblatt. Jeder Strich hat eine bestimmte Farbe. Dann erscheinen oberhalb der bunten Stricheskala zwei weiße Striche, die in ihrer Ausrichtung jeweils einem Strich aus der unteren Skala entsprechen. Die Testperson soll entscheiden, welche beiden Striche aus der bunten Skala in dieselbe Richtung zeigen wie die beiden weißen Striche darüber. Wenn die Versuchsperson glaubt, die entsprechenden Striche in der bunten Skala erkannt zu haben, drückt sie auf einer Tastatur die beiden Tasten in den richtigen Farben.

Das Ergebnis war eindeutig. Die Trefferquote der männlichen Versuchspersonen war höher als die der Frauen. Das bedeutet, Männer sind offenbar eher in der Lage, Gegenstände räumlich zu erfassen. Das war aber noch nicht die große Überraschung für die Gurs. Denn seit den fünfziger Jahren versuchen Forscher mit ähnlichen Tests herauszufinden, ob die räumlich-visuellen Fähigkeiten ungleich zwischen den Geschlechtern verteilt sind. Fast alle kamen zu dem Ergebnis, daß die Männer in dieser Hinsicht tendenziell begabter sind.

Was aber selbst die Gurs verblüffte, waren die Bilder, die

der PET-Scanner von der Gehirntätigkeit ihrer Versuchspersonen machte: Männer strengten sich kaum bis gar nicht an, um die richtige Lösung zu finden. Für Frauen waren die gleichen Aufgaben geistige Schwerarbeit, und trotzdem schafften sie nur schlechtere Resultate.[3]

Die Bilder von der Untersuchung im PET-Scanner zeigten, welche Teile des Gehirns aktiviert werden, um ein und dieselbe Aufgabe zu bewältigen. Die Bereiche, die stark aktiviert waren, an denen das Gehirn sozusagen vor Anstrengung rauchte, erschienen im Scannerbild gelb und rot. Das Ergebnis war wieder überraschend. Bei den Männern waren nur winzige gelbe Einsprengsel im linken vorderen und im rechten hinteren Teil des Gehirns zu sehen. Während sie ihre kleinen grauen Zellen sichtlich nicht sehr anstrengen mußten, ordneten sie die schiefen Striche meistens richtig ein.

In den Gehirnen der Frauen bot sich hingegen ein völlig anderes Bild. Während sie versuchten, die Striche den richtigen Positionen zuzuordnen, arbeitete der Stoffwechsel in weiten Teilen ihres Gehirns auf Hochtouren. Das bedeutet, daß die Frauen im Schnitt angestrengter nachdenken mußten, um dieselbe Aufgabe zu bewältigen.

Die überschäumende Aktivität in so großen Teilen des Gehirns könnte aber noch einen zweiten Grund haben: Streß. Möglicherweise fühlen sich Frauen bei einem Test, der nicht gerade ihre stärkste Seite in den Mittelpunkt des Interesses rückt, unwohl, und sie reagieren unbewußt mit Anspannung und Nervosität.

Bei den männlichen Versuchspersonen konnte während des Tests nichts dergleichen festgestellt werden. Sie waren ganz offensichtlich von keinen wie immer gearteten Selbstzweifeln angekränkelt – vielleicht deshalb, weil man Männern, zurecht oder zu unrecht, bei räumlich-visuellen Aufgaben im allgemeinen mehr zutraut als Frauen oder

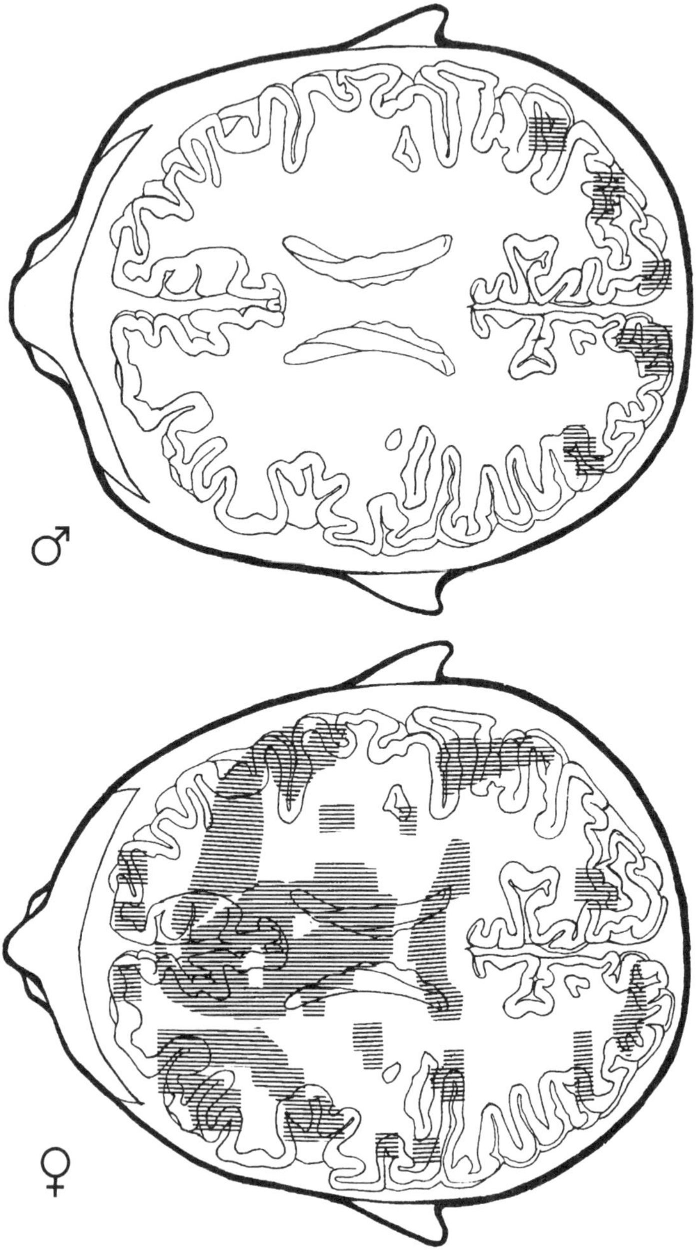

Abb. 5 PET-Scans von der Gehirntätigkeit der Versuchspersonen

weil Männer eher dazu tendieren, ihre Fähigkeiten nicht in Frage zu stellen.

Aber selbst wenn die weiblichen Versuchspersonen eher dazu neigen, ihr Licht unter den Scheffel zu stellen, dürften die räumlich-visuellen Aufgaben nicht gerade zu den persönlichen Stärken vieler Frauen gehören. Und wieso? Warum sollten Männer bei derartigen Aufgaben um so viel begabter sein als Frauen?

Wenn es darum geht, Erklärungen für solch rätselhafte, scheinbar sinnlose Unterschiede zwischen Mann und Frau zu finden, gibt manchmal die Evolution des Menschen den entscheidenden Hinweis – wenngleich unsere Vergangenheit natürlich nicht auf alles eine Antwort weiß und viel Raum für Phantasie und Spekulationen offenläßt.

Unbestritten ist aber, daß unsere Vorfahren den größten Teil ihres Daseins als Jäger und Sammler zubrachten. Die Männer zogen aus, um Beute zu machen, um ihre Familien mit Fleisch zu versorgen, während die Frauen vorwiegend Wurzeln und Beeren in der Umgebung des Lagers sammelten. Auf diese Weise konnten sie das Feuer hüten und die Kinder betreuen. Das Alltagslos einer Frau in der Steinzeit war – sehr wahrscheinlich – entweder schwanger zu sein oder zu stillen. Ein Kreislauf, der ihr vermutlich weder Zeit noch Kraft ließ, selbst auf die Jagd zu gehen. Also wurde das Sammeln zur Frauensache und das Jagen zur Männersache. Wenn keine Tiere in der Nähe des Lagers waren, mußten unsere männlichen Vorfahren die Fährte aufnehmen, um an Fleisch zu gelangen. Möglicherweise waren sie tagelang unterwegs, bevor sie ein Beutetier zur Strecke bringen konnten. Ihr Jagdglück hing letztendlich davon ab, ob sie ihr Ziel auch tatsächlich mit Steinen oder Geschoßen trafen. Ohne räumlich-visuelle Fähigkeiten wären sie nicht weit gekommen. Sich zu verlaufen und nicht ins Lager zurückzufinden, wäre der Tod eines Steinzeitjägers gewesen. Wer überleben wollte, mußte sich orientieren können.

Doch vielleicht ist die frühe Spezialisierung von Mann und Frau nicht so sehr darauf zurückzuführen, daß Frauen Kinder zur Welt brachten. Es gilt als viel wahrscheinlicher, daß die unterschiedliche Körperchemie von Mann und Frau die Weichen für die Entwicklung der Geschlechterrollen gestellt hat, lange bevor sich die Arbeitsteilung zwischen Jägern und Sammlern in der Gesellschaft unserer Vorfahren etablierte.

Sklaven ihres Geschlechts?

Die kanadische Psychologin Doreen Kimura ist eine der ersten, die begonnen hat, die Unterschiede im Gehirn von Männern und Frauen zu erforschen. Da keine anatomischen Unterschiede gefunden wurden, die erklärt hätten, warum Männer das bessere Raumvorstellungsvermögen besitzen, mußte etwas anderes dahinter stecken. Doreen Kimura hegte schon lange den Verdacht, daß die Geschlechtshormone etwas damit zu tun haben könnten.

Eine Studie der Johns Hopkins University in Baltimore, Maryland, lieferte 1980 einen ersten Hinweis, wie stark der Einfluß der Geschlechtshormone auf die Leistung des Gehirns ist.[4] Bis heute haben die Wissenschaftler tausende mathematisch hochbegabte Kinder im Alter zwischen elf und dreizehn Jahren untersucht – mit einem überraschenden Ergebnis: Vor der Pubertät gibt es etwas mehr Jungen als Mädchen, die mathematische Höchstleistungen erbringen. Nach der Pubertät jedoch wird der Unterschied noch viel extremer. Dann finden sich kaum noch Mädchen unter den rechnenden Wunderkindern. Die naheliegendste

Erklärung dafür schien der gewaltige Hormonschub zu sein, den Mädchen und Jungen in diesem Alter durchmachen.

Doreen Kimura wollte herausfinden, ob die Geschlechtshormone auch bei räumlich-visuellen Leistungen das Zünglein an der Waage sind. Sie wollte wissen, ob sich die Fähigkeiten einzelner Personen durch Hormonschwankungen steigern oder verschlechtern können. Als Versuchspersonen wählte sie Frauen, die sie einem ähnlichen Test für Raumvorstellungsvermögen unterzog, wie die Gurs das taten. Sie testete die Frauen allerdings nicht nur einmal, sondern immer wieder, an bestimmten Tagen ihres Monatszyklus.

Zur Zeit des Eisprungs ist der Östrogenspiegel der Frau am höchsten und nimmt bis zur Regelblutung kontinuierlich ab. Während der Menstruation produzieren Frauen am wenigsten weibliche Geschlechtshormone. Man könnte sagen, in dieser Phase ist ihr Gehirn am männlichsten. Tatsächlich schnitten die Frauen während ihrer Menstruation in räumlich-visuellen Tests besser ab als sonst. Die schlechtesten Ergebnisse erzielten sie während des Eisprungs.[5]

Männer sind natürlich auch nicht vor hormonellen Schwankungen gefeit – die allerdings nicht durch einen monatlichen Zyklus bestimmt sind. In demselben Test waren Doreen Kimuras männliche Versuchspersonen wie durch ein Wunder vorwiegend im Herbst in Höchstform.[6] Wahrscheinlich deshalb, weil der Testosteronspiegel bei Männern auf der nördlichen Erdhalbkugel im Herbst am höchsten ist. Möglicherweise ist dieses Phänomen ein Relikt aus der Steinzeit, als der Nachwuchs die größten Überlebenschancen hatte, wenn er im Sommer zur Welt kam – daher im Herbst gezeugt wurde. Trotz der jahreszeitlichen Schwankungen hielten die Männer aber ihren Vorsprung gegenüber den Frauen. Der ultimative Beweis für die Überlegenheit des Mannes im räumlich-visuellen Bereich?

Kritiker stehen solchen Forschungsergebnissen äußerst reserviert gegenüber. Schließlich kommen sie nur mit Hilfe der Statistik zustande, die bekanntlich auf Ausnahmen wenig Rücksicht nimmt. Ruben Gur ist sich dessen durchaus bewußt. Er könnte gar keine Vergleiche zwischen Männer- und Frauengehirnen anstellen, wenn er die Fülle seiner Daten nicht auf ein durchschnittliches Männergehirn und ein durchschnittliches Frauengehirn reduziert hätte. Die Statistik, so Ruben Gur, sage ebenso die Wahrheit wie ein individuelles Testergebnis, doch um generelle Aussagen machen zu können, sei diese Methode unverzichtbar.

»Im Durchschnitt sind Frauen in einer Vielzahl von räumlichen Tests nicht so gut wie Männer«, sagt Ruben Gur, »besonders bei solchen, die räumliche Koordinaton verlangen. Aber entgegen all dem, was ich bisher gesagt habe, sollten wir nicht vergessen, daß wir über Durchschnittswerte sprechen. Genauso wie man sagt, Männer sind größer als Frauen. Es gibt einige Frauen, die größer sind als die meisten Männer. Genauso wie es immer heißt, Männer sind in Mathematik besser als Frauen. Ich kenne Frauen, die in Mathematik 99,9 Prozent aller Männer auf der Welt in die Tasche stecken würden. Das heißt, es gibt wohl Unterschiede, aber mit Überschneidungen.«

Genügt die statistisch erhobene weibliche Schwäche in räumlich-visuellen Tests, um zu erklären, warum es so wenige weibliche Ingenieure, Architekten und Mathematiker gibt?

Nein, sagt die amerikanische Biologin Anne Fausto-Sterling. Sie ist überzeugt, daß die Art, wie die Tests durchgeführt werden, das Ergebnis verzerrt. Den Beweis für ihre These bleibt sie nicht schuldig. Sie beruft sich auf eine Testreihe, die der amerikanische Psychologe H. A. Witkin an der State University von New York durchgeführt hat.[7]

Der Rod-Frame-Test (Stab-Rahmen-Test) untersucht, wie gut die Versuchsperson einen Gegenstand unabhängig von seiner Umgebung wahrnehmen kann. Die Versuchspersonen sitzen in einem stockdunklen Raum. Vor sich sehen sie nur einen ein mal ein Meter großen, erleuchteten Rahmen, der durch einen ebenfalls erleuchteten Stab geteilt ist. Der Versuchsleiter dreht den Rahmen samt Stab, und die Testperson muß den Stab unabhängig von der Position des Rahmens senkrecht stellen. Bei zwei Drittel der Tests schnitten die männlichen Teilnehmer besser ab als die weiblichen. Doch schon eine kleine Änderung der Versuchsanordnung brachte eine überraschende Wende: Statt des nüchternen Stabs brachte Witkin eine menschliche Figur ins Spiel. Wieder saßen die Testpersonen im verdunkelten Raum, vor ihnen derselbe erleuchtete Rahmen wie zuvor. Nur mußten sie diesmal eine Figur senkrecht stellen. Zum Erstaunen des Versuchsleiters waren die Frauen plötzlich genauso gut wie die Männer. Aber warum? Genügt es denn, eine abstrakte Form durch eine menschliche Figur zu ersetzen, um Frauen dasselbe räumlich-visuelle Talent zu entlocken wie Männern?

Vielleicht hängt das unerwartete Ergebnis aber auch damit zusammen, daß der Versuchsleiter vorher ausdrücklich betont hatte, daß bei diesem Testdurchgang vor allem Einfühlungsvermögen gefragt sei. Und das, meint Anne Fausto-Sterling, trauen sich die meisten Frauen eher zu, als mit abstrakten geometrischen Formen zu jonglieren. Deshalb schnitten sie plötzlich um so viel besser ab.

Das Beispiel zeigt, wie schwierig es ist, den Einfluß der Gesellschaft von der angeborenen Ausstattung eines Menschen zu trennen. Mag schon sein, daß Knaben von Haus aus für technische Berufe besser geeignet sind. Aber wer bekommt denn in erster Linie Baukästen und Eisenbahnen zum Geburtstag? Unbewußt lenkt die Gesellschaft mit ihren Erwartungen die späteren Geschicke von Jungen und Mädchen.

Lego macht's möglich

Die weibliche Scheu vor mathematisch-abstrakten Aufgaben ist zu einem guten Teil anerzogen. Denn wie sollte man sich sonst erklären, daß von allen Ingenieuren in den Vereinigten Staaten nur ein mageres Prozent Frauen sind? Dieses krasse Mißverhältnis wird wohl niemand ernsthaft auf die angeborenen Unterschiede zwischen den beiden Geschlechtern zurückführen.

Eine Technikprofessorin an der University of California in Berkeley griff deshalb zur Selbsthilfe. Alice Agogino bemerkte, daß die Studentinnen der Design-Klasse seit dem Jahr 1991 plötzlich deutlich schlechtere Leistungen brachten als in den Jahren davor. Agogino war zuerst verwundert, fand aber bald heraus warum: In diesem Jahr war das sogenannte Computer-Aided-Design, kurz CAD, in den Lehrplan aufgenommen worden. Schiene, Papier und Reißbrett machten einem neuen Computerprogramm für dreidimensionale Entwürfe Platz. CAD gilt zwar als Quantensprung in der Raumplanung und im Design, verlangt aber von seinen Benutzern mehr Abstraktionsvermögen als die Skizze auf dem Papier. Nach dem ersten Semester mit CAD folgte die Ernüchterung: Ein Viertel der Studentinnen schloß das Halbjahr nur mit Mühe oder gar nicht ab.

Von diesem Trend alarmiert, organisierte Alice Agogino an den Wochenenden eine Nachhilfestunde für all jene, die bereits im ersten Semester zu scheitern drohten. Sie nahm sich vor, das räumliche Vorstellungsvermögen der

Studentinnen gezielt und mit möglichst anschaulichen Methoden zu trainieren. Agogino brachte geometrische Figuren mit, die ihre Schüler in die Hand nehmen und nach Herzenslust drehen und wenden konnten. Sogar Lego brachte sie zum Unterricht – und hatte damit Erfolg, wie sich herausstellen sollte.

500 Technikstudentinnen sind seither durch Alice Agoginos praktischen Raumvorstellungs-Kurs gegangen, und siehe da, unter den Erstsemestrigen finden sich zwar nach wie vor Begabtere und weniger Begabte, die geschlechtsspezifischen Leistungsunterschiede haben sich jedoch – wie durch ein Wunder – verflüchtigt.

DER SPRACHLOSE MANN

»Frauen haben ein viel größeres Sprachzentrum als Männer!« So titelten im Februar 1997 viele große Tageszeitungen auf der ganzen Welt.

Der Schock saß tief. Die Forschergemeinschaft – besonders die männliche – war buchstäblich sprachlos. Die australische Sprachforscherin Jenny Harasty ließ die Bombe 1997 in der Februarausgabe der renommierten Fachzeitschrift *Archives of Neurology* platzen. Sie hatte entdeckt, daß das Sprachzentrum im Gehirn von Frauen um rund ein Drittel größer ist als das von Männern. Dabei, und das erregte wohl das meiste Aufsehen, sind die Gehirne von Männern um 15 Prozent größer als die Gehirne von Frauen. Das bedeutet, daß Frauen, wenn man den Größenunterschied zwischen Männer- und Frauengehirnen berücksichtigt, einen wesentlich größeren Teil ihres Gehirns für das Hervorbringen und das Verarbeiten von Sprache verwenden als Männer.

Die Sprache galt zwar schon lange vor Harastys Entdekkung als unumstrittene Domäne der Frau, warum das so ist, konnte aber bisher noch niemand so recht erklären. Die »Klatschbasen« und »Tratschtanten« sind nicht aus purem Zufall keine »Klatschvettern« und »Tratschonkel«. Diese uralten Zuschreibungen zeigen, daß man das gesteigerte Bedürfnis, sich wortreich mitzuteilen, eher Frauen zumißt als Männern. Und, Hand aufs Herz, auch bei aller heute regierenden Political correctness heißt es doch immer noch, wenn zwei Frauen miteinander ins Gespräch vertieft sind, sie »tratschen«, aber wenn zwei Männer derselben Tätigkeit nachgehen, sie hätten eine »Besprechung«.

Solche Redensarten beweisen nicht gerade guten Geschmack, sie sind aber doch ein Indiz dafür, daß unsere

Gesellschaft schon früh bemerkt hat, daß Männer und Frauen Sprache unterschiedlich handhaben und einsetzen. Dabei bescheinigt nicht nur der Volksmund den Frauen mehr Sprachtalent. Auch unzählige wissenschaftliche Untersuchungen und Begabungstests haben immer wieder ergeben, daß Frauen und Mädchen besser mit Worten umgehen können als das andere Geschlecht.

Jenny Harasty wollte wissen, warum das so ist. Bisher gab es keine befriedigenden Antworten auf diese Frage. Sind die Hormone dafür verantwortlich? Der unterschiedliche Gehirnstoffwechsel? Die Durchblutung? Oder sind es womöglich anatomische Unterschiede, die Frauen für den geschickteren Umgang mit Sprache prädestinieren? Um das herauszufinden, machte sich die Sprachforscherin der Universität Sydney auf die Suche nach handfesten Beweisen.

Eine Ironie des Schicksals

Im Seziersaal der Universitätsklinik machte sich Jenny Harasty ans Werk. Sie untersuchte zehn weibliche und zehn männliche Gehirne, die unversehrt sein mußten – eine wesentliche Voraussetzung dafür, sie anatomisch zu vergleichen. Jenny Harasty schnitt die Gehirne in drei Millimeter dünne Scheiben und begann die beiden wichtigsten Sprachzentren zu vermessen: das Broca-Zentrum und das Wernicke-Zentrum.

Die Wernicke-Region wurde nach ihrem Entdecker, dem deutschen Anatomen Karl Wernicke, der Mitte des vorigen Jahrhunderts gelebt hat, benannt. Sie liegt hinter den Ohren und ist dafür zuständig, Geräusche und Laute zu verarbeiten. Dieser Teil des Sprachzentrums, stellte Jenny Harasty fest, ist bei Frauen um 30 Prozent größer als bei Männern. Das Brocasche Zentrum liegt oberhalb der Ohren und wurde nach einem Zeitgenossen Wernikkes, dem französischen Chirurgen Paul Broca benannt. Broca hatte die Gehirne von sprachgestörten Menschen nach ihrem Tod untersucht und den Schaden, der für diese Sprachstörung verantwortlich war, in diesem Teil des Gehirns lokalisiert. Das Broca-Zentrum sorgt dafür, daß uns die Worte flüssig über die Lippen kommen. Dieser Bereich, fand Harasty heraus, ist bei Frauen um 20 Prozent größer als bei Männern.[1]

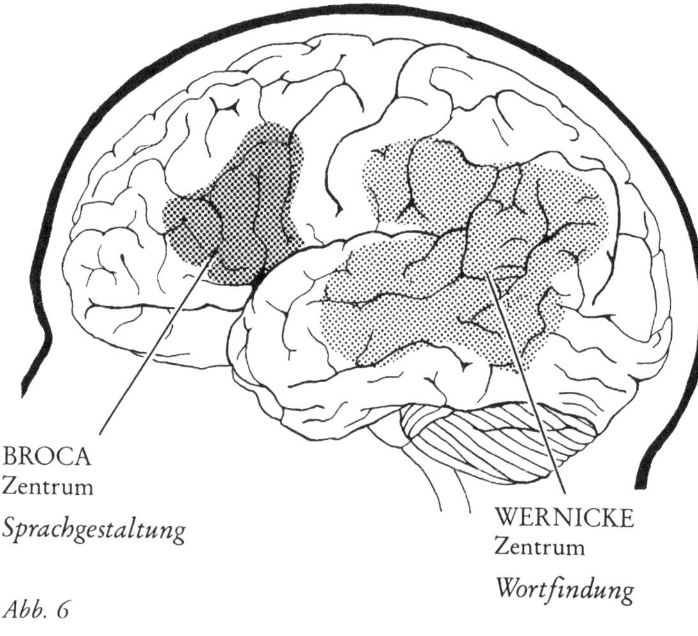

Abb. 6

Wenn Paul Broca das wüßte! Er würde sich im Grab umdrehen. Er gehörte zu jener Riege fragwürdiger Gelehrter, die es verstanden haben, »naturwissenschaftliche« Beweise aus dem Hut zu ziehen, wenn es galt, ihre eigenen Vorurteile gegen Frauen zu untermauern. Mit seiner Geringschätzung für das weibliche Geschlecht stand er nicht allein da, denn Broca war zu seiner Zeit ein vielbeachteter, gefeierter Mann. Heute kann man über seine Einsichten nur fassungslos den Kopf schütteln.

»Wir könnten fragen«, schrieb Broca 1861, »ob die Kleinheit des Frauenhirns ausschließlich mit ihrer geringeren Körpergröße zu tun hat. (...) Doch dürfen wir nicht vergessen, daß Frauen im Durchschnitt ein bißchen dümmer sind als Männer, ein Unterschied, den man nicht übertreiben sollte, der aber nichtsdestoweniger real ist. Es ist uns daher die Annahme gestattet, daß die relative Kleinheit des Frauenhirns zum Teil von ihrer körperlichen Unterlegenheit und zum Teil von ihrer geistigen Unterlegenheit herrührt.«[2]

Daß jetzt ausgerechnet eine Forscherin den Frauenfeind Broca – spät aber doch – der Lächerlichkeit preisgibt, ist eine Ironie des Schicksals. Damit hat sie seine ungeheuerlichen Ansichten, die sicherlich entscheidend dazu beigetragen haben, die Vorurteile gegen Frauen durch viele Generationen hindurch in den Machoköpfen einzuzementieren, ein für allemal entkräftet.

Immer neue wissenschaftliche Untersuchungen untermauern die Theorie, daß biologische Unterschiede für die sprachliche Überlegenheit der Frauen verantwortlich sind. Doch Jenny Harasty warnt vor voreiligen Schlüssen. Sie weist darauf hin, daß Eltern – wahrscheinlich unbewußt – dazu neigen, die sprachlichen Fähigkeiten ihrer Töchter stärker zu fördern als die ihrer Söhne. Es dürfte also auch die Erziehung einiges dazu beitragen, daß Mädchen für gewöhnlich sprachbegabter sind als Burschen. Es scheint, als würden Frauen ihr überragendes Sprachtalent dem Zusammenwirken von Natur und Gesellschaft verdanken.

Selbstredend

Frauen beginnen schon in frühester Kindheit, ihren sprachlichen Vorsprung auszubauen. Lange bevor Mädchen laufen lernen, plappern sie die ersten Worte. Jungen lassen ihre Eltern etwas länger auf das heißersehnte erste »Mama« oder »Papa« warten. Während sich dreijährige Mädchen bereits verständlich ausdrücken können, plagen sich Jungen zumeist ein ganzes Jahr länger, bis sie das gleiche Sprachniveau erreicht haben.

Später, in der Schule, bauen die Mädchen ihren sprachlichen Vorsprung gegenüber den Burschen noch aus. Sie sind ihren männlichen Klassenkameraden, was ihre sprachlichen Fertigkeiten betrifft, immer ein bis zwei Klassen voraus. Sie haben im allgemeinen den größeren Wortschatz, sprechen flüssiger und schneller und machen weniger grammatikalische Fehler beim Reden.

Auch in anderen sprachlichen Disziplinen, beim Lesen oder Schreiben, sind sie ihren männlichen Klassenkameraden überlegen. Außerdem fällt es Mädchen leichter als Jungen, eine Fremdsprache zu erlernen. Diese Vorliebe für Sprachen manifestiert sich auch im späteren Berufsweg der Mädchen. In Berufen wie Dolmetscher und Übersetzer ist der Frauenanteil wesentlich höher als der der Männer. Davon kann man sich mit einem Blick in die Hörsäle der Institute für Dolmetsch- und Übersetzerausbildung überzeugen. In Deutschland sind 85 Prozent der Studierenden in diesen Fächern weiblich. In Österreich nicht anders. Am Wiener Institut für Übersetzer- und Dolmetschausbildung etwa kommen auf 1.029 Frauen nur 165 Männer.

Der große Unterschied

Die Sprache ist wohl die mit Abstand außergewöhnlichste Leistung des menschlichen Gehirns. Silben, Laute, schließlich Worte hervorzubringen, sie in grammatikalische Gerüste zu stecken und sich mit derartig aufwendigen Konstrukten über Gott und die Welt zu unterhalten, ist eine einzigartige Gabe. Dieses Privileg ist ganz allein der menschlichen Spezies vorbehalten. Nicht einmal unsere nächsten Verwandten, die Menschenaffen, mit denen wir in immerhin 98 Prozent unserer Erbanlagen übereinstimmen, benutzen eine Sprache, die der unseren vergleichbar wäre. Sie drücken zwar, so wie wir auch, ihre Botschaften mit Hilfe einer Reihe von Lauten, Gesichtsausdrücken oder Gesten aus und haben im Laufe von Verhaltens- und Lerntests auch eine erstaunliche Zahl von Begriffen erlernt, doch selber Worte und Sätze zu formulieren und auszusprechen, ist ihnen nicht möglich.

Der Mensch hingegen kommt mit allen Anlagen, die er braucht, um eine Sprache zu erlernen, zur Welt. Aber warum macht die Natur gerade bei dieser außergewöhnlichen menschlichen Fähigkeit einen so großen Unterschied zwischen Mann und Frau?

Sally und Bennett Shaywitz sind Sprachforscher an der Yale University in New Haven. Sie hatten wiederholt beobachtet, daß Männer nach einem Schlaganfall, der die linke vordere Region ihres Gehirns beeinträchtigte, vorübergehend ihre Fähigkeit zu sprechen verloren und nur unter großen Mühen und mit Unterstützung eines Therapeuten wieder sprechen lernten. Frauen hingegen, die mit den gleichen Symptomen in die Klinik eingeliefert wurden, erholten sich wesentlich rascher. Vor allem ihre Fähigkeit zu sprechen war nicht so stark beeinträchtigt wie bei den männlichen Schlaganfallpatienten. Und wenn ihre Sprache bei dem Gehirnschlag in Mitleidenschaft gezogen war, griff die Logotherapie bei den Frauen rascher und erzielte in kürzerer Zeit die gewünschte Wirkung. Sally und Bennett Shaywitz rätselten, was die Ursache dafür sein könnte, bis sie Anfang 1995 auf die Lösung stießen, die einem Quantensprung in der modernen Sprach- und Gehirnforschung gleichkommt – Frauen benützen zum Sprechen beide Gehirnhälften, Männer hingegen nur eine.

Doppelt hält besser

Sally und Bennett Shaywitz führten zu Beginn des Jahres 1995 eine Studie an 19 Männern und 19 Frauen durch, die zeigen sollte, ob Männer und Frauen Laute unterschiedlich verarbeiten. Zu diesem Zweck verwendeten sie ein bildgebendes Verfahren, das die Aktivierung des Gehirns während einer bestimmten Denkaufgabe sichtbar macht. Sie ließen die Testpersonen Worte lesen und reimen und erfinden. Die Bilder von der Gehirntätigkeit der Versuchspersonen brachten Erstaunliches zutage.

Die männlichen Gehirne zeigten nur im linken vorderen Stirnlappen, in leuchtend roter Farbe auf dem Bildschirm kenntlich gemacht, Spuren reger Tätigkeit. Bei den Frauen traten die hellroten Kleckse an der gleichen Stelle, aber auch in der anderen Gehirnhälfte auf. Zwar hatten viele Verhaltensstudien bereits darauf hingewiesen, daß Männer beim Sprechen stärker »lateralisiert« sind, das heißt, daß sich ihre Gehirntätigkeit nur auf eine Hälfte beschränkt, während Frauen beide Gehirnhälften einsetzen, wenn sie sprechen, doch den endgültigen Beweis waren diese Studien schuldig geblieben.

Die Shaywitz' sind die ersten Forscher, die nachweisen konnten, daß sich Männer und Frauen in einer kognitiven Leistung deutlich voneinander unterscheiden. Unter kognitiven Leistungen versteht man all jene Prozesse und

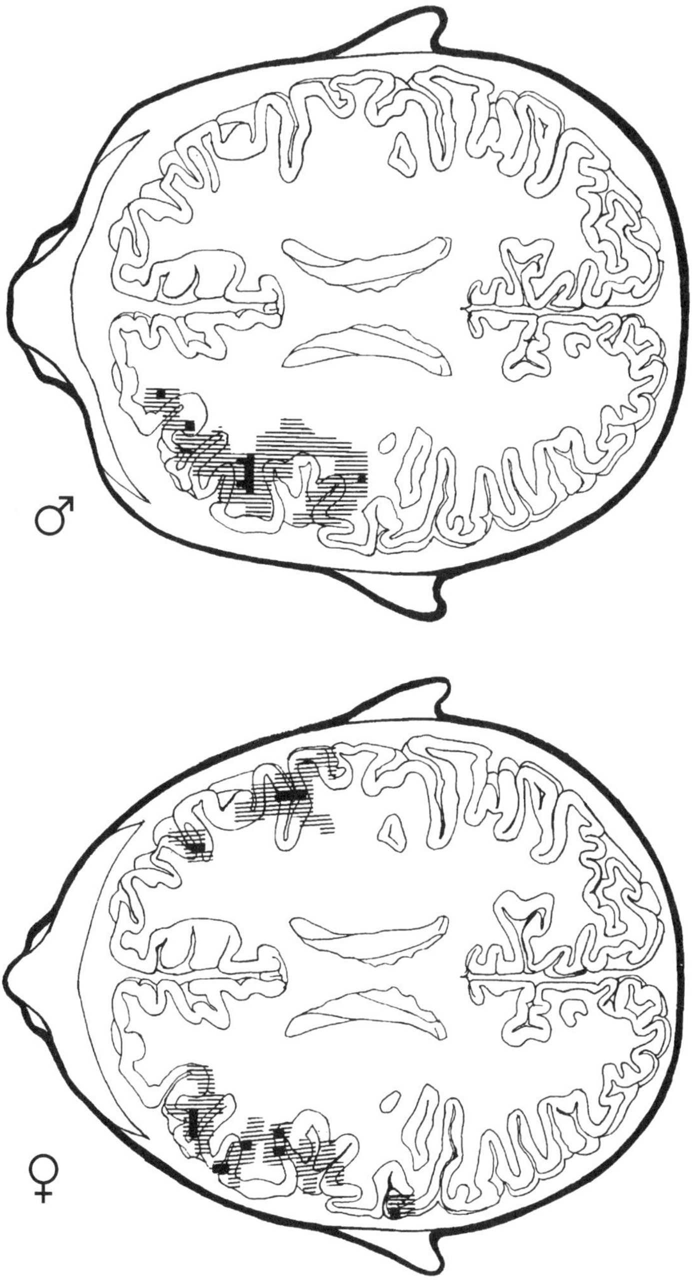

Abb. 7 Gehirnaktivität beim Sprachtest

Strukturen im Gehirn, die uns erlauben, Dinge wahrzunehmen und wiederzuerkennen, zu lernen, zu planen, uns zu erinnern und Inhalte zu kombinieren.[3]

Ob es den Frauen irgendeinen Vorteil bringt, mit beiden Gehirnhälften zu sprechen? Und wenn ja, welchen? Sally Shaywitz will das Ergebnis noch nicht interpretieren. Sie meint aber, daß ihre Entdeckung der Forschung eine völlig neue Türe öffnet, indem sie zum ersten Mal einen tiefen Einblick in die Sprache von Männern und Frauen gewährt – in die Art, wie sie Sprache verarbeiten und hervorbringen. Es ist ein Meilenstein in der Sprachforschung, denn zum allerersten Mal können Wissenschaftler genau verfolgen, was sich im Gehirn von Männern und Frauen abspielt, wenn sie lesen, schreiben oder sprechen. Schon die ersten Ergebnisse der Shaywitz' sind ebenso aufregend wie rätselhaft.

»Männer gehen beim Lesen eher in groben Zügen vor«, schildert Sally Shaywitz. »Sie verarbeiten jeweils große Sprachbrocken auf einmal. Frauen hingegen gehen Laut für Laut vor, Silbe für Silbe. Sie lesen in einer viel genaueren, feinkörnigen Weise.«[4]

Sally Shaywitz und ihr Mann wollen diese neu gewonnenen Einsichten in Zukunft dafür einsetzen, um Kindern mit Dyslexie zu helfen. Diese Form der Leseschwierigkeit tritt aus verschiedenen Gründen auf und führt dazu, daß die Betroffenen nur den Anfang oder Teile eines Textes lesen können, bestimmte Worte nicht erkennen und sie beim Vorlesen durch andere ersetzen, die so ähnlich klingen oder ähnlich geschrieben werden. Die Dyslexie tritt üblicherweise bei ganz normal entwickelten, intelligenten Kindern auf – und zwar vorwiegend bei Knaben. Die betroffenen Kinder leiden psychisch enorm unter dieser Sprachstörung, weil sie in der Schule oft völlig zu unrecht für beschränkt oder dumm gehalten werden und deshalb häufig zum Gespött der Klasse werden. Die Shaywitz' haben beobachtet, daß die lesegestörten Mädchen besser auf die Logotherapie ansprechen als Jungen. Könnte es also sein, daß ihnen der Einsatz der rechten Gehirnhälfte bei der Überwindung ihrer Dyslexie zu Hilfe kommt? Möglicherweise, spekuliert das Forscherpaar, könnte man den betroffenen Kindern besser helfen, wenn man für Knaben und Mädchen verschiedene Therapieansätze erarbeitete, die auf ihre unterschiedlichen Strategien, Sprache im Gehirn zu verarbeiten, Rücksicht nehmen. Ihre Entdeckung, meint Sally Shaywitz, könnte ein erster Schritt in die richtige Richtung sein.

Aber nicht nur die Gehirntätigkeit beim Lesen und Sprechen unterscheidet sich bei Männern und Frauen. Man kann auch mit geschlossenen Augen hören, ob ein Mann oder eine Frau spricht. Und nicht nur deshalb, weil Männer für gewöhnlich tiefere Stimmen haben als Frauen. Die tiefe Stimme verdanken Männer dem Stimmbruch, der durch einen rasanten Anstieg des Testosteronspiegels in der Pubertät herbeigeführt wird. Bei keiner anderen Spezies ist der geschlechtertypische Unterschied in der Stimmhöhe so ausgeprägt wie beim Menschen.

Große Töpfe, kleine Töpfe

Bei erwachsenen Männern und Frauen, fanden Sprachwissenschaftler bereits in den siebziger Jahren heraus, ist der Artikulationsapparat unterschiedlich groß. Das heißt, vor allem die Mundhöhle, aber auch die Zunge und der Kehlkopf, der gesamte Resonanzkasten, ist bei Männern nach der Geschlechtsreife, ebenso wie ihr restlicher Körper, größer als bei Frauen. Jedes Kind weiß, wenn es auf Kochtöpfen Schlagzeug spielt, daß die großen, weiten Töpfe tiefer klingen, als die kleinen. Es ist also ein schlichtes physikalisches Gesetz, das Männer und Frauen unterschiedlich klingen läßt.

Jacqueline Sachs, eine Sprachforscherin an der University of Connecticut in Storrs, wollte wissen, ob sich Männer- und Frauenstimmen noch durch etwas anderes unterscheiden. Dafür hat sie die Stimmen von Kindern vor der Pubertät untersucht, um herauszufinden, ob man die beiden Geschlechter auch dann blind erkennt, wenn ihr Artikulationsapparat noch nicht unterschiedlich groß ist, ihre Stimmen sich also noch in der gleichen Tonlage bewegen.

Tatsächlich gelang es den erwachsenen Versuchspersonen, denen die Stimmen fünf- bis sechsjähriger Kinder vorgespielt wurden, mit erstaunlicher Treffsicherheit, Jungen und Mädchen voneinander zu unterscheiden. Obwohl viele Testpersonen klagten, daß die Aufgabe sehr schwierig sei und sie wirklich nur raten könnten, war es ihnen offenbar intuitiv möglich, Knaben- und Mädchenstimmen zu unterscheiden. Üblicherweise verrät ein gesprochener Satz sehr viel über seinen Erzähler und selbstverständlich auch dessen Geschlecht, aber das war in diesem Fall ausgeschlossen, denn die Kinder lasen alle die gleichen vorgegebenen Sätze vor.

Aus anderen Studien wußte Jacqueline Sachs, daß sich Jungen und Mädchen leichter unterscheiden lassen, wenn sie sprechen, wie ihnen der Schnabel gewachsen ist. Jungen neigen eher dazu, Worte schlampig auszusprechen, Silben zu verschlucken oder umgangssprachliche Ausdrükke zu benutzen. Mädchen hingegen sind häufiger überkorrekt in ihrer Wortwahl und halten sich eher an die Regeln der Hochsprache. Doch bei ihrer Versuchsreihe hatte sie all diese verräterischen Details, die die Sprache von Knaben und Mädchen kennzeichnen, ausgeschlossen.

Die genaue Analyse der Tonbänder ließ nur einen Schluß zu: Obwohl sich die Anatomie der Kinder in diesem Alter noch nicht unterscheidet, ihr Artikulationsapparat noch gleich groß ist, waren die Mädchenstimmen bereits deutlich höher als die der Jungen. Die einzige Erklärung dafür, so Jacqueline Sachs, ist der Einfluß der Gesellschaft. Offenbar werden Kinder schon im zarten Alter von fünf Jahren auf die ideale Frauen- und Männerstimme konditioniert und bemühen sich, ihre Aussprache dem anzupassen, was ihre Umwelt von ihnen erwartet.[5]

Die »Billy«-Story

Eine andere Studie wieder hat das sprachliche Gedächtnis von Männern und Frauen genauer unter die Lupe genommen. Wer hört genauer zu, wenn man ihm etwas erzählt? Frauen oder Männer? Und vor allem: Merken sich Frauen und Männer verschiedene Teile einer Geschichte unterschiedlich gut?

Zwei Psychologen der Laurentian University in Ontario spielten 20 männlichen und 20 weiblichen Studenten ein Tonband mit der Geschichte eines kleinen Jungen vor, der Schwierigkeiten hat, einzuschlafen. Die sogenannte »Billy«-Story ist eine Geschichte mit mehreren Handlungssträngen, die besonders in der Mitte sehr stark auf Emotionen abzielt. Fünf Minuten lang wurden die Testpersonen mit der »Billy«-Story« berieselt. Eine halbe Stunde später wurden sie gebeten, die eben gehörte Geschichte so detailreich wie möglich auf einem Blatt Papier niederzuschreiben.

Die Studentinnen konnten nicht nur um 50 Prozent mehr Einzelheiten wiedergeben als die Studenten, sie konnten sich auch besser an den inhaltlichen Verlauf der »Billy«-Story erinnern. Die Männer zeigten eine auffällige Gedächtnislücke, als sie versuchten den emotionalen Mittelteil der Geschichte zu rekonstruieren. Möglicherweise, weil eben ihre rechte Gehirnhälfte bei der Verarbeitung von Sprache nicht bei der Sache ist. Bei den Frauen, die mit beiden Gehirnhälften sprachliche Leistungen bewältigen, zeigten sich keinerlei Lücken bei der Wiedergabe des gefühlsbetonten Mittelteils.[6]

Das hängt vielleicht damit zusammen, daß die rechte Gehirnhälfte generell als die gefühlsbetonte gilt, während man der linken eher die rationalen, analytischen Fähigkeiten zuschreibt. Fest steht jedenfalls, daß die Doppelstrategie in der Sprachverarbeitung den Frauen einen beachtlichen Vorteil bringt. Die weibliche Eigenart, mit beiden Gehirnhälften zu lesen und zu sprechen, ist der männlichen, die sich dafür nur einer Gehirnhälfte bedient, deutlich überlegen und bestätigt das alte Sprichwort »doppelt hält besser«.

Diese weibliche Begabung, immer die richtigen Worte zu finden, geht sogar so weit, daß Frauen auch dann in Worten denken, wenn es gar nicht um Sprache geht. Das hat die Wiener Neurophysiologin Brigitte Rescher herausgefunden. Sie wollte eigentlich die Feinmotorik von Männern und Frauen untersuchen und machte ganz nebenbei eine überraschende Entdeckung.

Mit den Augen begreifen – mit Worten erfassen

Die Versuchspersonen bekamen verschiedene Holzplättchen in den unterschiedlichsten Formen und Größen in die Hand und mußten versuchen, mit geschlossenen Augen jenes Holzplättchen wiederzuerkennen, das sie als erstes in der Hand gehabt hatten. Dieser Test erfordert nicht nur das viel zitierte Fingerspitzengefühl, um das es bei der feinmotorischen Geschicklichkeit geht, sondern auch die Fähigkeit, sich die Größe und Form eines Gegenstandes, den man nicht sehen kann, einzuprägen. Die Kurven des EEG, des Elektroenzephalogramms, das die schwachen elektrischen Ströme im Gehirn an 19 verschiedenen Punkten überwachte, ergaben, daß Frauen und Männer bei dieser Aufgabe völlig unterschiedliche Strategien wählten: Bei den Frauen lag die meiste Aktivität im vorderen Bereich des Gehirns, genau da, wo die Sprache zu Hause ist. Bei den Männern hingegen strengten sich die grauen Zellen in einer Region im hinteren Bereich des Gehirns am meisten an – dort, wo die visuellen Zentren zu Hause sind, in denen optische Reize verarbeitet und Bilder im Kopf erzeugt werden.[7]

Für Brigitte Rescher lassen die beiden unterschiedlichen Aktivierungsmuster nur einen Schluß zu: Offenbar fertigen Männer im Kopf eine dreidimensionale Skizze des Gegenstandes an, den sie in der Hand halten, und merken sich so seine Form und Größe. Frauen hingegen nähern sich der gleichen Aufgabe mit einer völlig anderen Strategie. Sie beschreiben den Gegenstand, den sie erfühlen, mit Worten – ohne diese auszusprechen. Sie geben ihnen Attribute wie groß, mittel, klein, rund, oval, glatt, rauh und so weiter.[8]

Bei diesem speziellen Test haben Männer und Frauen gleich gut abgeschnitten. Die herausragenden sowie die schlechten Leistungen verteilten sich gleichmäßig auf beide Geschlechter. Das heißt, so sehr sich die verbale Strategie der Frauen von der räumlich-visuellen der Männer unterscheidet, beide führen offenbar ans Ziel. Aber noch eine wichtige Botschaft steckt in dem Forschungsergebnis der Neurophysiologin Brigitte Rescher: Unterschiede, und seien sie noch so groß, können in der Tat wertfrei sein und sollen es auch bleiben. Ein gutes Motto für alle weiteren Bemühungen, die »kleinen« Unterschiede zu erforschen.

WOZU UNTERSCHIEDE?

AM ANFANG WAR DIE FRAU

Es herrscht völlige Dunkelheit in der feuchten, warmen Höhle – plötzlich wird ein leises Schwirren hörbar, das rasch näherkommt. Mit einem Mal kommen sie dann um die Kurve gebogen – wie eine angreifende Hunnenarmee stürzen sie peitschenschwingend auf ihr Ziel los. Nicht hunderte, auch nicht tausende, sondern hundert Millionen dieser wilden Reiter galoppieren da mit einem Mal drauflos. Sie rempeln einander brutal von der Strecke – denn es geht um Leben und Tod. Einige werden aus der Bahn geworfen, bleiben hilflos zappelnd liegen, um von den Nachkommenden überrannt zu werden. Andere verläßt die Kraft. Sie fallen zurück. Es ist ein dramatisches Schauspiel, ein halsbrecherischer Steeple Chase – ein Wettrennen der Extreme. Nur wenige schaffen es ans Ziel, wo sie sich verzweifelt krümmen und winden, doch nur einer kann gewinnen. Mit letzter Kraft bohrt sich der Sieger durch den zähen Schleim, bis er Minuten später erschöpft im Inneren anlangt – er hat's geschafft!

Unzählige Männer und Frauen sind schon, ohne es zu wissen, Zeugen dieser dramatischen Szene geworden – zugegebenermaßen aus einer etwas anderen Perspektive. Das eingangs beschriebene Spektakel schildert den menschlichen Zeugungsakt – aus dem Blickwinkel der Eizelle. Aus dieser ungewöhnlichen Sicht klärt sich plötzlich ein grundlegendes Mißverständnis über die beiden Geschlechter wie von selber auf.

Würde man die körperliche Vereinigung von Mann und Frau nur aus der üblichen Perspektive betrachten, könnte man einer fundamentalen Fehleinschätzung erliegen. Das aggressive Vorgehen des Mannes, das »Rangehen«, das Eindringen in die Frau und das Hinausschleudern seines Samens könnte den Eindruck erwecken, Männer seien das starke Geschlecht. Bei näherer Betrachtung stellt sich allerdings heraus, daß Männer in Wahrheit das viel schwächere, filigranere Geschlecht sind. Männer sind nicht nur eine gewagte, sondern auch eine überaus fehleranfällige Konstruktion. Dieser Makel zieht sich wie ein roter Faden durch das männliche Dasein – von der Zeugung bis zum Tod. Schon auf dem Weg zum Mann kann unendlich viel schiefgehen.

Wie bereits erwähnt, gleicht der Weg des Spermiums zur Eizelle einem Spießrutenlauf. Damit wenigstens ein paar eine Chance haben, ans Ziel zu kommen, gehen bei jedem Geschlechtsakt zwischen siebzig und hundert Millionen Samenzellen ins Rennen. Aber meistens kommen die Spermien erst gar nicht weit. Kaum verschüttet, werden sie Opfer eines Säureattentats. Wenn eine Frau nicht empfängnisbereit ist – also während drei Viertel ihres Zyklus –, ist der Säurewert im Inneren der Scheide so hoch, daß die Spermien sofort zersetzt werden. Aber selbst wenn die Spermien zum bestmöglichen Zeitpunkt auf den Weg gebracht werden, lauern noch einige Gefahren. Ein Teil des Ejakulats verirrt sich in die Bauchhöhle, wo es zwischen den Gedärmen »verdaut« wird. Ganz zu schweigen von der Schwerkraft, die den Gutteil der männlichen Erbträger an die Luft setzt, wo sie hilflos vertrocknen.[1]

Unter dem Mikroskop offenbart sich eine weitere Diskrepanz im männlich-weiblichen Kräfteverhältnis. Eine Eizelle ist etwa dreimal so groß wie eine Samenzelle – ein Gulliver im Land der Liliputaner. Auch die nächste Vergrößerungsstufe, die Einblick in den Inhalt von Ei- und Samenzellen gewährt, beweist: Frauen sind das stabilere, ausgereiftere Geschlecht.

Mann zu sein, bedarf es wenig

Zunächst entscheiden die zwei Geschlechtschromosomen, ob ein Mensch zum Mann oder zur Frau wird. Frauen haben zwei weibliche, also zwei X-Chromosomen. Auch Männer haben zwei Geschlechtschromosomen: allerdings nur ein männliches Y-Chromosom, ergänzt von einem weiblichen X.[2] Das heißt, jeder Mann ist zur Hälfte eine Frau.

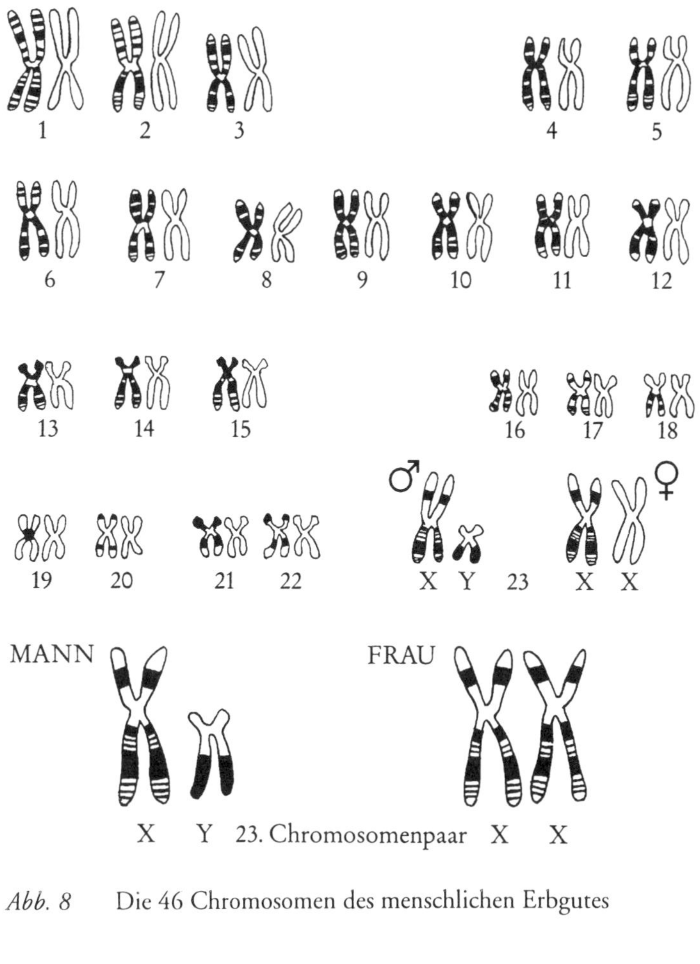

Abb. 8 Die 46 Chromosomen des menschlichen Erbgutes

Das X- und das Y-Chromosom sind nach ihrer Form benannt. Das weibliche X ist nicht nur symmetrisch – wie ein wohlgewachsener Mensch mit zwei gleich langen Armen und Beinen. Es ist auch eines der größten unter den 46 Chromosomen im menschlichen Erbgut und ist prall gefüllt mit genetischer Information, die weit über die Geschlechtsbestimmung hinausgeht. Das männliche Y hingegen ist ein Kümmerling unter den Chromosomen und sieht neben dem großen, kräftigen X wie ein armseliger, verkrüppelter Verwandter aus.[3]

Während man sich unendlich lange darüber streiten kann, ob die Henne oder das Ei zuerst war, gibt es im Fall von Mann oder Frau nicht mehr den geringsten Zweifel: Die Urform des Lebens ist die Frau. Das bestätigt nicht nur die Form, sondern auch der Inhalt der beiden Geschlechtschromosomen.

Der Mann – ein genetischer Defekt

Die genauere Untersuchung des einarmigen Y-Zwerges brachte eine weitere große Überraschung. Es enthält, bis auf den Code für das männliche Geschlecht, fast nur genetischen Müll – unnötigen Ballast. »Ein Mann zu sein«, faßt der Berliner Genetiker Jens Reich zusammen, »ist der häufigste genetische Defekt in der Natur.«[4]

Mit einem aufsehenerregenden Experiment gelang es zwei Wissenschaftlern der University of Cambridge in England, nachzuweisen, daß die mütterlichen und die väterlichen Gene bei der Gehirnentwicklung eines Embryos mit verteilten Rollen zu Werke gehen – wobei Vaters Erbanlagen nicht gerade in einer Glanzrolle brillieren dürfen. Eric »Barry« Keverne, der die gemeinsame Entwicklung des menschlichen und des Primatengehirns erforscht, und der Genetiker Azim Surani bezeichnen ihre Entdeckung als »geprägte Gene«, was bedeutet, daß bei der Entstehung bestimmter Teile des Gehirns entweder nur männliche oder nur weibliche Gene beteiligt sind. Und siehe da, die väterlichen Erbanlagen steuern die primitiveren Gehirnteile bei, also jene, die sich mit Sex, Aggression, Hunger und Durst herumschlagen, während die mütterlichen Anteile das Großhirn bilden – den modernsten Teil des Gehirns, in dem die intellektuellen Fähigkeiten beheimatet sind.[5]

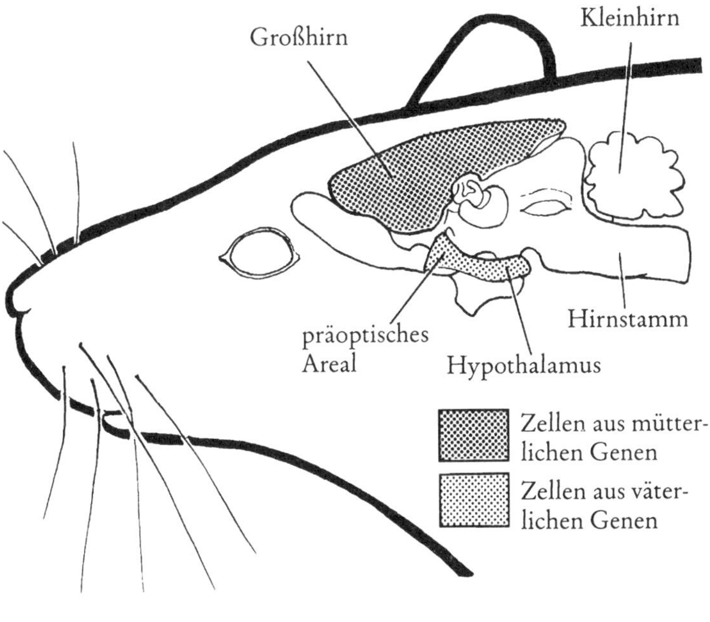

Abb. 9 Keverne und Surami entdeckten die »geprägten Gene« bei Mäusen.

Eine Anekdote, die gern über George Bernard Shaw erzählt wird, bekommt dadurch unerwartet einen wissenschaftlich fundierten Hintergrund: Eine attraktive junge Schauspielerin soll sich einmal zu dem berühmten irischen

Schriftsteller gebeugt und ihm zugeraunt haben: »Was könnten wir nur für wundervolle Kinder miteinander haben!« Worauf Shaw in seiner schlagfertigen Art erwiderte: »Gewiß, aber was wäre, wenn sie mein Aussehen und Ihre Intelligenz erben würden?«[6] Sicherlich war diese Bemerkung nur scherzhaft und kokett dahingeplaudert. Aber Bernard Shaw hätte sie sich bestimmt verkniffen, wenn er gewußt hätte, was die beiden Cambridge-Wissenschaftler mit ihrem Experiment herausgefunden haben. Nämlich, daß man die höheren Denkleistungen von seiner Mutter erbt.

Thanks For The Genes, Mom!

Was, fragten sich Keverne und Surani, würde geschehen, wenn nur männliche oder nur weibliche Gene ein Gehirn bilden würden? Mit Hilfe gentechnisch manipulierter Mäuseföten fanden sie es heraus: Die Embryos mit den weiblichen Genen entwickelten überdimensionale Köpfe mit riesigen Gehirnen, während die mit den männlichen Genen überdimensionale Körper und winzige Gehirne hatten.[7] Ob das beim Menschen genauso wäre, können die Wissenschaftler nicht mit Sicherheit sagen. Allerdings gibt es eine seltene Krankheit, die das bestätigen dürfte. Beim sogenannten Angelmann-Syndrom fehlen die weiblichen Anteile im Gehirn, was eine Beschränkung der geistigen Fähigkeiten zur Folge hat.[8] Ist Denken also Frauensache?

Warum sind die Gene, die den Mann machen, so minderwertig? Möglicherweise deshalb, weil das Y-Chromosom im Lauf der Evolution wesentlich weniger Gelegenheit hatte, sich zu rekombinieren – das heißt, durch Austausch mit seinesgleichen an neue, frische Gene zu kommen – als das X-Chromosom. Oder könnte es sein, daß der Mann nur eine so geringfügige Abweichung von der Frau ist, daß eine minimale Variation des weiblichen Geschlechtschromosoms genügt hat, um einen Mann hervorzubringen? Der Mann – eine weibliche Mutante?

Fast sieht es so aus: Eine unbefruchtete Eizelle enthält den halben Chromosomensatz ihrer Trägerin – also immer ein X als Geschlechtschromosom. Die Samenzellen enthalten entweder ein X- oder ein Y-Chromosom, also entweder den Befehl, eine Frau, oder den Befehl, einen Mann zu bauen. Wenn eine Samenzelle mit einem X die Eizelle befruchtet, entsteht eine Frau. Schafft es hingegen ein Spermium mit einem Y, ist der Grundstein für ein männliches Wesen gelegt.

Warum wir das so vorsichtig formulieren? Nun, das hat seinen guten Grund. Denn selbst wenn sich eine Samenzelle mit männlichem Bauplan in die Eizelle bohrt, heißt das noch lange nicht, daß die Entwicklung zum Mann gewissermaßen auf Schienen steht. Im Gegenteil. Im Augenblick der Befruchtung wird es erst richtig kompliziert. Es bedarf einer ganzen Reihe von Ereignissen, zu ganz bestimmten Zeiten, damit auch wirklich ein Mann in Mutters Bauch heranwächst.

Davon konnte sich der berühmte Biologe Alfred Jost in Frankreich schon in den vierziger Jahren überzeugen. Er wollte den Mechanismus verstehen, der dazu führt, daß sich die Geschlechtsorgane von männlichen und weiblichen Embryonen plötzlich unterschiedlich weiterentwikkeln.

Der Trend zur Frau

Während der ersten Wochen im Mutterleib sehen die Keimanlagen von Mädchen und Jungen gleich aus. Sie bestehen aus den sogenannten Wolffschen und Müllerschen Gängen, beide nach ihren Entdeckern benannt. Erst nach acht Wochen setzt ein Prozeß ein, der die Zwitter in Geschöpfe zweierlei Geschlechts verwandelt. Beim männlichen Embryo schließt sich der Müllersche Gang, während der Wolffsche Gang zu Samenleiter und Samenblase wird; beim weiblichen Embryo schließt sich der Wolffsche Gang, während der Müllersche Gang zu Gebärmutter und Eileiter umgebaut wird. Aber wie genau kommt es zu dieser drastischen Veränderung von ein und derselben Anlage? Dieser Frage ging Alfred Jost auf den Grund.

Dazu entfernte er bei Kaninchenembryos deren Keimdrüsen, mit anderen Worten, er kastrierte sie und wartete ab, was geschehen würde. Die weiblichen Kaninchen entwickelten sich, sehr zu seinem Erstaunen, völlig normal weiter, als wäre nichts geschehen. Aber noch größer war die Überraschung bei den männlichen Embryonen. Nachdem Jost ihnen die Hoden entfernt hatte, setzte sich ihre Entwicklung fort, als wären sie biologische Weibchen.[9] Das heißt, wenn die Keimdrüsen fehlen, entsteht immer eine Frau, egal ob die Gene den Bauplan für ein männliches oder für ein weibliches Wesen enthalten. Mit dem Experiment war klar, daß die männlichen Embryonen an diesem heiklen Abschnitt ihrer Entwicklung darauf angewiesen sind, daß ihre Hoden Testosteron produzieren, um sie zu Männern reifen zu lassen. Zur Frau wird man offensichtlich ganz von allein.

Als wäre die komplizierte Prozedur der Zeugung und der Schwangerschaft für den männlichen Part nicht schon schwierig und riskant genug, scheint sich auch die Umwelt gegen die Männer verschworen zu haben.

Dabei fing alles in einem Paradies auf Erden an, in dem kein Wölkchen je den ewig blauen Himmel trübt: im sonnigen Florida, genauer gesagt am Lake Apopka, einem See unweit von Orlando, der für seinen Reichtum an Fischen, Vögeln und Alligatoren bekannt ist. Dort machten die Zoologen von der University of Florida Anfang der neunziger Jahre eine beunruhigende Entdeckung.

Der Anschlag auf die Männlichkeit

Nachdem die Zahl der Alligatoren alarmierend geschrumpft war, versuchten sich Wissenschaftler unter der Leitung von Louis Guillette, den Ursachen dieser Entwicklung auf den Grund zu gehen. Sie fuhren mit Motorbooten kreuz und quer über den See auf der Suche nach Alligatoren, die sie mit Netzen und Drahtschlingen einfingen, um sie untersuchen zu können.

»Wir waren wirklich sehr erstaunt«, erzählt Louis Guillette, »was wir da sahen, war dramatisch. Wir stellten eine massenhafte Geschlechtsumwandlung fest. Mindestens 25, wenn nicht 30 Prozent aller männlichen Alligatoren in diesem See haben abnorm entwickelte oder mißgebildete Penisse. Sie sind zu klein – um die Hälfte bis ein Drittel kleiner als normal.«[10]

Das also war der Grund, warum die Zahl der Alligatoren so stark zurückgegangen war. Mit ihren verkrüppelten Penissen waren die Männchen einfach nicht mehr zeugungsfähig. Aber was war die Ursache für diese massenhaften Mißbildungen? Die Arbeit der amerikanischen Biologin Theo Colborn, die heute für den WWF tätig ist, brachte schließlich Licht in die Sache.

1981 war es durch einen Chemieunfall zu einer ökologischen Katastrophe gekommen. Damals flossen große Mengen des chlorhaltigen Schädlingsbekämpfungsmittels »Dicofol« in den Lake Apopka. Daraufhin, stellte Theo Colburn fest, ging es mit den Männchen fast aller Tierarten im Lake Apopka rapide bergab. Bei Fischen und jenen Wasservögeln, die sich von Fischen ernähren, war der

Weibchenüberschuß kaum zu übersehen. Die Alligatorenweibchen legten zwar weiterhin Eier, doch sie wurden nicht mehr befruchtet. Dafür hatte Theo Colborn nur eine mögliche Erklärung: eine derartig massive Verweiblichung der Tierwelt konnte eigentlich nur das weibliche Sexualhormon Östrogen herbeiführen – oder eine Substanz, die seine Wirkung imitiert.[11]

Es war die Stunde der Entdeckung der »Umweltöstrogene«, auch künstliche Östrogene genannt. Mittlerweile sind 50 verschiedene Chemikalien bekannt, die in Waschmitteln, Weichmachern, Farben, Lacken und Lösungsmitteln enthalten sind, deren Moleküle dem weiblichen Sexualhormon zum Verwechseln ähnlich sehen und fatalerweise die gleiche Wirkung entfalten.

Warum sollten die künstlichen Östrogene vor dem Menschen halt machen? Chemikalien machen keinen Unterschied zwischen den Östrogenrezeptoren eines Alligators oder jenen eines Menschen. Hauptsache, sie passen irgendwo!

Die Samentöter

Gerade als sich die Öffentlichkeit ängstlich zu fragen begann, ob wohl auch Männer von einem solchen chemischen Schlag unter die Gürtellinie betroffen sein würden, platzte die Bombe: Der menschliche Samen droht zu versiegen, prophezeite der dänische Androloge Niels Skakkebæk 1992 in einer heute legendären Studie. Er hatte 62 wissenschaftliche Arbeiten aus der ganzen Welt über die Qualität des menschlichen Spermas verglichen und war zu dem Schluß gekommen, daß die Männer weltweit nicht nur immer weniger, sondern auch immer minderwertigeren Samen produzieren. Fanden sich in einem Milliliter Ejakulat im Jahr 1938 noch 113 Millionen Spermien, so waren es 1990 durchschnittlich nur noch 66 Millionen. Dabei, so Skakkebæk, war in diesem Zeitraum der Anteil der mißgebildeten Samenfäden dramatisch angestiegen.[12]

»Wir waren besorgt und verblüfft über das Ergebnis«, schildert Niels Skakkebæk die erste Reaktion seines Forscherteams an der Universitätsklinik in Kopenhagen. »Die Samenqualität hatte enorm gelitten. Wir stellten fest, daß die durchschnittliche Spermienzahl in den vergangenen fünfzig Jahren um die Hälfte zurückgegangen war, bei einer gleichzeitigen Reduktion des Spermavolumens.«[13]

Niels Skakkebæk ortete nicht nur einen Tiefschlag für die Fortpflanzung. Irgendeine unheimliche Entwicklung schien dem gesamten männlichen Geschlechtstrakt arg zuzusetzen. Die Fälle von Penismißbildungen, Hodenhochstand oder Prostatakrebs häuften sich verdächtig. Allein die Zahl der Hodenkrebserkrankungen hat sich in Europa und den USA in den letzten dreißig Jahren verdreifacht.

Der Anschlag auf die Männlichkeit war auch einem prominenten Kollegen Skakkebæks aufgefallen, dem schottischen Reproduktionsmediziner Richard Sharpe. Gemeinsam veröffentlichten sie im Mai 1993 einen Artikel in der medizinischen Fachzeitschrift *The Lancet*, in dem sie erstmals die Theorie vertraten, daß künstliche Östrogene für diese besorgniserregende Entwicklung verantwortlich sein könnten.[14]

Tatsächlich bestätigte eine amerikanische Studie wenig später, daß das künstliche Östrogen DES für die Fehlentwicklungen männlicher Föten verantwortlich sein dürfte. John McLachlan von der Duke University in Durham, North Carolina, testete die Substanz an Mäusen und entdeckte, daß sie genau jene Zellen außer Gefecht setzen, die die gesamte Entwicklung des männlichen Fortpflanzungsapparates steuern: die Sertoli-Zellen.[15]

Diese entwickeln sich im frühen Embryonalstadium und sorgen später in der Pubertät dafür, daß in den Hoden funktionstüchtige Samenzellen entstehen. Die Sertoli-Zellen lahmzulegen heißt, die Männlichkeit an ihrer denkbar empfindlichsten Stelle zu treffen. Sehr wahrscheinlich sind die künstlichen Östrogene auch mit schuld an der steigenden Zahl der Krebserkrankungen an den männlichen Geschlechtsorganen.

Haben Frauen die bessere Abwehr gegen Streß und Umweltverschmutzung? So eigenartig diese Überlegung auf den ersten Blick scheinen mag, hat sie doch einiges für sich.

Der Tod und das Bübchen

Der deutsche Biologe Wolfdietrich Eichler hat schon lange vermutet, daß männliche Föten und Neugeborene weniger aushalten als weibliche. In einer Studie über das Geburtenverhältnis von Mädchen und Jungen in der ehemaligen DDR stellt er sogar die These auf, daß ein Mädchenüberschuß ein wichtiger Bioindikator für die Umweltverschmutzung sei. Das heißt: Je stärker die Verschmutzung, desto weniger Knaben erblicken das Licht der Welt.[16]

Üblicherweise werden fünfzig Prozent mehr Knaben als Mädchen gezeugt. Das hängt damit zusammen, daß die Spermien mit der männlichen Ladung schneller schwimmen als die mit der weiblichen, weil das Y-Chromosom so viel kleiner und leichter ist als das X-Chromosom. Dafür aber sterben mehr männliche Föten während der Schwangerschaft ab. Das führt dazu, daß nur etwas weniger Mädchen als Knaben zur Welt kommen. Auf 100 Mädchen kommen durchschnittlich 106 Knaben. Die höhere Sterblichkeit männlicher Säuglinge schafft schließlich ein ausgewogenes Zahlenverhältnis zwischen den beiden Geschlechtern.

Ein auffallendes Mißverhältnis zwischen neugeborenen

Knaben und Mädchen entdeckte Wolfdietrich Eichler in jenen Regionen, die am stärksten durch die Industrie verschmutzt waren.

Im Kreis Forst an der Lausitz in der ehemaligen DDR kamen deutlich mehr Mädchen als Knaben zur Welt. Auf hundert Mädchen waren es nur 85 Knaben. Den Grund für den Mädchenüberschuß sieht Eichler darin, daß die ungeborenen Mädchen der hohen Umweltbelastung durch die Chemie- und Textilindustrie besser standhielten als die Jungen. »Die Natur«, meint der Hamburger Anthropologe Rainer Knußmann gar, »produziert vorsorglich ein paar mehr von ihnen, weil sie weiß, daß die zarten Bübchen gegen die Gefahren des Lebens schlechter gewappnet sind.«[17]

Aber nicht nur vor der Geburt scheinen männliche Wesen dem Tod etwas näher zu stehen als weibliche. Dieser dramatische Geschlechtsunterschied begleitet Männer und Frauen ein Leben lang – von der Wiege bis ins Grab. Frauen überleben Männer je nach Kulturkreis um sieben bis zehn Jahre. Das bedeutet, daß Frauen durchschnittlich eine zehn bis fünfzehn Prozent längere Lebensdauer beschieden ist. Was für eine krasse Benachteiligung des Mannes! Wenn Männer und Frauen also nicht einmal vor dem Tod gleich sind, wie sollen sie es dann vor Krankheit oder Schmerz sein? Erstmals beginnen sich Mediziner darüber ensthaft Gedanken zu machen. Bisher sind sie davon ausgegangen, daß Therapien und Behandlungsansätze bei Männern und Frauen die gleiche Wirkung erzielen. Doch nun machen sich erste Bedenken breit. Eine kalifornische Studie ist beispielsweise zu dem Ergebnis gekommen, daß Männer und Frauen völlig unterschiedlich auf Schmerztherapien ansprechen.

John Levine, ein Spezialist für Entzündungskrankheiten an der University of California in San Francisco, untersuchte 20 Männer und 28 Frauen, denen die Weisheitszähne gezogen werden mußten. 20 Minuten, nachdem die Wirkung der Narkose abgeklungen war, bat er seine Versuchspersonen, die Intensität ihrer Schmerzen zu beschreiben und gab ihnen eine schmerzstillende Injektion. Die enthaltene Substanz, ein sogenanntes Kappa-Opioid, ist ein chemischer Verwandter von Morphium und Heroin. Obwohl die Frauen nach dem Eingriff über stärkere Schmerzen geklagt hatten als die Männer, stellte Levine zu seiner Überraschung fest, daß seine Schmerztherapie bei den weiblichen Versuchspersonen wesentlich besser wirkte als bei den männlichen. Nachdem die Frauen das schmerzstillende Medikament bekommen hatten, ließen ihre Schmerzen nicht nur stärker nach als die der männlichen Patienten, die Wirkung hielt bei ihnen auch ganze vier Stunden länger an. Levine schließt daraus, daß die Physiologie des Schmerzes bei Männern und Frauen unterschiedlich ist. Das bedeutet, um beide gleich effizient behandeln zu können, werden Ärzte beim Verschreiben von Schmerzmitteln künftig nicht nur das Alter und den Allgemeinzustand ihrer Patienten, sondern auch deren Geschlecht mitberücksichtigen müssen.[18]

Was ist nun der Grund dafür, daß die Männer in so vieler Hinsicht das Nachsehen haben?

Möglicherweise wollte die Natur ursprünglich nur ein Geschlecht schaffen. Ein zweites Geschlecht hervorzubringen, erschien ihr so mühsam und aufwendig, daß sie sich im Fall des Mannes mit einem Kompromiß zufrieden gab. Warum Mutter Natur dann überhaupt auf den Mann kam? Wahrscheinlich aus einem guten Grund.

EINE LAUNE DER NATUR

Nichts hat die grelle Welt der Medien und die beschauliche Welt der Forschung im Jahr 1997 so nachhaltig erschüttert wie die Geburt eines Geschöpfes, das rein äußerlich nicht anders aussieht als Millionen andere seines Schlags auf unserem Erdball. Ein hübsches wolliges Schäfchen, das neugierig in die Kameras blickte, stand plötzlich im Mittelpunkt des Interesses: Dolly, das Schaf mit Vergangenheit.

»Klonen erstmals gelungen! Hundertprozentige Kopie eines Mutterschafs ausgetragen!« stand meist über, unter oder neben ihrem Bild zu lesen. Kaum eine Zeitung oder eine Fernsehstation, die sich die Story entgehen ließ: Dolly, das Monster aus Frankensteins Labor.

Warum die Aufregung? Zeugung im Reagenzglas gibt es doch bereits beim Menschen. – Und doch war da ein wesentlicher Unterschied: Dolly hat keinen Vater. An ihrer Zeugung war weder ein männliches Schaf noch eine Samenzelle beteiligt. Das geklonte Schaf besitzt haargenau dieselben Gene wie seine Mutter – es ist eine identische Kopie, hergestellt aus einer einzigen ihrer Euterzellen.

Diese neue Technik macht es möglich, ganz ohne geschlechtliche Fortpflanzung ein Lebewesen zu erzeugen, das nur eine Mutter, aber keinen Vater hat. Wird diese Erfindung männliche Schafe überflüssig machen?

Sollte das Beispiel Schule machen, könnten in Zukunft auch Frauen in Versuchung kommen, exakte Kopien ihrer selbst herzustellen, anstatt einen Mann an ihrer Fortpflanzung zu beteiligen.[1] Die moderne Reproduktionsmedizin hat ja bewiesen, daß sie alle dafür notwendigen Techniken beherrscht. An der George Washington University in Washington D.C. wurden bereits 1993 die ersten menschlichen Embryonen im Labor geklont. Heftige Proteste und das rigorose Einschreiten von Ethikkomissionen rund um die Welt, haben dem Klonieren von Menschen jedoch augenblicklich einen Riegel vorgeschoben. Kein Mensch, kein Arzt soll sich in Zukunft dazu aufschwingen können, Schöpfer zu spielen und Kopien anderer menschlicher Wesen anzufertigen.

Die Technik als solche, durch schlichte Teilung Leben zu vervielfältigen, ist nichts desto trotz in ihrer Einfachheit bestechend, und man fragt sich, warum die Natur nicht selbst auf diese Lösung gekommen ist. Wozu macht sie sich die Mühe, zwei derart unterschiedliche Wesen wie Mann und Frau für die Fortpflanzung zu erschaffen?

Was heute als großartige Leistung der Wissenschaft gefeiert wird, kann die Natur schon ziemlich lange; genauer gesagt, schon seit einigen Milliarden Jahren.

Am Anfang war die Zelle

Damals war es noch recht ungemütlich auf der Erde. Ständig gingen heftige Schwefelwasserstoff- und Methangewitter nieder. Es gab noch keinen Sauerstoff und keinen schützenden Ozonmantel. Die Sonnenstrahlen brannten ungefiltert auf die kaum erstarrte Kruste unseres Heimatplaneten nieder. Die »Ursuppe«, eine kochend heiße, stinkende Brühe, bot den ersten organischen Substanzen denkbar lebensfeindliche Bedingungen. Dennoch gelang es ihnen, sich zu primitiven Vorstufen des Lebens zu formieren. Die frühen Formen der Lebewesen bestanden lediglich aus einer Urzelle, die zwar noch keinen Kern, wohl aber genetisches Material besaß. Mit dessen Hilfe pflanzte sich die Urzelle fort. Sie stellte eine mehr oder weniger exakte Kopie von ihrer Erbsubstanz her und teilte sich anschließend mit dem Erfolg, daß zwei identische Zellen im Substrat schwammen. Durch »Abschreibfehler« beim Kopieren der genetischen Information entstanden neue Formen. Manche Zellarten wuchsen – nahmen alle möglichen Formen an –, andere waren simpel und klein, aber schneller. Vor allem die Zellteilung ging bei den kleinen schneller vonstatten, deshalb waren sie bald in der Überzahl.

Die Zustände auf der Erde waren alles andere als paradiesisch: Es herrschte das Gesetz des Stärkeren. Die großen langsamen, aber differenzierteren Zellen waren den Angriffen der kleinen, mobilen Zellen hilflos ausgeliefert. Sie erfanden eine chemische Abwehr gegen die rabiaten kleinen Gesellen: Dies war die Geburtsstunde des Immunsystems. Doch die wendigen kleinen Zellen waren anpassungsfähig. Immer wieder gelang es ihnen, den Code der dicken, schwerfälligen Zellen zu knacken.

Das hätte das Ende der Evolution auf unserem Planeten sein können, wäre da nicht eine wesentliche neue Errungenschaft auf den Plan getreten: die Sexualität.

Nach dem Motto, man braucht kein besseres Schloß als der Nachbar, man braucht nur ein anderes,[2] begannen die großen Zellen Material auszutauschen. Zunächst geschah das sehr primitiv über Plasmabrücken. Bei heute noch lebenden Einzellern wie den Pantoffeltierchen kann man diesen Vorgang beobachten: Sie legen sich aneinander und öffnen an einer bestimmten Stelle ihre Zellhaut. Über eine Brücke aus Körperflüssigkeit, dem Plasma, wandern Teile des genetischen Materials von einem Tierchen zum anderen. Die Tiere trennen sich danach wieder als zwei eigenständige Geschöpfe.

Sex als Waffe

Diese Urform des Geschlechtsverkehrs steht ausschließlich im Dienste der genetischen Aufrüstung. Für die Fortpflanzung bedienen sich die Pantoffeltierchen immer noch der

Jungfernzeugung. Das heißt, sie teilen sich in identische Individuen.

Manchen mag es unromantisch erscheinen, daß ein so wichtiges Element unseres Verhaltens wie die Sexualität zunächst nichts anderes war als eine Verteidigungsstrategie. Für die differenzierten Lebewesen war es die einzige Chance. Sie waren erfolgreich, und das immerhin über zwei Millarden Jahre lang. Dann entstanden die ersten Vielzeller: ein Quantensprung in der Entwicklung der Lebewesen.

Die Zellen, die das gleiche Erbgut in sich trugen, trennten sich fortan nicht mehr, sondern blieben zusammen. Sie fingen an, sich die Arbeit aufzuteilen, wurden Experten: einige von ihnen für die Nahrungsaufnahme, einige für die Fortbewegung, manche für die Verteidigung und andere wieder für die Ausscheidung. Ein paar Zellen spezialisierten sich auf die Reproduktion. Irgendwann trugen sie nur noch genetisches Material in sich, das für die Nachkommen bestimmt war: Die Keimzellen waren geboren.

Damit sich aus einer Keimzelle ein funktionstüchtiges Jungtier entwickleln kann, muß sie genügend Startkapital in Form von Nährstoffen mitführen. Manche von ihnen hatten mehr, andere weniger: Das war die Geburtsstunde von Ei und Spermium.

Schnell entwickelten sie sich zu Experten: Die großen, dotterreichen Keimzellen verfügten zwar über genügend Proviant, um selber zu überleben, waren aber nicht mobil genug, um andere Keimzellen zum Austausch von Erbinformation aufzusuchen. Die kleinen, mobilen Keimzellen hingegen wären verhungert ohne eine Möglichkeit, am Tisch der großen Keimzellen mitzunaschen. Sie entwickelten daher einen Motor, die Geißel, und einen Spürsinn für Dotterreichtum und tauschten ihr Genmaterial nur mit großen schweren Keimzellen aus. Das Spermium – ein Mitgiftjäger?

Versuch und Irrtum

Es dauerte nicht lange, und Ei- und Spermaproduzenten begannen sich zu spezialisieren. Mit zwei unterschiedlichen Strategien: Eier herzustellen ist zwar kostspieliger, weil sie sehr materialaufwendig sind, aber es lohnt sich, denn Eier sind sehr gefragt. Spermien sind billige Massenware, schnell erzeugt und äußerst mobil und findig – wenn da nicht noch das Problem mit der Konkurrenz wäre.

Beide Strategien schienen gleichermaßen erfolgreich zu sein, und so wurden die zwittrigen Tiere, die sowohl Eier als auch Sperma produzierten, langsam getrenntgeschlechtliche Tiere, die sich ausschließlich einer bestimmten Art der Fortpflanzung bedienten.

Bis dahin hatte sich alles im Wasser abgespielt. Für die Befruchtung konnten die Geschlechtsprodukte einfach ins Wasser gelassen werden. Dennoch war die innere Besamung keine Erfindung der Landtiere. Sie entwickelte sich durch den Konkurrenzdruck der Männchen, möglichst nah bei den Weibchen die Spermien zu deponieren.

Sind Frauen deshalb »spröde«, weil sie ihre wertvollen Eier für das bestmögliche Sperma aufheben wollen, und sind Männer deshalb solche »Draufgänger«, weil sie unter der drückenden Konkurrenz der anderen Spermaproduzenten sonst überblieben?

Für die Lebewesen vor mehr als 300 Millionen Jahren hatte das sicherlich seine Gültigkeit. Auf der Erde sah es aus wie im »Jurassic Park«. Die Landtiere hatten die innere Besamung perfektioniert. Das Säugetier war noch nicht erfunden. Es gab nur Sauropsiden: Vögel und Reptilien, die sehr nahe verwandt sind und beide Eier legen.

Wer weiß schon, wer der Vater ist?

Gegenüber dem Austragen von Nachkommen hat das Eierlegen den Vorteil, daß beide Geschlechter sich die Brutpflege teilen können.

Doch halt! Pater semper incertus est – es ist nie sicher, wer der Vater ist –, wußten schon die alten Römer und schufen damit ein Bonmot, das von den Fischen bis in unsere Gesellschaft kein bißchen von seiner Brisanz verloren hat. Sicher ist immer nur die Mutter des Geleges oder der Brut. Und wo bleibt der Vater? Leider gibt es für ihn keine Sicherheit, und deshalb zeigt er sich wohl auch meist zögerlich bei der Aufzucht der Jungen.[3]

Im Tierreich besteht eine eindeutige Beziehung zwischen der Sicherheit eines Männchens, der Vater der Nachkommenschaft zu sein, und seiner Bereitschaft, für sie zu sorgen. Bei paarbildenden Vögeln ziehen beide Eltern gemeinsam ihre Jungen groß. Abwechselnd bebrüten sie die Eier und teilen sich auch die Fütterungsaufgaben. Partnerschaftliche Aufgabenteilung nach dem Motto »Halbe-Halbe« schon im Tierreich?

Um sich ihrer Vaterschaft auch ganz sicher sein zu können, ersannen die listigen Männchen unterschiedlichste Taktiken und Strategien.[4] Insekten zementieren die Geschlechtsöffnung des Weibchens zu, nachdem sie es befruchtet haben, andere produzieren Killerspermien, die das Sperma des Nebenbuhlers vernichten – bei Schmetterlingen bis zu 90 Prozent des Ejakulats![5]

Die Säugetiere, die erst vor etwa 60 Millionen Jahren, nach dem Aussterben der Dinosaurier, ihren Siegeszug auf der Erde antraten, versuchten, andere Männchen erst gar nicht zum Zug kommen zu lassen. Die stärksten Männchen scharten gleich alle verfügbaren Weibchen um sich und bekämpften und verfolgten jedes andere Männchen, das sich ihrem Harem näherte.

Den Weibchen kamen diese Gladiatorenspiele zwar zugute, sie waren der Aufgabe enthoben, das tüchtigste Männchen selbst auszusuchen, und dennoch verfolgten sie diese Rangordnungskämpfe meist mit erstaunlichem Desinteresse.

Von Angebern und Draufgängern

Um den Weibchen aufzufallen, spezialisierten sich die Männchen: Nicht nur wurden sie größer als die Weibchen, sie entwickelten auch Waffen aller Art: große Hauer, gewaltiges Geweih, Hörner, Zähne, Klauen und verschiedensten Aufputz: unpraktische Schwungfedern, auffällige Fellfärbung sowie laut hallende oder wohlklingende Stimmen.

Daß sie damit leichtere Beute für Raubtiere wurden, war zwar Pech für den einzelnen, aber kein ganz unbeabsichtigter Nebeneffekt. Es sollte sich eben nur das tüchtigste Männchen fortpflanzen. Herauszufinden, wer der Tüchtigste war, das war eben kostspielig und riskant.

Die Weibchen versuchten, es den Männchen insofern leichter zu machen, als sie begannen, deutliche Anzeichen von Brünstigkeit zu zeigen. Säugetierweibchen setzen Duftmarken ab oder haben auffällige Schwellungen an den Genitalien. Auch ihr Verhalten signalisiert den Männchen: Ich bin bereit! Meine fruchtbaren Tage haben begonnen.

Das hat den Vorteil, daß das Männchen, beispielsweise im Winter, wenn kein Weibchen paarungsbereit ist, seine kostspieligen und gefährlichen Imponierrequisiten ablegen kann. Hirsche werfen ihr Geweih ab, Vögel verlieren ihr Prachtgefieder und hören auf zu singen. Erst im Frühjahr beginnt der Zirkus aufs neue – mit großem Geflatter und Geröhre.

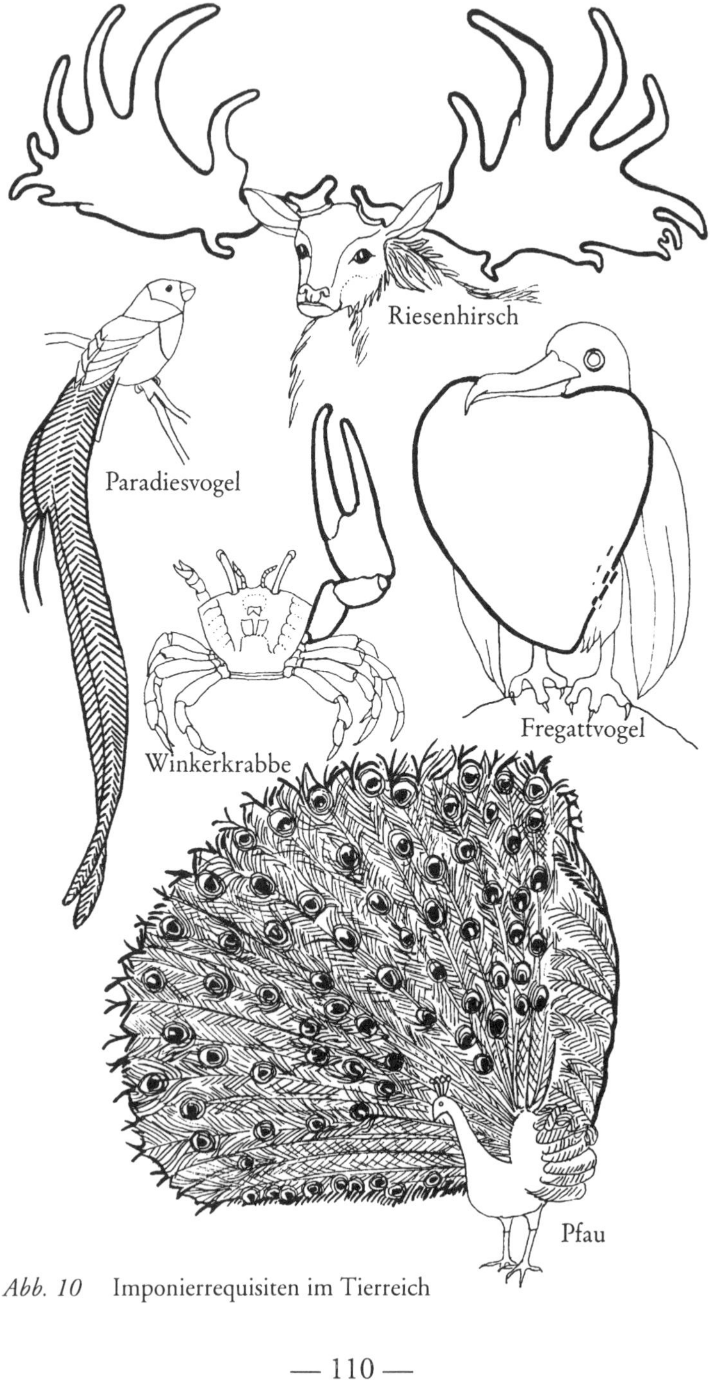

Abb. 10 Imponierrequisiten im Tierreich

Überall dort, wo der Konkurrenzdruck unter den Männchen zu groß wurde, begannen sich alternative Strategien zu entwickeln: Männliche Gänse, die es nicht schafften, eine Partnerin zu finden, begannen fix verpaarte Weibchen zu vergewaltigen.

Männchen anderer Arten entwickelten ebenfalls Alternativstrategien: So konnte man Hirsche und Rehböcke ohne Geweih beobachten, die von den dominanten Männchen geduldet wurden, weil diese sie nicht als Konkurrenten erkannten.

Stille Grillenmännchen hocken in der Nähe von besonders lauten Zirpern und profitieren dann von deren Anziehungskraft auf Weibchen. Dasselbe kann bei Fröschen beobachtet werden. Neben besonders laut quakenden Exemplaren hocken kleine, stille Männchen, die nur darauf warten, dem kunstvollen Sänger das herannahende Weibchen vor der Nase wegzuschnappen. Bei Fischen gibt es kleine Männchen, die als Weibchenimitationen an der Paarung eines dominanten Männchens teilhaben. Wer kann schon in der Hitze des Gefechtes erkennen, wer nun Eier und wer Sperma abgesetzt hat?

Junge Schimpansenmännchen mit niedrigem sozialen Rang versuchen Weibchen zu Paarungsausflügen zu »überreden«. Sie locken ein Weibchen von der Gruppe weg und kommen erst Wochen später wieder zurück. Bis dahin ist das Weibchen trächtig und das Alphamännchen unauffällig um sein Vorrecht betrogen.

Angesichts der Mühe, die untergebene Männchen haben, zu einer Geschlechtspartnerin zu kommen, fragt man sich, wieso es dann nicht mehr Weibchen als Männchen gibt. Wieso wird das Fifty-fifty-Prinzip so eisern durchgehalten?

Stellen wir uns vor, es gäbe doppelt soviele Weibchen wie Männchen. Auf jedes Männchen kämen in diesem Fall mindestens zwei Weibchen. Die Männchen hätten damit eine doppelt so hohe Reproduktionschance wie die Weibchen. Wer unter solchen Umständen Söhne bekommt, hat seine Fortpflanzungswahrscheinlichkeit in der nächsten Generation verdoppelt. Wer wollte da noch Töchter bekommen?

Auch bei Tieren, die extreme Harems bilden, wie bei den See-Elefanten, wo ein einziger Bulle hunderte von Weibchen für sich beansprucht, zahlt sich das ausgewogene Geschlechterverhältnis aus. Eine Tochter ist die sichere Investition. Ein Sohn bedeutet ein höheres Risiko, doch wenn er es schaffen sollte, alle anderen im Kampf zu besiegen, ist er für die Gene seiner Eltern wie ein Haupttreffer in der Lotterie.

Nun haben wir es geschafft. Beladen mit allerlei erblicher Erfahrung sind wir endlich beim Menschen angelangt. Viel Zeit ist vergangen, seit ein spitzhörnchenartiger, nachtaktiver Baumbewohner vor 60 Millionen Jahren die Ära der Dinosaurier verlassen hat. Und siehe da, wie hat er sich gemausert!

Irgendwann, vor fünf bis zehn Millionen Jahren, ist der erste Mensch aufgestanden, um sich – nicht nur physisch – über seine tierischen Verwandten zu erheben. Damals, mehr als heute, übertraf der Mann die Frau an Körpergröße. Daraus allein kann man noch nicht schließen, daß die Männer die Horde dominierten. Vielmehr dürfte sich die gegenseitige Abhängigkeit, die seit der Entstehung der Geschlechter Mann und Frau begleitet, fortgesetzt haben.

Bis daß der Tod euch scheidet

Adam und Eva lebten nicht alleine. Sie lebten in kleinen Gruppen. Die Rollenzuweisung in dieser frühen Gesellschaft war aus der Not geboren. Jeder tat sein Bestes, um das Überleben der Gruppe zu ermöglichen.

Die Kinder wurden jahrelang gestillt und blieben während dieser Zeit in der Nähe der Mutter. Neben der Aufgabe, die Kleinen zu betreuen, übernahm die Frau all jene Tätigkeiten, die sie gerade noch erledigen konnte: Sie sammelte Wurzeln und Beeren und entwickelte dabei einen entsprechenden Kenntnisreichtum über Pflanzen. Die Männer übernahmen die Verteidigung der Sippe. Wurde die Gruppe von Raubtieren bedroht, waren sie es, die sich, mit Prügeln und Steinen bewaffnet, dem Kampf stellten.

Nur gemeinsam waren sie stark, denn die nackten Affen besaßen keine scharfen Zähne, keine Krallen und keine Hufe. Sie konnten weder besonders gut laufen noch schwimmen oder klettern.[6] Ihre Chance bestand im Zusammenhalt der Gruppe und in ihrer geistigen Überlegenheit. In dieser Zeit begann ein Organ allen anderen davonzupreschen: das Gehirn. Es wuchs explosionsartig an, um den neuen, komplizierten Aufgaben, die unsere Vorfahren bewältigen mußten, zu entsprechen.

Männer, die gemeinsam Raubtiere vertrieben, um ihnen die Beute abzujagen, mußten nicht nur wohl überlegt vorgehen; sie brauchten neue Waffen und mußten in der Lage sein, sich untereinander zu verständigen.

Die Spezialisierung der Rollen war perfekt.Die gemeinsame Jagd war auch indirekt dafür verantwortlich, daß sich Paare bildeten. Mit der Weiterentwicklung der Waffen war auch der schwächste Mann plötzlich ein ernstzunehmender Gegner. Und bei den gemeinsamen Jagdausflügen wurde jeder einzelne gebraucht. Jeder einzelne hatte das gleiche Risiko zu tragen. Daher konnte man niemandem mehr eine Frau vorenthalten.[7] So wurden die ersten »Urehen« geschlossen.

Ehe sich diese neue Gesellschaftsform etablieren konnte, bedurfte es einiger grundlegender Veränderungen: Die äußeren Anzeichen der fruchtbaren Tage der Frau mußten verschwinden, um das aufgeladene Klima der sexuellen Konkurrenz zwischen den Männern zu beruhigen. Bis heute ist die Frau die einzige unter den Primaten, der man nicht ansieht, wann sie empfängnisbereit ist. Und noch eine Anpassung haben die Frauen zum Wohle der Allgemeinheit durchgemacht. Sie wurden das ganze Jahr über sexuell ansprechbar – selbst dann, wenn sie schwanger waren oder stillten – und nahmen auf diese Weise zusätzlich Druck von den Männern und Konfliktpotential aus der Gruppe.[8]

Die Erfindung der Liebe

Die eigentliche Absicherung der Paarbildung war aber die Liebe. Niemand weiß, wann sie entstanden ist. Wie sie sich entwickelt hat, ist leichter zu erklären.

Die Bande zwischen Mutter und Kind sind beim Menschen außerordentlich stark. Durch den Verlust des Haarkleides konnte sich das nackte Primatenkind nicht mehr am Fell der Mutter anklammern, es mußte getragen werden, was die emotionale Bindung der Mutter an den Säugling förderte. Gleichzeitig war das Kind so abhängig, daß die Mutter es nicht allein hätte großziehen können. So entwickelte sich eine starke Bindung zwischen Mann und Frau, die ursprünglich wohl in erster Linie ihren gemeinsamen Kindern zugute kam.[9]

Das neckische Turteln eines jungen Liebespaares enthält noch Elemente, die an die ursprüngliche Funktion der Liebe erinnern: zum Beispiel Fütterungselemente – Mann und Frau stecken einander spielerisch Leckerbissen zu. Auch der Kuß ist vom Füttern der Babys abgewandelt, denen die Nahrung vorgekaut und in den Mund gespuckt wurde. Kindliches Verhalten wie Balgen und Nachlaufen frisch verliebter Paare ist ebenfalls ein Hinweis auf die Herkunft der Liebe aus der Mutter-Kind-Beziehung. Nicht umsonst heißt es: »Was sich liebt, das neckt sich.«

Die gesteigerte Sexualität der Frau wertete den Geschlechtsverkehr auf. Auch die Sexualität tritt damit in den Dienst der Paarbindung.

Bei Pavianen wandert das Weibchen nach der Paarung ungerührt weiter, als ob nichts weiter geschehen wäre. Schimpansenweibchen scheinen bereits einen Orgasmus zu kennen, und Zwergschimpansen zelebrieren ihre Paarung mit Hingabe.

Die frühe Menschenfrau hat sich im Zuge dieser Neuerungen umgedreht und hat dem Mann beim Liebesakt ins Gesicht gesehen. Das festigte die Gefühle füreinander. Die Liebe zu den Kindern, die Sorge um ihr Wohlergehen, die gemeinsame Position in der Gruppe, der tägliche Kampf ums Dasein und die exklusiven, weil heimlichen, sexuellen Erlebnisse schmiedeten das frühe Menschenpaar zusammen: in Liebe.

Der Orgasmus ist die körperliche Belohnung – der Anreiz zur Erhaltung der Art. Die Liebe ist die geistige Belohnung für die Paarbindung, die, zumindest in den Anfängen der Menschheit, für deren Fortbestand unentbehrlich war. Gibt es vielleicht deshalb immer weniger davon in unserer Gesellschaft, weil man der Paarbildung nicht mehr bedarf, um zu überleben?

Gerade in unserer Gesellschaft, in der man sich über die Zweckehe vergangener Jahrhunderte mokiert, die stolz ist auf die Errungenschaft, daß endlich nur noch aus Liebe geheiratet wird; gerade in dieser Gesellschaft ist eine dauerhafte Partnerschaft seltener geworden denn je. Halten Adam und Eva nur dann zusammen, wenn sie äußere Umstände dazu zwingen? Haben wir nur momentan die Orientierung verloren? Oder brauchen wir einander tatsächlich nicht mehr?

Das könnte der Fall sein. Die Formen des Zusammenlebens von Mann und Frau sind von Kultur und Ökonomie geprägt und wechseln mit den Epochen – daran ist nichts zu ändern. Damit sich das Rad des Lebens aber immer weiterdreht, hat sich die Natur etwas äußerst Raffiniertes ausgedacht: Wie eine Giftmischerin träufelt sie Frauen und Männern Elixiere ins Blut, die dafür sorgen, daß die Lust am anderen Geschlecht nie versiegt.

DIE MACHT DER HORMONE

Schließ deinen Vorhang, liebesfreud'ge Nacht,
Daß Späheraugen Schlaf befällt und Romeo
Zu mir stürzt, unbelauscht und ungesehn.
Ein Paar, das seine Liebe feiern will,
Kann sehn dank seiner eignen Schönheit; oder
Ist Amor blind, dann paßt er gut zur Nacht.[1]

Große Worte der Weltliteratur und einige wahre Worte über Liebe und Leidenschaft hat Shakespeare seiner weiblichen Hauptfigur in dem Drama *Romeo und Julia* da in den Mund gelegt. Sofort werden Erinnerungen wach an das Herzklopfen, die Sehnsucht und die ungeduldige Vorfreude auf die Stunden hemmungsloser Hingabe – die Symptome der stürmischen, jungen Liebe, die jeder schon irgendwann einmal erlebt hat.

Obwohl die berühmteste Liebesgeschichte der Weltliteratur tragisch endet, findet sich darin – unvermutet – eine Wahrheit über die Natur der menschlichen Begehrlichkeit, die Shakespeare literarisch wirkungsvoll, aber bestimmt ohne naturwissenschaftlichen Hintergedanken in seinen Text verwoben hat. Wenn Amor der Bote der Liebe ist, dann ist er tatsächlich blind wie ein Maulwurf. Denn die Hormone brauchen weder Licht noch Augen, um ihre Botschaft dahin zu schaffen, wo sie hingehört. Sie finden ganz allein den Weg auf ihrer Mission, die hauptsächlich darin besteht, Männern und Frauen eine Schwäche für das jeweils andere Geschlecht in den Kopf zu setzen.

Ob es uns paßt oder nicht, unser Denken und Handeln wird zu einem großen Teil durch primitive Chemikalien, und nichts anderes sind die Hormone, gesteuert. Von der Wiege bis zur Bahre hängen Männer und Frauen am Gängelband der Botenstoffe wie Marionetten an ihrem Puppenspieler.

Der kanadische Anthropologe Lionel Tiger führt in Streitgesprächen über Hormone und das menschliche Verhalten gerne ein plakatives Beispiel ins Treffen, das die Macht der Botenstoffe eindrucksvoll bestätigt: »Zeigen Sie einem sechsjährigen Jungen das Foto einer nackten Frau. Er wird es ansehen, vielleicht sogar neugierig hingucken, aber sonst werden Sie keine besonderen Reaktionen an ihm feststellen. Wenn Sie nun demselben Jungen sechs, sieben Jahre später wieder das Foto einer nackten Frau zeigen, wird er völlig anders reagieren. Er wird verschämt und fahrig sein, rot anlaufen und eine Erektion bekommen. Nicht etwa weil er inzwischen Pornohefte gelesen hat, sondern weil sein Gehirn anders geschaltet ist und von einem anderen Hormoncocktail überschwemmt wird.«[2]

Sind wir Sklaven unserer Hormone? Nun, bis zu einem gewissen Grad, ja. Schließlich brauchen wir sie, um zu Frauen oder zu Männern zu werden. Ohne sie gäbe es keine Geschlechter, wären wir geschlechtslose Wesen. Das heißt, ohne sie wäre die Welt nur halb so bunt.

Am Start sind alle gleich

Jeder Mensch beginnt seine Entwicklung zunächst als Zwitter. Erst acht Wochen nach seiner Zeugung, nachdem die Eizelle seiner Mutter mit der Samenzelle seines Vater verschmolzen ist, mutiert er vom Neutrum zum geschlechtlichen Wesen. Die Keimdrüsen des Embryos beginnen die Geschlechtshormone zu produzieren, die die Entwicklung der sogenannten »primären Geschlechtsmerkmale«, also Hoden beim männlichen und Eierstöcke beim weiblichen Embryo, in Gang setzen und steuern.

Interessanterweise ist es im Grunde nur ein einziges Geschlechtshormon, das dafür verantwortlich ist, daß sich männliche und weibliche Embryos unterschiedlich weiterentwickeln, nachdem sie beide zwei Monate in geschlechtslosem Zustand zugebracht haben. Wie durch ein Wunder beginnen die Keimdrüsen des männlichen Embryos plötzlich Testosteron zu produzieren. Eine unglaubliche Metamorphose nimmt ihren Lauf: Aus dem sogenannten Wolffschen Gang werden Samenleiter, Nebenhoden und Samenbläschen. Der Geschlechtshöcker verwandelt sich in einen Penis. Die Keimwülste bilden den Hodensack. Durch ein zweites Hormon, den Müllerschen Hemmstoff, verkümmert der Müllersche Gang, der sonst zu Eileiter, Gebärmutter und Scheide würde.[3]

Ein Mädchen entsteht, wenn die Testosteron-Produktion nicht einsetzt. Dieses Ereignis, bei dem nur winzige Mengen des männlichen Hormons freigesetzt werden, macht den ganzen Unterschied. Nach vollbrachter Embryonalentwicklung legt die Produktion der Geschlechtshormone eine längere Pause ein.

Erst acht bis zwölf Jahre später erwachen die Sexualhormone wieder aus ihrem Dornröschenschlaf und melden sich mit ungeheurer Vehemenz zurück. Die Pubertät ist die Sturm-und-Drang-Zeit der Hormone. Und diesmal bleiben sie für immer. Sobald ein Mensch geschlechtsreif ist, wird sein Körper bis ans Lebensende mit Sexualhormonen überschwemmt.

Strom ohne Wiederkehr

Nun beginnen sich die »sekundären Geschlechtsmerkmale« herauszubilden. Es ist die Zeit, in der Burschen und Mädchen, oft mit Abscheu oder Unbehagen, merkwürdige Veränderungen an sich feststellen. Bei den Mädchen setzen die Eierstöcke jetzt Östrogen in Umlauf, das mit dem Blut selbst in die entlegensten Winkel des Körpers transportiert wird.

Die Wirkung der Sexualhormone beruht auf einem ausgeklügelten Verteilerprinzip. Nicht das Hormon weiß, wo es hingehört, sondern die Zelle, die sich unter seiner Einwirkung verändern soll, angelt sich den richtigen Botenstoff aus dem Blutstrom. Dazu dienen Rezeptoren im Inneren der Zelle. Wenn das richtige Hormon des Weges kommt, paßt es in den Rezeptor wie ein Schlüssel ins Schloß und signalisiert der Zelle, daß sie mit ihrer Veränderung beginnen kann.

Auf diese Weise nimmt die knabenhafte Figur des kleinen Mädchens plötzlich weibliche Formen an. Busen und Hüften beginnen sich zu runden, die Oberschenkel werden fülliger, Scham- und Achselbehaarung sprießen.

Bei den Burschen leitet das Testosteron den Stimmbruch ein und läßt die Stimmen der Pubertierenden eine Zeitlang zwischen Tenor und Baß auf und ab schwanken. Gleichzeitig macht sich ein anderes, sehr begehrtes Zeichen der Männlichkeit bemerkbar: der erste Bartflaum. Was die jungen Männer am Kinn gewinnen, büßen viele von ihnen später weiter oben wieder ein. Denn Testosteron fördert zwar den Bartwuchs, behindert aber das Nachwachsen einmal ausgefallener Haupthaare. So sind »Geheimratsecken« und die eine oder andere Lichtung am Scheitel ein kleiner Gruß aus der körpereigenen Hormonküche des Mannes.[4]

Und noch eine bleibende Veränderung stellt sich ein: Nach der schier unendlich langen Phase, in der die Kids einander »total beknackt« oder »uncool« finden, erwacht plötzlich das sexuelle Interesse am anderen Geschlecht. Nicht nur in den Keimdrüsen, also in den Hoden und den Eierstöcken der Heranwachsenden, werden die Boten der Lust produziert.

Das universelle Geschlechtsorgan

Der bedeutendste Hormonlieferant ist das größte Geschlechtsorgan des menschlichen Körpers: das Gehirn. Genauer gesagt die erbsengroße Hirnanhangdrüse oder Hypophyse, die in einer Grube in der Mitte der Schädelbasis eingebettet liegt. Sie schüttet ungefähr alle vier Stunden Sexualhormone aus, die den ganzen Körper überfluten. Die Hypophyse und die Keimdrüsen stehen miteinander in enger Verbindung und regulieren gemeinsam den Hormonhaushalt von Männern und Frauen.

Der monatliche Zyklus der Frau ist beispielsweise das Werk der weiblichen Sexualhormone. Kurz vor der Blutung stürzt der Hormonspiegel ins Bodenlose – und mit ihm häufig auch die Stimmung. Obwohl nicht alle Frauen gleich empfindlich darauf reagieren, war der Medizin das monatliche Übel immerhin eine wissenschaftliche Bezeichnung wert: das Prämenstruelle Syndrom.

Anders als bei diesem diffusen Phänomen, löst der dramatische Verlust der Schwangerschaftshormone nach einer Entbindung bei jungen Müttern völlig grundlos Weinkrämpfe und Depressionen aus, obwohl das freudige Ereignis genau das Gegenteil erwarten ließe. Doch es dauert nicht lange, bis die Rettung naht: in Form von Prolactin. Dieser Botenstoff ist für die Milchbildung zuständig und erfüllt das deprimierende Hormonvakuum mit einem Glücksgefühl. Ein anderer Botenstoff, Oxytocin, wiederum sorgt für »blinde« Mutterliebe.[5]

Auch der männliche Hormonhaushalt ist Schwankungen unterworfen – allerdings keiner monatlichen, sondern einer täglichen und einer jahreszeitlichen. Bestimmt lösen diese hormonellen Gezeiten auch beim Mann Gemütsschwankungen aus, doch ist deren Rhythmus schwerer nachvollziehbar als beim Monatszyklus der Frau.

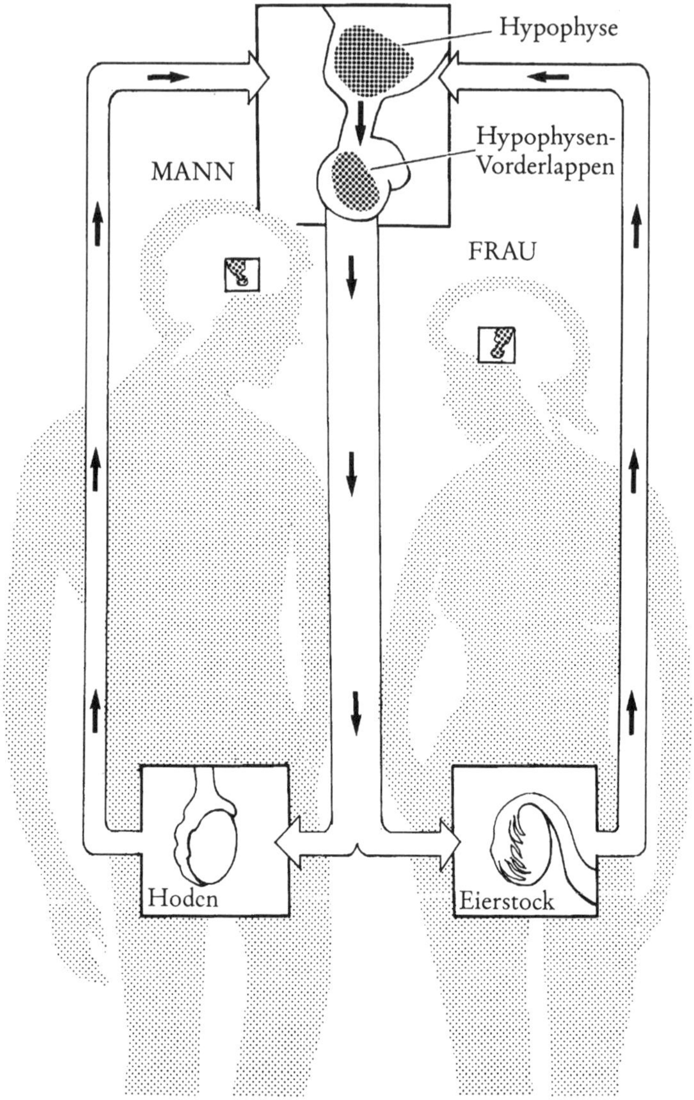

Abb. 11 Der Kreislauf der Geschlechtshormone

Deshalb müssen sich Männer wohl noch etwas gedulden, wenn auch ihr Hormonzyklus einmal einem Syndrom seinen Namen geben soll.[6]

Wenn Hormone Amok laufen

Die Kobolde der Lust können aber auch einigen Schaden anrichten, wenn zuwenig von ihnen da ist. Haremswächter beispielsweise wurden kastriert, damit sie nicht auf die Idee kämen, sich an den Frauen des Sultans zu vergreifen. Denn mit dem Verlust der Hoden versiegte nicht nur eine wichtige Quelle des männlichen Geschlechtshormons, sondern auch die Libido. Dafür galten die Kastraten als besonders gutmütig, was sich auch an ihrem Äußeren zeigte: Sie wurden dicklich und neigten zum typisch weiblichen Fettansatz an Brust, Gesäß und Oberschenkeln.[7]

Umgekehrt kann zuviel Testosteron auch das weibliche Erscheinungsbild dramatisch verändern. Bodybuilderinnen, die sich das männliche Geschlechtshormon spritzen, bauen zwar ungeheure Muskelberge auf, müssen jedoch auch unerwünschte Nebenwirkungen in Kauf nehmen: ihre Stimmen werden männlich-rauh ebenso wie das Kinn, und ihre Klitoris wächst zur stattlichen Größe eines Kinderpenis heran.

Aber auch Unfreiwillige bekamen schon die Macht des männlichen Sexualhormons zu spüren: Im vorigen Jahrhundert wurden bärtige Frauen als Monstrositäten in Varietés und auf Jahrmärkten vorgeführt. Die unglücklichen Geschöpfe litten vermutlich an einer Funktionsstörung der Nebennieren, die bei Frauen normalerweise nur winzig kleine Mengen an Testosteron produzieren.

Auch der Grundstein für die sexuelle Orientierung eines Menschen wird wahrscheinlich durch Geschlechtshormone gelegt. Eine ganze Reihe von Tierexperimenten hat bestätigt, wie wichtig die Rolle der Botenstoffe für das spätere Liebesleben ist.

Der Verhaltensforscher Michael Baum von der Boston University wollte wissen, wie stark die Hormonproduktion während des Embryonalstadiums die Sexualität des erwachsenen Geschöpfes prägt. Dazu verabreichte er Frettchen während der Tragzeit einen Schub Testosteron, genau zu dem Zeitpunkt, an dem die Natur bei männlichen Embryos die Testosteron-Produktion in Gang setzt. Das heißt, auch die weiblichen Embryos wurden der Wirkung von Testosteron ausgesetzt, was in ihrer natürlichen Entwicklung so nicht vorkommt.

Kurz nach der Geburt gab Michael Baum den weiblichen Neugeborenen eine zweite Testosterongabe, um wiederum die natürlichen Vorgänge im männlichen Organismus zu imitieren. Bei vielen Säugetieren, einschießlich dem Menschen, produzieren die Hoden eines männlichen Neugeborenen aus bisher noch nicht erforschten Gründen plötzlich eine große Menge Testosteron und bleiben dann bis zum Beginn der Pubertät untätig.

Die jungen Frettchen waren gesund und wohlgeraten. Sie wuchsen ganz normal heran und wurden schließlich geschlechtsreif. Dann setzte sie Michael Baum in einen Gemeinschaftskäftig zusammen, um zu sehen, welches Geschlecht die Frettchen bei der Partnerwahl bevorzugen würden.

Rein äußerlich sahen die testosteronbehandelten Weibchen aus wie normale, geschlechtsreife weibliche Frettchen. Sie waren kleiner und zarter als die Männchen und hatten ein feineres, helleres Fell. Dennoch verhielten sie sich wie ihre männlichen Geschwister: Sie liefen anderen empfängnisbereiten Weibchen hinterher, schnüffelten an deren Hinterteil und versuchten, sie zu begatten. Sie legten außerdem eine Verhaltensweise an den Tag, die Michael Baum in den über 30 Jahren seiner Forschung an Frettchen bisher nur bei erwachsenen Männchen beobachtet hatte: Der Nackenbiß ist eine Bewegung, mit der männliche Frettchen die Weibchen bei der Paarung festhalten. Genau diese Bewegung vollführten die weiblichen Frettchen, die im Mutterleib und nach ihrer Geburt mit Testosteron behandelt worden waren.[8]

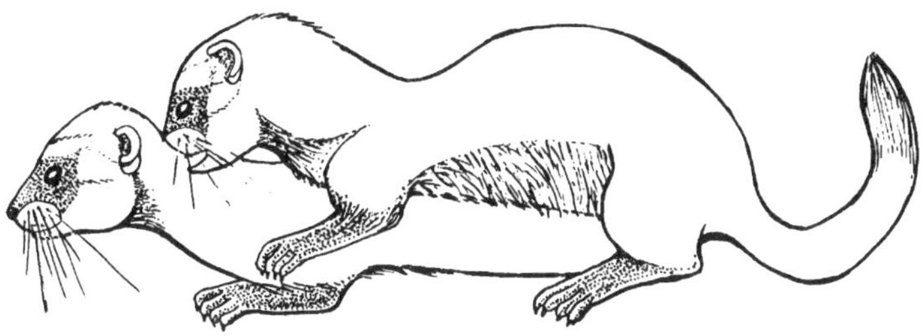

Abb. 12 Der Nackenbiß

Ist so eine Fehlentwicklung auch beim Menschen denkbar? Ganz genau wird das wohl nie geklärt werden, weil es – Gott sei Dank – verboten ist, solche Experimente an menschlichen Embryonen durchzuführen. Manchmal jedoch wird die Natur selbst zum Experimentator: Ihre unfreiwilligen Versuchskaninchen sind Mädchen, deren körpereigene Hormonproduktion aufgrund eines genetischen Defekts außer Kontrolle geraten ist. Ihre Nebennieren beginnen bereits im Mutterleib zuviel Testosteron auszuschütten mit dem Ergebnis, daß die biologischen Mädchen mit männlichen Genitalien zur Welt kommen und deshalb häufig für Jungen gehalten werden. Diese seltene Krankheit hat den Namen »Adrenogenitales Syndrom«.

Früher blieb den sogenannten AGS-Kindern ein Trauma während der Pubertät nicht erspart. Die versteckten Mädchen wurden wie Knaben aufgezogen, bis sie als Teenager plötzlich Brüste entwickelten. Erst dann bemerkten sie, daß sie eigentlich im falschen Körper steckten. Obwohl ihr biologisches Geschlecht weiblich war, wollten die meisten der Betroffenen an der männlichen Geschlechterrolle festhalten.[9] Wahrscheinlich deshalb, weil das männliche Sexualhormon Testosteron ihr Gehirn bereits männlich geprägt hatte. Oder auch deshalb, weil die Gesellschaft die Männer bevorzugt.

Das chemische Roulette

Das bestätigt auch ein Phänomen mit umgekehrten Vorzeichen: das Penis-mit-zwölf-Syndrom. Entdeckt hat es die amerikanische Biologin Julianne Imperato-McGuinley 1979 in einem abgeschiedenen Winkel der Dominikanischen Republik. Dort kamen immer wieder vermeintliche Mädchen zur Welt, die in der Pubertät, also ungefähr im Alter von zwölf Jahren, Penis und Hoden entwickelten. Auch bei diesen Kindern war die körpereigene Hormonproduktion gestört. Aufgrund eines genetischen Defekts kann ihr Körper während der Embryonalentwicklung die männlichen Sexualhormone nicht erkennen und bildet weder Penis noch Hoden. Deshalb sehen die Babys, obwohl sie genetische Jungen sind, bei der Geburt wie Mädchen aus und werden auch so erzogen. Erst in der Pubertät klappt dann die Verständigung zwischen Körper und Testosteron.

Man würde meinen, daß Mädchen, denen in der Pubertät plötzlich männliche Geschlechtsorgane wachsen, einen Schock fürs Leben davontragen. Aber nicht so die betroffenen Jungen, berichtet Julianne Imperato-McGuinley. Sie nahmen die Männerrolle gerne an und hatten im späteren Leben offenbar auch keinerlei Probleme damit. Hat ein kräftiger Hormonschub genügt, um die zwölf Jahre, die sie Mädchen waren, aus ihren Köpfen auszulöschen? Vielleicht. Doch sollte man nicht vergessen, so die amerikanische Biologin, daß ihnen der Umstieg auf die Männerrolle wohl auch deshalb erleichtert wurde, weil in den ländlichen Gemeinden – nicht nur dieser Gegend – ein Knabe allemal mehr gilt als ein Mädchen.[10]

Die AGS-Mädchen trifft der plötzliche Geschlechterwechsel deutlich härter. Obwohl die betroffenen Mädchen heute gleich nach der Geburt operiert werden, um ihnen den Schock in der Pubertät zu ersparen, scheint es nicht so leicht zu sein, die männliche Ausrichtung ihres Gehirns rückgängig zu machen. Der Eingriff paßt zwar die Geschlechtsorgane an das biologische Geschlecht des Kindes an, macht aber die hormonelle Prägung im Gehirn nicht rückgängig. – Ist das Gehirn also überhaupt nicht mehr formbar, sobald es im Mutterleib mit männlichen Hormonen überschwemmt wurde?

Die spätere Entwicklung der AGS-Mädchen zeigte, daß der hormonellen Prägung im Mutterleib tatsächlich nicht so leicht beizukommen ist. Äußerlich unterschieden sie sich nicht von gleichaltrigen Mädchen, doch fühlten sie sich eher von den wilden Knabenspielen angezogen. Die maskulinen Vorlieben setzten sich auch in der Folge fort. Als Erwachsene fühlten sie sich eher zum weiblichen Geschlecht hingezogen. Obwohl ihnen das peinigende Erlebnis der Geschlechtsverwandlung in der Pubertät erspart blieb, wurden sie mit ihrer Rolle als Frau nicht glücklich.[11]

Sind die Hormone also wirklich so unerbittlich? Können sie, wie ein Schicksalsorakel, bereits vor der Geburt die Weichen für ein glückliches oder ein unglückliches Leben stellen? Bisher waren sich die Experten darüber einig, daß die Geschlechtshormone das Gehirn eines Kindes bereits im Mutterleib unwiderruflich auf »Frau« oder auf »Mann«

polen, spätestens aber bis zur Pubertät. Daran, so der Tenor der Experten, wäre fortan nicht mehr zu rütteln. Die Würfel wären damit gefallen. – Eine aufsehenerregende Studie an Transsexuellen scheint diesen Standpunkt nun zu widerlegen.

Grenzgänger

In einem kleinen, dunklen Raum sitzt eine blonde Frau über einen Schreibtisch gebeugt. Sie ist in einen Test vertieft, bei dem sie kleine Metallstifte so schnell es geht in ein Brett mit Löchern einzusetzen versucht. Renate ist 48 Jahre alt, auffallend attraktiv und doch ist etwas an ihr, was nicht ganz zu ihrer restlichen Erscheinung paßt. Ihre Hände sind sehr gepflegt, die Nägel tadellos manikürt und zartrosa lackiert. Trotzdem wirken sie ein wenig unbeholfen. Die klobigen Finger tun sich sichtlich schwer, die kleinen Metallstifte zu fassen und in die Löcher zu versenken. Auch Renates Blick ist ungewöhnlich intensiv. Er verrät, daß diese blitzblauen Augen mehr gesehen haben, als andere Menschen ihres Alters.

Noch vor drei Jahren war Renate ein Mann – und ein sehr unglücklicher noch dazu. Bereits als Kleinkind wußte sie, daß sie im falschen Körper steckte. Es folgte ein langer Leidensweg, der von dem Zorn und der Enttäuschung geprägt war, daß sie nicht sein durfte, was sie in Wirklichkeit war: eine Frau.

Nach zwei gescheiterten Ehen, mehreren Haftstrafen wegen schwerer Körperverletzung und Drogenkosum beschloß Renate, die Wurzel ihrer Frustration zu beseitigen und ihren männlichen Körper ihrer weiblichen Identität anzupassen. Schritt für Schritt vollzog sie die Angleichung zum weiblichen Geschlecht. Wichtigste Unterstützung dabei ist nicht so sehr die Operation selbst, bei der der Chirurg aus Penis und Hoden eine Vagina formt und mit Hilfe von Silikonimplantaten Brüste modelliert, als die tägliche Einnahme weiblicher Hormone.

Mittlerweile ist Renate bei einem Test angelangt, der ihr mehr liegt als jener mit den kleinen Metallstiften. Jetzt soll sie so viele Variationen eines Satzes schreiben, wie ihr in einer Minute einfallen.

Ihr gegenüber, mit der Stoppuhr in der Hand, sitzt Stephanie Van Goozen, eine junge Entwicklungspsychologin der Universitätsklinik Utrecht. Sie erforscht, wie sich Persönlichkeit, Denkleistung, motorische und sprachliche Geschicklichkeit Transsexueller unter dem Einfluß der regelmäßigen Hormongaben verändern. Bisher haben sich die Untersuchungen eher auf die körperlichen Veränderungen konzentriert, die zweifellos sehr dramatisch sind. Doch dabei ist offenbar übersehen worden, daß das Gehirn selbst im Erwachsenenalter noch unglaubliche Veränderungen durchmachen kann.

»Wir fanden heraus«, schildert Stephanie Van Goozen ihre Entdeckung, »daß biologische Frauen, also Frau-zu-Mann-Transsexuelle, nachdem sie drei Monate lang männliche Sexualhormome eingenommen hatten, eher zur Aggression neigten und sexuell motivierter waren, während ihre sprachlichen Fähigkeiten nachließen. Dafür verbesserten sich ihre räumlich-visuellen Leistungen. Und das genaue Gegenteil fanden wir bei den Mann-zu-Frau-Transsexuellen, die mit Östrogenen und Testosteron-Hemmern behandelt wurden. Es zeigte sich, daß ihre Bereitschaft, sich aggressiv zu verhalten, abnahm. Sie zeigten ihren Ärger eher indirekt – ein Verhaltensmuster, das man gewöhnlich von Frauen kennt. Ihre sexuelle Motivation hatte abgenommen, sie schnitten bei den sprachlichen Tests besser ab und bei den räumlich-visuellen schlechter. Wir sahen also wirklich diesen Übergang von einem Muster zum anderen, den wir erwartet hatten.«[12]

Die Arbeit von Doreen Kimura,[13] die zeigte, daß sich die Leistungen von Frauen in diesen Disziplinen schon durch die natürlichen Hormonschwankungen im Verlauf ihrer Menstruation verändern, hatte Van Goozen zu dem Test inspiriert. Es stimmt also nicht, daß das Gehirn eines Erwachsenen so starr ist, wie viele Wissenschaftler bisher angenommen haben.

Renate machte, abgesehen von ihrer körperlichen Metamorphose, die sie als sehr aufregend empfand, eine Reihe von erstaunlichen Erfahrungen im emotionalen Bereich. Sie war früher sehr jähzornig, ein richtiger Heißsporn, der auch dann und wann ein Messer zückte. Doch damit ist es nun vorbei. Renate ist jetzt stolz darauf, daß sie über Konflikte reden kann und Streitigkeiten mit Worten – anstatt Fäusten – beilegt. Ihr Gemüt, hat sie festgestellt, ist insgesamt weicher geworden. Heute ertappt sie sich sogar manchmal dabei, daß sie bei einer rührenden Szene in einer Fernsehserie die eine oder andere Träne zerdrückt. In ihrem früheren Leben wäre das undenkbar gewesen.[14]

Spinnen wir den Gedanken weiter: Wenn also Sexualhormone selbst bei erwachsenen Menschen so profunde Veränderungen in der Persönlichkeitsstruktur herbeiführen können, müßte das doch bedeuten, daß sich jeder sein Geschlecht nach Belieben aussuchen kann. Es sollte demnach genügen, die gewünschten Geschlechtsmerkmale chirurgisch aufbauen zu lassen. Die Hormone würden dann schon den Rest besorgen.

Für manche Kritiker von Geschlechtsangleichungen ist das ein völlig absurder Gedanke. Sie sehen beide Geschlechter als wohl durchdachte, sehr verschiedene biologische Systeme, deren Einzelteile aus gutem Grund nicht beliebig austauschbar sind.

Ein Geschlecht wie Zuckerwatte

»Es ist schon ironisch«, bemerkt Lionel Tiger, »daß gerade die Leute, die immer behaupten, die Geschlechterrollen seien völlig austauschbar und man könne, je nachdem, als was man sich fühlt, ein Mann oder eine Frau sein, Transsexuellen empfehlen, sich operieren zu lassen, was sie dann auch tun. Aber um das zu bleiben, was sie gerne sein möchten, sind sie auf ihren täglichen Hormon-Cocktail angewiesen, riesige Mengen davon. Es ist ein komplett gefälschtes Geschlecht, ein Geschlecht wie Zuckerwatte: Wenn man aufhört, Luft hineinzublasen, fällt es in sich zusammen. Ich halte das für eine Tragödie. Ich bin verärgert über die Ärzte, die sagen, wenn jemand eine Frau werden möchte, sollten wir ihm helfen. Nun, ich finde, das sollten wir nicht. Das ist so, als würde jemand sagen, wenn sich jemand das Leben nehmen möchte, sollten wir ihm dabei helfen. Ich finde nicht, daß Ärzte drastische Veränderungen an einem Körper vornehmen sollten, nur wegen einer Geisteshaltung. Das ist, finde ich, nicht angebracht.«[15]

Offenbar ist die Identität eines Menschen aber mehr als nur eine Geisteshaltung. Sie wird sehr früh im Leben eines Menschen geprägt und entsteht wahrscheinlich aus einer engen Verflechtung von einer Vielzahl biologischer und sozialer Faktoren. Denn wenn man versucht, echte Transsexuelle mit Psychotherapie von ihrem Wunsch, dem anderen Geschlecht anzugehören, zu befreien, so führt dies durchwegs zu Fehlschlägen.

Wie es dazu kommt, daß die Identität eines Menschen nicht zu seinem biologischen Geschlecht paßt, ist noch unklar. Aber sicherlich spielen die Hormone dabei eine Rolle, wenn auch vielleicht nur eine marginale. Sie sind lediglich eine der zahllosen Fasern in dem komplizierten, vielschichtigen Geflecht aus äußeren und inneren Faktoren, das erst in seiner Gesamtheit einen Mann oder eine Frau ergibt.

Hormone sind nichts weiter als die Erfüllungsgehilfen des »grand design«, jener Geschlechterschablone, die offenbar nur zwei Formen kennt und zuläßt: männlich oder weiblich. Haben die chemischen Boten ihr Werk einmal begonnen, setzen sie es fort – ohne Rücksicht auf Irrtümer, Grauzonen oder das Wunschgeschlecht des einzelnen. Aus der Sicht der Evolution vielleicht verständlich – um die Art zu erhalten, genügen schließlich zwei von einer Sorte –, aus der Sicht des Individuums – mit seinen Ansprüchen auf Einzigartigkeit und Selbstbestimmung – grausam und unmenschlich.

Offenbar ist die Natur entschlossen, an der Zweifaltigkeit des Menschengeschlechts festzuhalten, denn sie hat sich noch etwas einfallen lassen, um uns diese auf die Dauer eintönige Konstellation zu versüßen.

DER »KLEINE UNTERSCHIED«

Im Zelt herrscht Halbdunkel und man hört leises Gekicher. Mädchen und Jungen sitzen im Kreis – ihre Wangen sind vor Aufregung gerötet. Wer traut sich als erster? Ein Mädchen steht auf. Gebannt blicken alle zu ihr auf. Langsam hebt sie den Rock. Sie blickt sich verschwörerisch um. Rasch zieht sie die Unterhose herunter und ebenso schnell wieder hinauf und läßt sich unter großem Gelächter zu Boden fallen. Ein Junge ist als nächster dran. Er möchte nicht recht, aber alle bestehen darauf. Flugs zieht ihm jemand von hinten die Hose herunter. Unter dem Gelächter der anderen bedeckt er sich rasch wieder.

Vor dem Zelt versucht ein anderer Junge auf Zehenspitzen balancierend einen Blick durchs Fenster zu werfen. »Warum darfst du denn nicht hinein?« fragt die Mutter. »Weil ich mich nicht ausziehen will!« sagt der Kleine entschieden. Energisch reißt die Mutter die Zeltplanen auseinander und bereitet dem munteren Treiben ein jähes Ende. »Sofort hört ihr auf! Was macht ihr denn da?«

Was machen die Kinder wirklich da? Ganz einfach: Sie möchten wissen, wie das andere Geschlecht aussieht. Der auffälligste Unterschied – der »kleine« Unterschied – zwischen Mann und Frau möchte schon früh eingehend erforscht werden.

«Männer haben einen Penis, Frauen eine Vagina!« ruft ein kleiner Knirps in dem Film *Der Kindergarten Cop* bei jeder Gelegenheit, und treibt Kindergärtner Arnold Schwarzenegger damit jedesmal die Schamesröte ins Gesicht.

Na, was ist denn schon dabei? Warum beginnen Millionen von Vätern und Müttern zu stammeln und zu schwitzen, wenn ihre Kinder sie fragen, wozu die Geschlechtsorgane da sind? Kinder sehen zwar einen Unterschied und sie begutachten ihn auch neugierig, aber sie assoziieren natürlich nicht dasselbe damit wie Erwachsene.

Als meine Schwester unseren Vater als Dreijährige zum ersten Mal bewußt nackt sah, soll ihr Gesicht ganz ernst geworden sein, und sie soll mit einem Ton tief empfundenen, kindlichen Mitgefühls geseufzt haben: »Armer Papa!«

Ein zweifelhaftes Privileg

Knaben beginnen bereits im Kindergartenalter, mit ihrem Geschlecht aufzutrumpfen. Sie können im Stehen pinkeln, Mädchen nicht. Ich gebe zu, daß ich Rudi, den Nachbarjungen, um dieses Privileg glühend beneidet habe, und der ließ auch keine Gelegenheit verstreichen, seine Überlegenheit über den Erdbeeren in unserem Garten zu demonstrieren.

Freud hat daraus die Theorie vom Penisneid abgeleitet.[1] Er glaubte, Mädchen würden Knaben um die Größe und Auffälligkeit ihres Geschlechtsorgans beneiden. Wäre es tatsächlich nur die Prominenz des Organs, die neiderregend wirkt, müßte es beim erwachsenen Mann wohl auch einen Busenneid geben. Doch der hat sich noch nicht wirklich bemerkbar gemacht. Es ist daher viel wahrscheinlicher, daß nur der Kult um das kleine Organ des Knaben neiderweckend ist.

Liebevoll wird dieser mit Kosenamen wie Spatzi, Zumpfi, Schniedel oder Pillermann bedacht. Die kleinen Jungen lernen, ihren Penis beim Urinieren in der Hand zu halten; Mädchen haben nur ein »da unten«. Sie werden angewiesen, »dort« nicht hinzufassen. Für das kleine Mädchen entsteht der Eindruck, daß es nichts Besonderes sein kann, da Oma und Tante sofort eisig schweigen, wenn es fragt, was es da zwischen den Beinen hat.[2]

Sonst gibt es keinen Grund, neidisch zu sein, denn alles,

was an dem kultisch verehrten besten Stück des Mannes dran ist, hat die Frau genauso. Die männlichen und weiblichen Geschlechtsorgane haben einen gemeinsamen Ursprung. Erst nach zwei Monaten der Embryonalentwicklung nehmen sie unterschiedliche Formen an. Dennoch sind die Bestandteile die gleichen – nur neu arrangiert.

Die »Männlichkeit« der Frau

Die Klitoris ist das weibliche Gegenstück zum Penis. Auch sie hat eine Eichel, die ebenso empfindlich ist wie die des Penis, sie hat eine Vorhaut, in die sie sich zurückziehen kann – so wie ihr männliches Pendant –, und, selbst wenn sie viel kleiner ist, besitzt sie ebenso die Fähigkeit, anzuschwellen und zu erigieren. Der Penis ist nichts weiter als eine vergrößerte Klitoris. Sein Schaft ist eine geschlossene Scheide. Wenn man genau hinsieht, kann man die »Nahtstelle« noch entdecken. Der Hodensack entspricht den großen Schamlippen. Die äußeren Geschlechtsorgane des Mannes sind also denen der Frau ähnlicher, als man vermuten möchte.

Die äußerlichen Unterschiede zwischen den Geschlechtern erscheinen also nur auf den ersten Blick spektakulär. Die Ähnlichkeit ihres Aufbaus wäre schon erstaunlich genug. Aber bei genauerer Betrachtung ihrer Funktion wird die Überraschung erst perfekt: Die sexuelle Reaktion von Mann und Frau ist nahezu die gleiche!

Diese Erkenntnisse verdanken wir dem Forscherpaar William Masters und Virginia Johnson, die 1966 ihr aufsehenerregendes Werk *Die sexuelle Reaktion* veröffentlichten. Das erste Mal in der Geschichte der Wissenschaft hatten sich Forscher auf dieses heikle Gebiet vorgewagt, das von der Prüderie vergangener Jahrzehnte tabuisiert worden war.

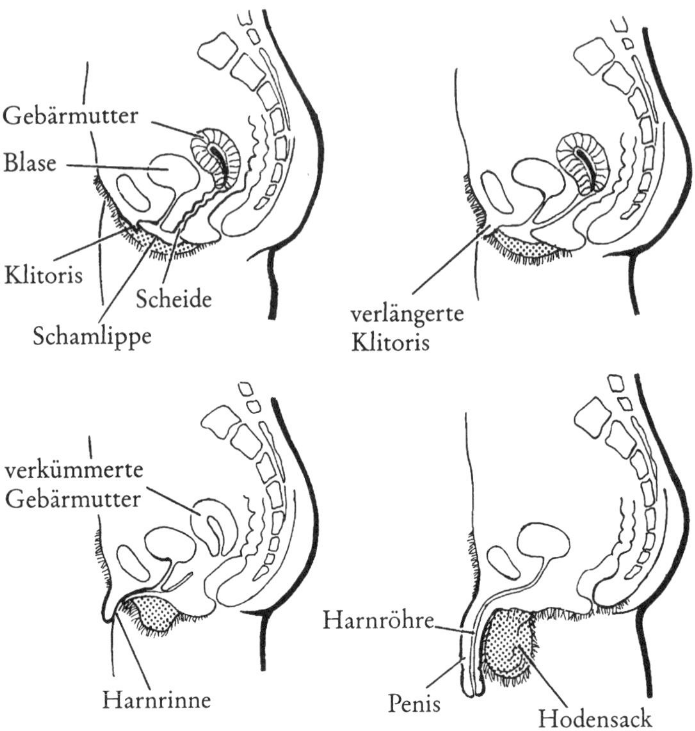

Abb. 13 Übergangsformen verdeutlichen die Gemeinsamkeiten bei Mann und Frau.

Sie filmten Paare beim Geschlechtsverkehr, ließen Versuchspersonen auf unterschiedlichste Weise masturbieren und erfanden sogar einen durchsichtigen Plastikpenis, in den sie eine Kamera montierten. Damit war es erstmals möglich, eine sexuelle Reaktion innerhalb der Scheide aufzunehmen. Über sechshundert männliche und weibliche Versuchspersonen stellten sich freiwillig zur Verfügung. Zehn Jahre früher wäre eine solche Studie noch undenkbar gewesen. Doch in den sechziger Jahren waren die Leute schon bedeutend freizügiger und stolz auf ihr unverklemmtes Verhältnis zur Sexualität. Das kam Masters und Johnson sehr zugute. Sie konnten die stattliche Anzahl von 10.000 vollständigen sexuellen Reaktionen beobachten und dokumentieren.[3]

Eine Reihe von dramatischen Erkenntnissen konnten aus ihren Ergebnissen gewonnen werden. Erstmals zeichnete sich ab, daß die Sexualität der beiden Geschlechter mehr Parallelen als Unterschiede aufweist.

Vier Phasen der sexuellen Erregung beim Menschen haben Masters und Johnson beschrieben. Die erste Phase ist jene der sexuellen Bereitschaft. Bei Männern und Frauen hängt sie hauptsächlich vom allgemeinen Gesundheitszustand ab und hat noch keine besonderen Auswirkungen auf die Geschlechtsorgane.

Erst die zweite Phase, die Erregungsphase, macht sich in der Genitalregion bemerkbar. Beim Mann kommt es zu einer Versteifung des Glieds. Blut dringt durch große Gefäße schneller in den Penis ein, als es abfließen kann. Die drei Schwellkörper blasen sich dabei auf wie die Ringe eines Schlauchbotes. Die Festigkeit der Penisaußenwand leistet Gegendruck, das Glied stellt sich auf und gewinnt an Länge und Breite.

Bei der Frau entspricht diesem Ereignis das sogenannte »Schwitzphänomen«. Bei sexueller Erregung strömt das Blut auch bei der Frau vermehrt in die Scheide. Die Schleimhaut der Innenwand der Vagina beginnt zähe Flüssigkeit abzusondern. Der Scheidengang wird schlüpfrig und bereitet damit den Geschlechtsverkehr vor. Bei großer Erregung verlängert und erweitert sich die Scheide ähnlich wie der Penis, nur nach innen.

Fest im Griff

Das vordere Drittel der Scheide ist außerdem noch schwellfähig. Kurz vor dem Orgasmus umklammert dieser

Teil der Vagina den Penis wie ein fester Ring, deshalb heißt er auch die »orgasmische Manschette«.

Beide Geschlechter atmen bei sexueller Erregung rascher, das steigert sich bis zum Keuchen, die Haut wird stärker durchblutet, dadurch fühlt sie sich nicht nur heißer an, es können auch rote Flecken entstehen, die bei Frauen häufiger auftreten als bei Männern. Das Herz schlägt rascher. Die Muskeln spannen sich teilweise unkontrollierbar, deshalb auch der abwesende, manchmal verkrampfte Gesichtsausdruck. Es wird gestöhnt, geächzt und geröchelt wie beim Hochleistungssport.

Der Orgasmus, die dritte Phase, besteht – anatomisch gesehen – aus heftigen Kontraktionen der Beckenbodenmuskulatur. Beim Mann wird das Ejakulat, das aus Sperma und Drüsensekreten besteht, durch die Kontraktionswellen, die über den Penis laufen, nach außen befördert. Bei der Frau laufen die gleichen Wellen nach innen. Die Vagina und die Gebärmutter sind daran beteiligt: Sie erzeugen eine Saugwirkung, die den Spermien das Aufsteigen erleichtert.

Während des Orgasmus gibt es wieder eine erstaunliche Übereinstimmung zwischen Mann und Frau: alle 0,8 Sekunden laufen die Kontraktionswellen durch ihre Körper. Der Abstand zwischen ihnen wird allmählich länger. Bei intensiveren Orgasmen kann es über zwanzig solcher Kontraktionen geben.

In der vierten Phase wird der Körper wieder in seinen physiologischen Normalzustand zurückversetzt. Aus den Geschlechtsorganen fließt das Blut wieder ab, der Penis erschlafft, die Vagina schrumpft, die Haut kühlt ab, die Muskeln entspannen sich. Das alles passiert relativ rasch, sobald der Orgasmus vorbei ist. Ohne erlösenden Höhepunkt dauert das Abklingen der Erregungssymptome etwas länger, was sehr unangenehm und teilweise schmerzhaft sein kann.[4]

K.o. nach einer Runde

Trotz dieser frappierenden Ähnlichkeiten des männlichen und weiblichen Reaktionszyklus zeigen sich auch sehr spezifische Unterschiede. Nach dem Orgasmus beschert die Natur dem Mann eine Auszeit, »Refraktärzeit« genannt, in der kein weiterer Orgasmus ausgelöst werden kann, selbst bei noch so intensiver sexueller Stimulierung.

Die Frau kann sofort mehrere Orgasmen hintereinander haben. Sie ist dem Mann, was die Potenz angeht, haushoch überlegen. Dieses Ergebnis überraschte die Leser des Buches *Die sexuelle Reaktion* mehr als alles andere. Damit war es vorbei mit dem Mythos vom semper- und omnipotenten, sexuell dominanten Mann. Aber warum hat die Natur nur die Frau mit der Fähigkeit ausgestattet, mehrmals hintereinander zum Höhepunkt kommen zu können? Und wenn schon die Frau, warum nicht auch den Mann?

Der Grund dafür liegt vermutlich mehrere Millionen Jahre zurück, als unsere Spezies den Affen noch näherstand als dem Homo sapiens. Wenn man heute unsere nächsten Verwandten, die Menschenaffen, beobachtet, offenbart sich der Zweck dieses auffälligen Unterschiedes. Wenn Schimpansenweibchen empfängnisbereit sind, paaren sie sich mit mehreren Männchen hintereinander.[5] Dadurch erhöht sich die Wahrscheinlichkeit, daß sie befruchtet werden. Biologisch wäre es nicht sinnvoll, der Frau eine Refraktärzeit zu verschaffen, während der sie zu keinem weiteren Geschlechtsverkehr fähig wäre.

Der Mann hingegen muß eine bestimmte Zeit abwarten, bis sich wieder genügend Sperma für den nächsten Geschlechtsverkehr gebildet hat. Daher hat ihm die Natur eine »k.o.-Zeit« auferlegt.

Wenn die Geschlechtsorgane von Männern und Frauen also im Grunde gleich sind und den Frauen obendrein die größere Potenz beschieden ist, fragt man sich, warum es dann letztlich die Frau ist, die häufiger Probleme hat, zum Orgasmus zu kommen?

Das liegt daran, daß die Klitoris der Frau beim Geschlechtsverkehr etwas abseits vom Geschehen liegt, während ihr Gegenstück, die Eichel des Penis, während der geschlechtlichen Aktivitäten immer vorneweg ist. Der empfindlichste Teil des männlichen Geschlechtsorgans ist mitten im Zentrum des Geschehens. Um seine Erregung zu steigern, muß der Mann sich nur ein bißchen hin und herbewegen – das ist alles. Beim Mann laufen Lust und Fortpflanzung an einem Punkt zusammen: an der Spitze des Penis. Bei der Frau ist das nicht der Fall. Gebärmutter und Klitoris liegen weit auseinander, was sie beim Sex deutlich benachteiligt. Aber warum?

Biologisch betrachtet macht es Sinn, den Mann beim Erreichen des Höhepunktes zu bevorzugen. Die Frau kann ein Kind empfangen, ohne dabei einen Orgasmus zu erleben. Der Mann ist für die Zeugung auf einen Orgasmus angewiesen, denn ohne Höhepunkt kann er nicht ejakulieren.

Stellen wir uns nur einen Moment lang das folgende Szenario vor: Die Frau würde immer vor dem Mann zum Orgasmus kommen, würde sich nachher befriedigt zur Seite rollen und einschlafen, während er frustriert die Dekke anstarren muß. Nehmen wir an, der Mann und nicht die Frau wäre von Kind an dazu angehalten worden, die Vorgänge zwischen seinen Beinen zu ignorieren. Er hätte Angst davor, sich selbst zu berühren. Die Folge wäre zwar eine sexuell befriedigte Frau, aber ein unfruchtbares Paar.

Der umgekehrte Fall ist mit der Fortpflanzung durchaus vereinbar. Der Eisprung erfolgt bei der Frau unabhängig von der Befriedigung, die sie beim Geschlechtsverkehr erfährt. Es kann daher ein Trick der Natur sein, daß Frauen etwas länger brauchen, um zum Höhepunkt zu gelangen, weil es notwendig ist, daß sie bei der Sache bleiben, bis die Befruchtung gelungen ist. Möglicherweise ist das der Grund, warum die Klitoris an eine relativ ungünstige Stelle gewandert ist.

It's A Man's World

Freud hat sich zur Orgasmusfähigkeit der Frau seine eigene Theorie gebildet. Er nannte den vaginalen Orgasmus, der ohne die Stimulierung der Klitoris zustande kommt, den reiferen Orgasmus. Den Höhepunkt, den die Frau durch Stimulierung der Klitoris erfährt, geißelte er als kindlichen, unreifen Orgasmus. Heute weiß man, daß Höhepunkt gleich Höhepunkt ist und es keine Qualitätsabstufungen à la Freud gibt. Lionel Tiger bringt das Freudsche Mißverständnis in seinem Buch *The Pursuit of Pleasure*, einer brillanten Zusammenschau aller menschlichen Vergnügungen und ihrer Motive, in humorvoller Weise auf den Punkt: »Wenn die Herren in Mitteleuropa meistens dann zum Orgasmus gekommen wären, wenn ihr rechter Ellbogen vor dem Eindringen fünfzehn Minuten lang stimuliert worden wäre«, so Tiger, »hätte Freud nach einer entsprechenden Veranlagung bei der Frau gesucht und bestimmt die Klitoris als wichtiges Gegenstück zum Ellbogen identifiziert.«[6] Zu Freuds Verteidigung sei gesagt, daß er eben noch nicht wissen konnte, was Masters und Johnson in den sechziger Jahren über den Orgasmus herausfinden sollten.

Vielleicht, spekuliert Lionel Tiger, bringt die Lage der Klitoris der Frau doch indirekt einen gewissen Vorteil: in der Partnerwahl. Dank dieser anatomischen Besonderheit könne sie eher feststellen, welcher ihrer Liebhaber am besten auf ihre Bedürfnisse eingeht, als wenn sie auch so leicht zum Höhepunkt gelangen würde wie der Mann.

Die Geschlechtsorgane bestimmen also gewissermaßen die Art des sexuellen Glücks und der Befriedigung, die meist genauso unterschiedlich ist wie die Art, in der Männer und Frauen sie erlangen.

Aber Penis und Vagina sind nicht die einzigen Geschlechtsorgane des Menschen: unser größtes Sex-Organ ist das Gehirn. Um die Unterschiede weiblicher und männlicher Sexualität zu verstehen, ist es notwendig, auch die Unterschiede im Gehirn zu kennen.

Unzählige Wissenschaftler haben Jahrzehnte danach gesucht, ohne auch nur den geringsten Unterschied zu finden. Lange Zeit gab es nur einen einzigen Anhaltspunkt für die Verschiedenheit männlicher und weiblicher Sexualität im Gehirn: allerdings nur bei Ratten. Roger Gorski, ein Gehirnforscher der University of California in Los Angeles, machte 1978 die entscheidende Entdeckung.

Sex im Kopf

Bei seinen Laborratten suchte er im Hypothalamus, jener Gehirnregion, die für eine Vielzahl unwillkürlicher Körperfunktionen zuständig ist, nach geschlechtsspezifischen Unterschieden. Dieser Teil des Gehirns spielt, ebenso wie beim Menschen, auch eine wichtige Rolle für das Sexualverhalten. Tatsächlich, in der sogenannten Regio praeoptica, einer Gehirnregion im vorderen Teil des Hypothalamus, fand Gorski eine Gruppe von zusammenhängenden Gehirnzellen, die bei männlichen Ratten fünf Mal so groß ist wie bei weiblichen.

Zwei Jahre später, hatte Gorski herausgefunden, daß die Größe dieses Kerns, den er Sexual Dimorphic Nucleus nannte, weil er je nach Geschlecht unterschiedlich geformt, das heißt dimorph ist, von der Einwirkung der Sexualhormone abhängig war. Je mehr Testosteron, desto größer der Kern. Aber welche Funktion hatte dieser geheimnisvolle Nukleus? Und warum war er bei den Weibchen um so viel kleiner?

Ein prominenter holländischer Fachkollege Roger Gorskis, Dick Swaab von der Universität Amsterdam, fand die Antwort auf diese Fragen: Er stellte nach jahrelangen Verhaltensstudien an seinen Ratten fest, daß die Männchen, die den stärksten Sexualtrieb hatten, also am häufigsten Weibchen bestiegen, die größten Kerne in der präoptischen Region hatten. Das heißt, dieses bestimmte Knäuel von Nervenzellen dürfte den sexuellen Appetit regeln. Ob das auch beim Menschen so ist?

Dick Swaab meint, es wäre unzulässig, von Ratten eins zu eins auf den Menschen zu schließen. Dennoch lassen sich die Unterschiede im menschlichen Gehirn nicht bestreiten. Swaab hatte im Hypothalamus, jener Schaltstelle von Emotionen und Sexualität, verblüffende Unterschiede zwischen Männern und Frauen gefunden. Einer der Kerne, die er untersuchte, hat die Funktion einer inneren Uhr – er kontrolliert den Tag-Nacht-Rhythmus des Menschen und den monatlichen Zyklus der Frau. Und wirklich hatte dieser Kern, der Suprachiasmatische Nukleus oder nucleus supraopticus, bei Frauen eine länglichere Form als bei Männern. »Da es Unterschiede in der Form gibt«, meint Dick Swaab, »kann der Nukleus unterschiedliche Verbindungen im Gehirn haben und daher möglicherweise auch unterschiedliche Funktionen. Aber derzeit haben wir noch keinen einzigen Hinweis auf einen solchen Unterschied.«[7]

Dennoch: Swaab fand in der präoptischen Region menschlicher Gehirne eine erstaunliche Parallele zu den Rattengehirnen. Er entdeckte dort ebenfalls einen Kern, der bei Männern zweieinhalb Mal so groß war wie bei Frauen. Auch die Gruppe von Roger Gorski hat inzwischen in derselben Gehirnregion zwei weitere Zellgruppen

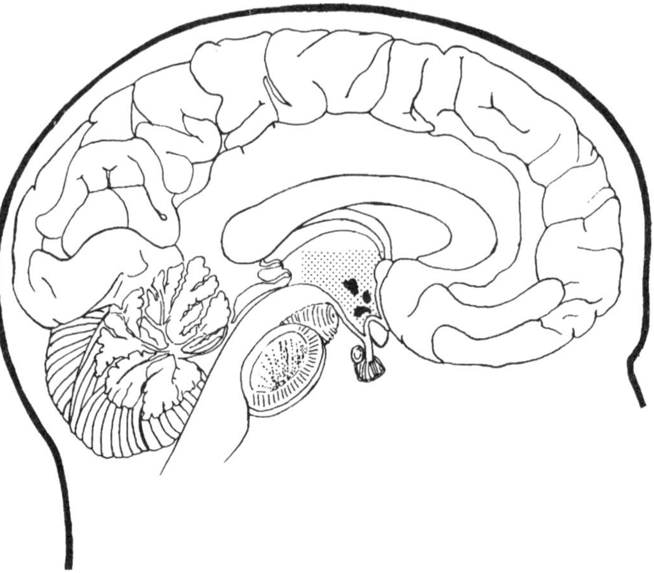

Obiger Ausschnitt im Detail:

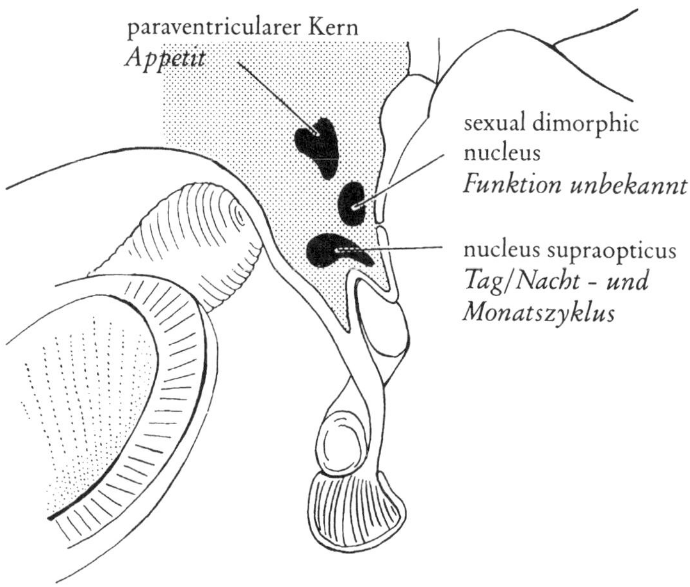

Abb. 14 Kerne des Hypothalamus, die geschlechtertypisches Verhalten mitbestimmen

gefunden, die ebenfalls bei Männern deutlich größer waren als bei Frauen. Zufall? Noch will sich keiner der Forscher festlegen, aber in einem Punkt sind sie sich einig: Die unterschiedlichen Kerne im Gehirn von Männern und Frauen spielen mit großer Wahrscheinlichkeit eine wichtige Rolle im menschlichen Sexualverhalten, wenn nicht sogar eine ganz entscheidende. Möglicherweise sind sie sogar die Zentrale der Lustgefühle, die das heikle Zusammenspiel äußerer Reize, der Ausschüttung von Sexualhormonen und anderen chemischen Botenstoffen kontrolliert; diese wiederum beeinflussen das Verhalten und die körperlichen Reaktionen eines Menschen. Möglicherweise ist das eine Schlüsselstelle im menschlichen Gehirn, die das Karussell der Lust und Leidenschaft immer weiter dreht. Hat der sprichwörtliche »kleine Unterschied« nun auch eine Entsprechung im Gehirn?

Es scheint, als hätte die Natur an alles gedacht und Männer und Frauen von Kopf bis Fuß nahezu perfekt aufeinander abgestimmt. Es gibt zwar den einen oder anderen Vor- oder Nachteil in der männlichen beziehungsweise der weiblichen Sexualität, aber im großen und ganzen sind die Voraussetzungen für die Zweisamkeit gar nicht so übel. – Wäre da nicht eine Bürde aus den frühen Tagen der Menschheit, an der Männer und Frauen bis heute noch schwer zu tragen haben.

UND TÄGLICH GRÜSST NEANDERTAL

Die Langurenweibchen hocken ängstlich zusammengekauert. In ihren Armen halten sie Babys, die dicht in das Fell ihrer Mutter gekuschelt sind. Bisher hat sich das neue Männchen still verhalten. Vor wenigen Stunden hat es den ehemaligen Anführer der Affenhorde vertrieben. Nun erholt es sich und belauert die Weibchengruppe. Das Fell der Babys ist schwarz und hebt sich verräterisch vom cremefarbenen Mutterfell ab.

Plötzlich stößt das Männchen vor. Die Weibchen haben die blitzartige Attacke erwartet und stieben zeternd auseinander. Eines war zu langsam. Das kräftige Männchen packt ihr Baby am Kopf und beißt hinein. Die Mutter kreischt durchdringend und versucht das Männchen abzuwehren, doch es ist zu spät. Der kleine leblose Körper baumelt in ihren Armen.

Als sie endlich flüchten kann, hält sie das tote Baby fest an sich gedrückt. Sie wird es noch Stunden oder tagelang mit sich herumtragen, bis sie endlich begreifen wird, daß es tot ist. Mißtrauisch beobachten die übrigen Weibchen jede Bewegung des neuen Hordenführers. Die älteren unter ihnen, die bereits einen Wechsel an der Spitze der Gruppe erlebt haben, kennen das Spiel. Der neue Alphamann wird nicht eher ruhen, als bis alle schwarzen Babys tot sind. Es ist nur eine Frage der Zeit.

Szenen wie diese haben die Verhaltensforscher sehr aufgewühlt. Die schwarze Farbe des Babyfells sollte, ähnlich wie das Kindchenschema beim Menschen, Pflege- und Beschützerinstinkte auslösen. Doch in diesem Fall wird es den Kleinen zum Verhängnis.[1] Wie kann ein so elementarer, lebenswichtiger Mechanismus wie der Schutz der Nachkommen auf derartig abscheuliche Weise entgleisen?

Gewiß, die Natur ist grausam, versuchten sich die Forscher erst einmal zu beruhigen. Was ihnen aber nicht aus dem Kopf wollte, war die Tatsache, daß sich diese blutrünstige Szene nicht bei irgendwelchen niederen Tieren zutrug, sondern bei Geschöpfen, die als sozial gelten, die, so wie wir, in einer gut strukturierten Gemeinschaft leben. Die gemeinsame Vergangenheit von Menschen und Affen liegt zwar schon mehrere Millionen Jahre zurück, doch sind Affen immer noch unleugbar unsere nächsten Verwandten im Tierreich. Wir teilen über 90 Prozent unserer Erbanlagen mit jenem Geschöpf, das schlagartig vom umsichtigen Familienvater zum Kannibalen werden kann. Natürlich ist das Verhalten des Menschen nicht eins zu eins mit dem der Languren zu vergleichen. Dennoch gibt es beunruhigende Parallelen.

Unter Kannibalen

Die Soziobiologen, die alle Lebewesen – von der Amöbe bis zum Menschen – gerne als einen Sack voll aggressiver Gene betrachten,[2] fanden ihre Theorie bestätigt. Für sie war das grausame Schauspiel des Kindermordes eine völlig logische Sache, die sie folgendermaßen erklärten: Bei den Languren gibt es immer nur ein Männchen an der Spitze der Horde, den Alphamann, der sich fortpflanzen darf. Er hat wenig Zeit, denn die Konkurrenz ist groß. Um seine Gene weitergeben zu können, muß er so viele Weibchen wie möglich so rasch wie möglich begatten und hoffen, daß er lange genug herrscht, damit seine Nachkommen aufwachsen können.

Die Weibchen, die bei seiner Machtergreifung noch schwarze, also abhängige Babys mit sich herumtragen, würden zu lange brauchen, um wieder paarungsbereit zu sein. Daher ist die biologische Fitneß desjenigen Männchens höher, das die noch nicht entwöhnten Jungen seines

Vorgängers tötet. Verhaltensforscher haben sogar berichtet, daß auch trächtige Weibchen so lange traktiert werden, bis sie ihr Baby verlieren.

Unter den Wissenschaftlern entbrannte ein heftiger Streit um die Interpretation dieser Vorgänge. Während die einen eine kluge Fortpflanzungsstrategie männlicher Languren zu erkennen meinten, behaupteten die anderen, es handle sich bloß um eine Streßreaktion, da der Lebensraum der Languren stark eingeengt sei und dadurch ein unnatürlich hoher Konkurrenzdruck unter den Männchen entstehe, der sie so abartig aggressiv macht. Aber noch etwas bewegte die Gemüter in dieser Diskussion.

Warum verbündeten sich die Weibchen nicht? Es müßte doch in ihrem biologischen Interesse sein, das Leben ihrer Jungen zu verteidigen? Gemeinsam wären sie gewiß stark genug, dem Alphamann zu trotzen.

Wir können zwar nicht klären, welche der Theorien zu diesem Vorfall der Wahrheit entspricht und warum es keine weibliche Allianz gegen die Übergriffe eines Hordenführers gibt, aber eines ist ganz klar geworden: Männliche Sexualität und männliche Aggression sind eng miteinander verbunden. Und Weibchen haben dieser explosiven Mischung nichts Vergleichbares entgegenzusetzen.

Gewalt und Sex: Eine Urformel der Männlichkeit, die offenbar auch die Gedanken und das Verhalten der Männer unserer eigenen Spezies regiert.

»Männer denken immer nur das eine«, heißt es. Und nun stellt sich heraus, daß dieses Sprüchlein so falsch nicht ist. Als ich Ruben Gur scherzhalber auf dieses alte Klischee ansprach, antwortete er: »Ich muß Sie korrigieren. Männer denken nicht immer nur an das eine. Sie denken immer an zwei Dinge: Sex und Aggression. Und um das bestätigt zu finden, muß man kein Experte sein, sondern nur die Tageszeitungen aufschlagen.«[3]

Um das bestätigt zu finden, muß man nur im Werk des deutschen Philosophen Friedrich Nietzsche nachlesen. Mit seiner Erkenntnis »Gehst du zum Weib, vergiß die Peitsche nicht!« ergötzt er sicher heute noch so manche bierdunstumnebelte Stammtischrunde. Bemerkenswert ist auch, was dem oben genannten Dichter und Denker zur Sexualität von Mann und Frau eingefallen ist: »Das Glück des Mannes heißt: ich will. Das Glück des Weibes heißt: er will.« Der Philosoph und die Affen – aus dem gleichen Holz geschnitzt?

Im Troß der Vergewaltiger

Ein schönes Erbe, das uns die Vergangenheit da hinterlassen hat! Und noch dazu eines, auf das die Männerwelt – wenigstens teilweise – noch ziemlich stolz sein dürfte.

Auf einer Reise nach Kuba bekam ich keinen anderen Flug nach Havanna mehr als den einer Chartergesellschaft. Erst nach einer Weile fiel mir auf, daß fast ausschließlich Männer an Bord waren, bei denen nach der halben Flugzeit eine bemerkenswerte Metamorphose einsetzte. Nach und nach verschwanden die grauen Sakkos und dunkelblauen Pullover im Handgepäck, stattdessen wurden bunte Hawaiihemden und allerhand derbe Sprüche ausgepackt, wie man es den »Weibern da unten« besorgen werde und so weiter. Die Fluggäste hatten sich als »Sextouristen« entpuppt. Billiger Sekt floß literweise, während sich die illustre Herrenrunde lauthals auf die Ziele ihrer Begierde einstimmte.

Genau so, dachte ich mir, wenn auch nicht mit Goldkettchen und Hawaiihemden, müssen sich Männerhorden wohl auch früher in Stimmung gebracht haben, bevor sie fremde Länder, Städte oder Dörfer überfielen. Dabei kam es immer zu Massenvergewaltigungen, deren Opfer niemals Männer waren. Und das hat sich bis heute nicht geändert. Laut einem Bericht der UN-Kommission zur Untersuchung der Menschenrechtsverletzungen in Ex-Jugoslawien vom 10. April 1996 wurden bis zum Ende des Krieges 60.000 bosnische und kroatische Frauen in insgesamt sechzehn Vergewaltigungslagern, zum Teil mehrfach, gedemütigt, mißhandelt und vergewaltigt.

Wenn männlicher Brutalsex ein Andenken aus der Steinzeit ist, welches Erbe hat die Vorzeit dann der weiblichen Sexualität hinterlassen?

Nun, jedenfalls nicht Aggression. Manche Wissenschaftler behaupten, das Gegenteil wäre der Fall: Angst.

Den Beweis dafür sollte das Tierreich liefern. Bei den Buntbarschen funktioniert die Paarung nur dann, wenn das Männchen das Weibchen im Kampf besiegt. Das Männchen wird nur durch seine Dominanz, das Weibchen nur durch seine Unterlegenheit in Paarungsstimmung versetzt. Dominiert das Weibchen den Kampf, wird es sexuell durch Aggression gehemmt, das flüchtende Männchen hingegen durch Angst und Unterlegenheit. So scheint die Natur zwei wesentliche Dinge zu gewährleisten: erstens, daß nur zwei Individuen unterschiedlichen Geschlechts sich paaren können, denn bei gleichgeschlechtlichen Tieren wäre immer eines sexuell gehemmt. Und zweitens, daß immer nur ein starkes, dominantes Männchen dazu kommt, sich fortzupflanzen.[4]

Was aber haben Fische mit Menschen zu schaffen, könnte man sich zu Recht fragen.

Freilich noch weniger als Menschen mit Languren. Und schon hier sind Vergleiche nur bedingt zulässig. Dennoch, es scheint so, als hätte sich etwas von dieser uralten Rollenaufteilung beim Sex bis heute auch in unserer Spezies gehalten.

Sex und Gewalt: eine verhängnisvolle Affäre

Eine Gruppe von Psychologen von der University of Manitoba im kanadischen Winnipeg unter der Leitung von Neil Malamuth wollte herausfinden, was Männer und Frauen beim Sex erregt. Dabei ging es nicht darum, ihre verschiedenen Praktiken zu untersuchen, sondern darum, ihren bevorzugten Grundstimmungen beim Geschlechtsverkehr auf die Spur zu kommen. Mit anderen Worten: Welche Gefühle versetzen Männer und Frauen in sexuelle Bereitschaft? Zu diesem Zweck spielten die Forscher ihren Versuchspersonen erotische Filme vor, die alle Nuancen von Gewalt zeigten: von überaus brutal bis nicht gewalttätig.

Das erste Ergebnis zeigte, daß Frauen und Männer Vergewaltigungsszenen im Film immer als weniger erotisch beurteilten, als Szenen, in denen beide Partner miteinander Sex haben wollten. Vergewaltigungsszenen wurden erst dann als erotisch eingestuft, wenn das Opfer, wenn auch nicht freiwillig, einen Orgasmus erlebte. Ein Zeichen dafür, daß Männer und Frauen in gleichem Maße den Vorstellungen von zivilisierten Menschen entsprechen.

Das zweite Ergebnis der Studie brachte allerdings einen unübersehbaren Unterschied zwischen den beiden Geschlechtern ans Tageslicht: Diesmal wurden die Versuchspersonen gebeten, nur Vergewaltigungsszenen zu beurteilen. Während Frauen Vergewaltigungsszenen nur dann erotisch fanden, wenn das Opfer zwar einen Orgasmus hatte, aber keinen Schmerz empfand, fanden Männer jene Szenen besonders erregend, bei denen das Opfer einen Orgasmus erlebte und dabei Schmerzen litt.[5] Ist dies ein Beweis für die niederen Instinkte des Mannes? Und ist die Frau als kongeniale Partnerin dieses gewalttätigen Neandertalers darauf programmiert, unfreiwilligen Sex als erregend zu empfinden?

Wohl kaum: Denn während Frauen zwar angeben, den Gedanken an eine Vergewaltigung unter Umständen als stimulierend zu empfinden, hat noch keine, die wirklich Opfer einer Vergewaltigung wurde, angegeben, dabei sexuell erregt worden zu sein. Wahrscheinlich deshalb, weil körperliche und seelische Lust bei Frauen eine Einheit bilden. Bei Männern ist die körperliche Lust häufig abgekoppelt von der seelischen.

Hat die Natur gewollt, daß Männer beim Sex brutal sind und Frauen vergewaltigt werden? Ganz bestimmt nicht. Viel eher handelt es sich dabei um Relikte aus unserer gewalttätigen Vergangenheit, die es schleunigst abzubauen gilt. Es besteht die Gefahr, daß die Erkenntnisse über die Verschiedenartigkeit männlicher und weiblicher Sexualität dazu mißbraucht werden könnten, sexuelle Übergriffe auf Frauen zu rechtfertigen.

Die Biologin Anne Fausto-Sterling, eine kritische Betrachterin jener Forschungsrichtungen, die sich mit dem Unterschied zwischen Mann und Frau beschäftigen, befürchtet das Schlimmste. Sie glaubt sogar, daß es in Zukunft so weit kommen könnte, daß Vergewaltiger freigesprochen werden, wenn sie sich darauf berufen, sexuelle Gewaltanwendung sei etwas biologisch Natürliches.[6]

Ähnliche Fälle hat es bereits in den USA gegeben, bei denen Anwälte die jüngsten Erkenntnisse der Wissenschaft ins Treffen führten. Ein findiger Strafverteidiger nützte die Gunst der Stunde und behauptete kühn, sein Mandant sei unschuldig. Seine Gene hätten ihn zum Mörder gemacht. Tatsächlich wird im gleichen Zusammenhang davon gesprochen, daß die sexuelle Erregung von Frauen mit Angst und Unterwerfung verbunden ist. Also könnte es ihnen nur recht sein, wenn sie vergewaltigt würden.[7]

Es ist zwar unfaßbar, aber zu genau diesem Schluß kam vor wenigen Jahren ein Wiener Rechtsanwalt in einem Verfahren gegen zwei Polizisten, die angeklagt waren, eine junge Drogenabhängige zum Sex genötig zu haben. Der Strafverteidiger der beiden Beschuldigten äußerte allen Ernstes die Meinung, das Opfer könnte doch froh sein, daß zwei so »fesche Burschen« sich an ihr zu schaffen gemacht hätten. Die »feschen Burschen« kamen tatsächlich mit einer milden Strafe davon. Sie wurden lediglich vom Dienst suspendiert. Die psychischen Qualen und die bleibenden seelischen Narben, die das junge Mädchen erlitten hatte, waren auch dem Richter offenbar keine härtere Bestrafung wert. Er entließ das Opfer mit dem guten Rat, die ganze Sache möglichst rasch zu vergessen.[8]

Dieser Fall zeigt, daß Männer nicht nur schwer an ihrem Erbe aus der Steinzeit tragen, sondern auch noch gelegentlich ziemlich steinzeitlich damit umgehen.

Das schwere Erbe der Männer

Aber nicht nur Frauen werden Opfer männlicher Gewalt. Wenn zuviel Druck im Kessel ist, richtet sich der zerstörerische Drang gegen alles, was gerade greifbar ist.

Im Straßenverkehr verursachen Männer nicht umsonst die schwereren Verkehrsunfälle. Die Versicherungsgesellschaften haben deshalb einen sogenannten Frauenbonus für KFZ-Versicherungen eingeführt. Klaus Atzwanger, ein junger Verhaltensforscher vom Ludwig-Boltzmann-Institut für Stadtethologie, hat das Fahrverhalten auf Österreichs Straßen zum Gegenstand einer wissenschaftlichen Arbeit gemacht und herausgefunden, daß die aggressivsten Autofahrer solche Männer sind, die allein in dunklen, starkmotorisierten Autos sitzen. Sie fahren am häufigsten anderen Verkehrsteilnehmern auf, hupen und blinken, gestikulieren und fluchen. Nur selten bekommt der Aggressor seine Aggression am eigenen Leib zu spüren.[9]

Ist es das stammesgeschichtliche Erbe, das Männer, besonders junge Männer, dazu verdammt, härter und aggressiver an ihre Grenzen heranzugehen?

Erst kürzlich, am 5. Mai 1997, hat die tragische Verquikkung von unbefriedigter Sexualität und aufgestauter Aggression in einem Blutbad geendet. Ein fünfzehnjähriger Hauptschüler aus Niederösterreich stürmte mit einem Revolver in der Hand die Klasse seiner Angebeteten und erschoß eine Lehrerin, die sich ihm in den Weg stellte. Als Motiv für seine Tat gab er an, er hätte sich von einem Mädchen verschmäht gefühlt.

Immer wieder gibt es Fälle, die bestätigen, daß die männliche Gewaltbereitschaft ab der Pubertät ihren Höhepunkt erreicht. Nicht umsonst werden weltweit über neunzig Prozent aller Morde und Gewalttaten von Achtzehn- bis Fünfundzwanzigjährigen verübt.[10]

Lange Zeit hatte man das Y-Chromosom im Verdacht, für die Aggression verantwortlich zu sein. Männer die durch einen Defekt während der Zellteilung ein zweites Y-Chromosom abbekommen hatten, wurden früher besonderer Aggressivität bezichtigt. Als Beweis dafür führte man ins Treffen, daß in Gefängnissen ein höherer Prozentsatz an XYY-Männern zu finden sei als in der Durchschnittsbevölkerung. Es stellte sich jeoch heraus, daß die Männer mit dem überzähligen Y-Chromosom lediglich unterdurchschnittlich intelligent waren. Sie waren also nicht aggressiver als andere Männer, sondern ließen sich nur öfter erwischen als die anderen Verbrecher.[11]

Das Y-Chromosom kann also nicht als Erklärung für die größere Aggressivität des Mannes herhalten. Der Verdacht gegen das Testosteron, das männliche Geschlechtshormon, scheint sich jedoch zu erhärten.

Niklas Galligani und Mitarbeiter von der Universität in Göteborg untersuchten den Einfluß von Anabolika auf die

Psyche. Anabolika sind künstlich hergestellte Substanzen, die die Wirkung des männlichen Geschlechtshormons imitieren. Zu diesem Zweck verglichen sie eine Gruppe von Bodybuildern, die nach eigenen Angaben Anabolika nahmen, mit zwei Vergleichsgruppen.

Eine Gruppe hatte früher Anabolika genommen und dann damit mindestens ein halbes Jahr lang ausgesetzt. Die zweite Vergleichsgruppe betrieb ebenfalls Bodybuilding, hatte jedoch nie zu Anabolika gegriffen. Die drei Gruppen, die in Alter, ökonomischem Status und zeitlichem Aufwand des Trainings vergleichbar waren, unterschieden sich in einigen wesentlichen Punkten: Die Gruppe, die Anabolika zu sich nahm, hatte beim Persönlichkeitstest die höchsten Werte für Reizbarkeit, Impulsivität und jede Art von Aggressivität, zugleich erzielten sie die höchsten Werte für Muskelspannung und die geringsten für Aggressionshemmung. Die Vergleichsgruppen zeigten sich weniger aggressiv und reizbar, wobei die Versuchspersonen, die nie Anabolika genommen hatten, am wenigsten aggressiv, am ängstlichsten und am meisten aggressionsgehemmt waren. Die Autoren schließen daraus, daß Androgene nicht nur auf den Muskelaufbau, sondern auch auf die Psyche großen Einfluß haben.[12]

Die »ganzen« Kerle

Muß die Gesellschaft gewalttätige Übergriffe und Aggressionsausbrüche in Kauf nehmen, wenn sie auf »ganze Kerle« Wert legt? Woher kommt nur all die rohe Gewalt, die Männer ihren Mitmenschen aufbürden? Wie konnte die Natur Männer nur mit so zerstörerischen Kräften ausstatten?

Nun, in unserer Stammesgeschichte hatte die Aggression ursprünglich nützliche, ja sogar lebenserhaltende Funktionen. Männer hatten die Aufgabe, die Gruppe gegen Gefahren von außen zu verteidigen. Wer länger zögerte, war früher tot. Das war das Faustrecht unserer Vorfahren. Außerdem bewährte sich die Aggression noch aus einem weiteren Grund: Wurde die Gruppe der Jäger- und Sammler-Gesellschaft zu groß, stieg die Aggressivität unter den Mitgliedern. Das führte dazu, daß einzelne Männer und Frauen sich von der Gruppe trennten und eigene Wege gingen. So wurden die Ressourcen des Jagdgebietes nicht über die Maßen ausgebeutet und Inzucht vermieden.

Nur in der Massengesellschaft gibt es kein Entrinnen, und der natürliche Trieb des Menschen, ausreichend Raum um sich herum zu schaffen, bleibt unbefriedigt. Um dennoch ein halbwegs friedliches Miteinander zu ermöglichen, hat sich die Gesellschaft allerhand ausgedacht, um Männern ihre destruktiven Energien zu entziehen, ohne daß dabei andere Menschen zu Schaden kommen – zum Beispiel sportliche Aktivitäten, Action-Filme oder militärische Einsätze, bei denen die Lust der Männer auf Gewalt mit dem Anliegen der Landesverteidigung verknüpft wird.

Die geborene Diplomatin

Für Frauen muß sich niemand derartige Ablenkungsmanöver einfallen lassen, um sie sozial verträglicher zu machen. Die Frau ist die personifizierte soziale Kompetenz und die geborene Diplomatin. Sie ist viel eher als ein Mann in der Lage die Stimmung ihrer Mitmenschen richtig zu erkennen. Frauen besitzen ein unübertroffenes Sensorium für Farben, Geschmack und Gerüche. Auch das läßt sich aus der stammesgeschichtlichen Entwicklung unserer Spezies erklären.

In einer Jäger- und Sammler-Gesellschaft mußten die Frauen erkennen, wann bestimmte Früchte reif und genießbar waren. Sie mußten in der Lage sein, auf die Bedürfnisse ihrer Neugeborenen einzugehen, und verstanden mit Sicherheit die Kunst, am Geruch und der Hautfärbung ihrer Angehörigen zu erkennen, ob ihnen etwas fehlte oder ob sie gesund waren. Diese Theorie sehen einige Wissenschaftler dadurch bestärkt, daß Frauen viel seltener farbenblind sind als Männer. Ein Hinweis darauf, daß sie möglicherweise mehr lebenswichtige Information aus Farben bezogen als Männer. Und bis heute stellen Frauen einen Großteil des Krankenpflegepersonals. Nicht weil dieser Beruf etwa wenig prestigeträchtig wäre, sondern weil Frauen mit Sicherheit von Natur aus mit mehr Kompetenz dafür ausgestattet sind.[13]

Die unterschiedlichen Rollen, die Männer und Frauen in der Vergangenheit innehatten und die bis heute in unseren Anlagen herumspuken, offenbaren sich noch in einem ganz anderen Bereich: in der Werbung. Zielsicher nimmt sie die tiefsten und innersten Anliegen von Männern und Frauen ins Visier – und trifft fast immer.

Werbung, die Frauen ködern soll, arbeitet meistens mit dem Kindertrick. Irgendein hilfloser kleiner Wurm liegt in nassen Windeln. Ein unerträglicher Gedanke! Mit dem anderen, beworbenen, Produkt kann sowas natürlich nicht passieren. Frau und Kind sind wieder zufrieden. Von der Zahnpflege der Kleinen bis zur Altersversorgung der Eltern – es werden alle Register gezogen, um weibliche Kundschaft anzulocken.

Die Spezialisten von der Werbung wissen, was Frauen am meisten wünschen: erstens Gesundheit und Glück für ihre Lieben und erst an zweiter Stelle den Wunsch schön zu sein. Dieses zweitrangige Anliegen der Frauen erhält aber immerhin eine gigantische Kosmetik- und Schönheitsindustrie. Womit wir bei den geheimsten Wünschen der Männer wären: Schöne Frauen, jawohl! Egal ob es um

Computer, Autos oder Bier geht, wenn eine Sexbombe mitgeliefert wird, sitzt die Brieftasche gleich lockerer.

Ein anderes beliebtes Genre verspricht den Männern die große Freiheit: ein Mann allein im Auto auf einem abenteuerlichen Rallyekurs. Felsbrocken donnern vor ihm auf die Straße, doch nichts kann ihn aufhalten. Immer kann er rechtzeitig ausweichen oder bremsen.

Das Signal heißt jedenfalls: Sicherheit für die Frau, Risiko für den Mann. So als ob die Werbung das Grundkonzept, das seit Jahrmillionen in den beiden Geschlechtern steckt, fein säuberlich herauspräpariert und auf diese Begriffe verdichtet hätte.

Sind Frauen der Sicherheitsfaktor in der Gesellschaft und Männer der Risikofaktor? Der Eindruck drängt sich zumindest auf und das schon seit geraumer Zeit – seit damals im Neandertal.

IN GUTER GESELLSCHAFT?

DIE UNZERTRENNLICHEN

Ich weiß noch, als ich Rudyard Kiplings *Dschungelbuch* zum ersten Mal las, wünschte ich mir, ich wäre wie Mowglie aufgewachsen. Was für ein glücklicher Junge, der von einem Wolfsrudel großgezogen wird und Freundschaft mit einem Panther und einem Bären schließt! Niemand zwingt ihn, sich die Zähne zu putzen oder ins Bett zu gehen. Er lebt frei und ohne Vorschriften, bis er eines Tages die Menschen kennenlernt und es sich doch anders überlegt. Eigentlich gehört er zu ihnen, sagt er sich, als er zum ersten Mal ein hübsches Menschenmädchen zu Gesicht bekommt. Und flugs tauscht er die Gesellschaft der Tiere gegen die der Seinigen und ist im Nu angepaßt und integriert.[1]

Oder Tarzan, der Dschungelheld des amerikanischen Schriftstellers Edgar Rice Burroughs: wild und ungezähmt, dabei aber stets ein vollendeter Kavalier. Die Genitalien knapp, doch züchtig verhüllt – man weiß ja schließlich, was sich gehört –, kämpft er an der Seite der wilden Tiere gegen skrupellose Geschäftemacher. Ohne die menschliche Sprache zu verstehen, weiß er instinktiv, wer gut und wer böse ist. Nun, Adel verpflichtet eben. Das blaue Blut hat den naturbelassenen Wildwuchs, trotz fehlender Kinderstube, wie von selbst zur englischen Hecke getrimmt.[2]

Was haben diese Geschichten an sich, daß sie Generationen von Kindern und Erwachsenen immer noch magisch in ihren Bann ziehen? Möglicherweise wecken sie die tiefe Sehnsucht des Menschen, alles Schlechte dieser Welt möge aus der Gesellschaft kommen und alles Gute aus der Natur. Dieser Gedanke stammt ursprünglich von dem französisch-schweizerischen Philosophen Jean Jacques Rousseau, der 1750 in seinem Werk *Abhandlung: ob die Wissenschaften etwas zur Läuterung der Sitten beygetragen haben?* seine Überzeugung niederschrieb, daß der Mensch ursprünglich gut sei – mit Tugenden wie Unschuld und Freiheit gesegnet. Negative Eigenschaften wie Neid, Konkurrenz und Feindschaft würden nicht von Natur aus in ihm stecken, sondern seien das Werk der Gesellschaft. Deshalb mahnte Rousseau seine Zeitgenossen, sich dieser ursprünglichen Werte zu erinnern. Und sie folgten ihm begeistert. Seine Ideen beseelten die Epoche der Romantik und wirkten bis weit ins 20. Jahrhundert hinein. Wie einfach wäre die Welt doch zu verbessern, wenn Natur und Gesellschaft diesen romantischen Vorstellungen folgen würden und sich klar und eindeutig voneinander trennen ließen. Doch eine solche Hoffnung wurde bitter enttäuscht.

Das Wolfskind Genie

Wolfskinder gibt es tatsächlich. In der Vergangenheit wurden mehrere Fälle bekannt, die zum Teil auch gut dokumentiert sind. Doch sie sahen ganz anders aus als das glückliche Dschungelkind aus Kiplings Roman. Manche von ihnen krochen auf allen Vieren, gebärdeten sich wie wilde Tiere, waren ängstlich, konnten Blase und Darm nicht kontrollieren, fraßen knurrend rohes Fleisch und waren in jeder Hinsicht asozial, und das meist noch in einem Alter, das bereits dem Vorschulalter entspricht.[3]

Ein amerikanischer Fall bewegte in den siebziger Jahren unseres Jahrhunderts die Gemüter. Auf einem Sozialamt in Los Angeles fiel ein Mädchen auf, dessen Mutter bei den Beamten Sozialfürsorge beantragte. Das Kind sah aus wie eine Achtjährige, ging stark gebeugt, konnte kaum aufrecht stehen, hatte dunkelbraune Zähne, speichelte fortgesetzt und stank entsetzlich.

Erst als das Sozialamt die Fürsorge einschaltete, kam die

Geschichte des Kindes ans Tageslicht. »Genie« (sprich: dschi:ni) – so wurde das Mädchen getauft – war von ihrem geisteskranken Vater in einem abgedunkelten Zimmer auf einen Toilettenstuhl gefesselt und so über dreizehn Jahre lang gefangen gehalten worden. Niemand hatte mit ihr sprechen dürfen – gefüttert worden war sie nur mit Milch und Babybrei. Die Mutter war fast blind und hatte sich gegen ihren brutalen Mann nicht zur Wehr setzen können. Erst als die Ehe zerbrach, entschloß sich die Mutter, mit Genie aufs Sozialamt zu gehen.

Im Alter von dreizehneinhalb Jahren konnte Genie kaum gehen, nicht sprechen, nicht kauen und war in keiner Hinsicht gesellschaftsfähig. Sie urinierte bei jeder Aufregung, stellte sich ganz nah zu fremden Menschen hin und gaffte sie an, nahm Leckerbissen von anderen Tellern und onanierte in der Öffentlichkeit.[4]

Das amerikanische Psychologenehepaar David und Marilyn Rigler, das selbst mehrere Kinder hat, nahm Genie auf und dokumentierte deren mühsamen Weg in die Zivilisation. Ganz hat sie es nie geschafft. Sie lernte zwar einige grundlegende Gesellschaftsregeln, aber über eine einfache Kindersprache kam sie nie hinaus.[5]

Der Fall wurde in der Öffentlichkeit heftig diskutiert. Genies Pech war, daß sie in Amerika untersucht wurde, wo immer noch das »naturgegebene« Recht des Stärkeren propagiert wird. Es durfte nicht sein, daß das soziale Umfeld derartige Auswirkungen auf die Entwicklung des Individuums haben sollte! Genie wurde deshalb zu einer Schwachsinnigen abgestempelt. Man erklärte, daß sie von Natur aus bereits geistig zurückgeblieben gewesen sei, und strich dem Psychologenpaar, das sie aufgenommen hatte, jede finanzielle Zuwendung.

Genie kam zu einer anderen Pflegefamilie. Dort wurde sie geschlagen und sexuell mißbraucht. Sie sprach daraufhin gar nicht mehr und fiel zurück in Teilnahmslosigkeit. Schließlich landete sie in einem Heim für geistig behinderte Erwachsene in Südkalifornien.

Das Beispiel Genie und viele andere inzwischen gut dokumentierte Fälle zeigen, daß die Entwicklung eines Menschen der formenden Einflüsse der Umwelt bedarf.

Auch zum Mann oder zur Frau wird man nicht allein durch seine genetische Veranlagung. Unzählige äußere Impulse sind notwendig, um jene Prozesse im Inneren des Körpers – insbesondere im Gehirn – in Gang zu setzen, die dafür sorgen, daß ein Mensch nicht nur wie ein Mann oder eine Frau aussieht, sondern sich auch seinem Geschlecht entsprechend verhält.

Nichts bleibt ohne Folgen

Wem verdankt der Mensch letztlich sein Verhalten? Diese Frage spaltete die Wissenschaftler in zwei Lager: Die einen vertraten die These, das gesamte Verhaltensrepertoire wäre angeboren, die anderen meinten, das menschliche Verhalten wäre ausschließlich ein Produkt der Erziehung. Heute sieht es so aus, als würde keine der leidenschaftlich diskutierten und heiß umkämpften Theorien recht behalten.

»Ich glaube, wir müssen von der Annahme ausgehen, daß alle Unterschiede nicht von außen herbeigeführt werden, sondern daß alle Unterschiede von innen beginnen«, sagt Lionel Tiger. »Dann erst kann man sehen, wie die Gruppe darauf reagiert. Man kann bei einer geselligen Art nicht wirklich zwischen Biologie und Gesellschaft unterscheiden. Es gibt keinen Körper, der völlig unabhängig agiert – ohne andere Individuen –, und es gibt keine Individuen ohne Körper. Also muß man davon ausgehen, daß es eine komplette Integration von Körper und Verhalten gibt.«

Eine wesentliche Facette unseres Verhaltens betrifft die Sexualität – nicht umsonst unterscheiden sich das männliche und das weibliche Sexualverhalten so deutlich voneinander.

Aber der uralte Streit, Natur versus Umwelt, wird immer dann am liebsten ausgetragen, wenn es um die Rollen der Geschlechter geht. Wer zieht nun die Fäden: die Biologie oder die Gesellschaft? Die wiederholten Versuche, besonders von Feministinnen, die Unterschiede im Verhalten von Männern und Frauen einzig und allein auf die Wirkung der Rollenklischees zurückzuführen, entkräftet der Anthropologe Lionel Tiger: »Man kann nicht davon ausgehen«, meint er, »daß das Gehirn anders ist als alle anderen Körperteile und völlig isoliert ist von dem, was die Funktion der Sexualität ist – und das sind die Fortpflanzung und alle damit verbundenen Aktivitäten. Tatsache ist, daß man keinen Körper ohne Verhalten haben kann und kein Verhalten ohne Körper. Und das Gehirn ist ganz einfach ein Teil des Körpers – in Wahrheit vielleicht sogar der wichtigste, weil es die verschiedenen Verhaltensweisen, die ein Individuum durchlebt, kontrolliert, organisiert und interpretiert. Ich würde daher sagen, man sollte vernünftigerweise von der Annahme ausgehen, daß gerade deshalb, weil Männer und Frauen körperlich verschieden sind, sie auch in ihrem Verhalten vieles anders machen – zum Beispiel in der Fortpflanzung. Und daß es auch Unterschiede in ihrem Denken gibt. Es würde überhaupt keinen Sinn ergeben, einen Körper zu haben, dessen Denkleistung unabhängig von seinem Agieren wäre. Schließlich hat sich das Gehirn ursprünglich entwickelt, um zu agieren und nicht um zu denken.«[6]

Vielleicht muß man den Begriff der Biologie noch viel weiter fassen als bisher.

Liebe geht durch die Nase

Bisher ist die Wissenschaft den Beweis schuldig geblieben, daß fehlende Sinnesreize dramatische Veränderungen in der Biologie eines Geschöpfes herbeiführen können. Die Psychologin Ceilia Moore von der University of Massachusetts in Boston ist aber kürzlich bei ihren Experimenten an Ratten auf erstaunliche Zusammenhänge gestoßen. Sie stellte fest, daß männliche Ratten nur dann in der Lage sind, sich fortzupflanzen, wenn sie als Babys von ihrer Mutter ausreichend geleckt wurden.

Abb. 15

Kann denn die sinnliche Berührung durch eine Mutter wirklich etwas mit einer körperlichen Funktion zu tun haben – etwas mit der Fähigkeit zur Fortpflanzung? Dieser fundamentalen Frage versuchte Ceilia Moore näher auf den Grund zu gehen. Sie erweiterte deshalb die Versuchsreihe mit ihren freundlichen Nagetieren um ein paar aufsehenerregende Experimente: Rattenmütter lecken die

Genitalregion ihrer Babys. Die Jungen urinieren auf diesen Reiz, wobei sie die Beinchen nach hinten strecken, um der Mutter den Zugang zu erleichtern. Die Mutter macht das nicht nur, um das Nest in den ersten Wochen sauber zu halten, sie scheint auf das salzige Wasser regelrecht Appetit zu haben. Doch Moore fiel noch etwas anderes auf. Die männlichen Babys wurden viel häufiger und viel intensiver geleckt als die weiblichen.

Die Mutter erkennt offenbar schon bei der Geburt, welches Junge ein Männchen und welches ein Weibchen ist. Das liegt an den Duftdrüsen im Genitalbereich. Das Testosteron der männlichen Jungen verleiht ihnen einen charakteristischen Geruch, der die Mutter zu häufigerem und intensiverem Lecken anregen dürfte.[7]

Die genaue Untersuchung der Nerven rund um die Geschlechtsorgane erwachsener Ratten ergab deutliche Unterschiede zwischen Männchen und Weibchen: Der Durchmesser des versorgenden Nervenstrangs war bei den Männchen dreimal so groß wie bei den Weibchen. Lag das nur an den Genen oder Hormonen – oder auch an der unterschiedlichen Stimulation durch die Mutter?

Um das herauszufinden, besprühte Ceilia Moore die Rattenkäfige mit Parfum. Dadurch wurde der Geruchssinn der Rattenmütter betäubt. Tatsächlich konnten sie daraufhin das Geschlecht ihrer Jungen nicht mehr am Geruch erkennen und leckten die männlichen und die weiblichen Babys gleich häufig. Das heißt: die Männchen mußten ein schweres Defizit an mütterlicher Zuwendung in Kauf nehmen. Die Auswirkungen, die Ceilia Moore später im Verhalten der erwachsenen Tiere feststellte, waren dramatisch: Die männlichen Ratten, die seltener geleckt worden waren, waren in ihrem Sexualverhalten schwer gestört. Sie versuchten sich zwar wie die anderen Männchen mit Weibchen zu paaren, allerdings mit wesentlich weniger Erfolg. Vor allem das Timing des Eindringens in das Weibchen und das Ejakulieren wollte bei ihnen nicht so gut gelingen wie bei jenen Männchen, die in ihrer Jugend ausreichend geleckt worden waren.[8]

Was macht das Rattenkind zum Rattenmann?

Ceilia Moore beschloß, die betroffenen Rattenmännchen nach deren Tod genauer zu untersuchen. Sie wollte wissen, ob sich eine handfeste biologische Ursache für die Unfähigkeit, sich fortzupflanzen, finden würde. Als sie jene Zellen im Rückenmark, die zu den Geschlechtsorganen führen, unter dem Mikroskop betrachtete, machte sie eine erstaunliche Entdeckung: Die Nervenzellen all jener weniger geleckten Männchen waren unterdurchschnittlich entwickelt, um nicht zu sagen, verkümmert.[9]

Wer hätte bis vor kurzem gedacht, daß ein Quentchen weniger an mütterlicher Zuwendung eine so schwerwiegende, irreparable Fehlentwicklung zur Folge haben würde?

Ceilia Moore gingen noch weitere Fragen durch den Kopf: Ist es die mütterliche Zuwendung, die ein männliches Rattenkind zum Rattenmann macht? Und welche Rolle spielen dann die Hormone?

Die Forscherin machte einen weiteren Versuch. Sie ließ weiblichen Rattenbabys mit Hilfe eines feinen Bürstchens dieselbe Behandlung angedeihen, die ihre Brüder dank ihres anregenderen Geruchs von der Mutter bekamen. Um einem Irrtum vorzubeugen, bürstete sie eine Gruppe von weiblichen Rattenbabys in der Genitalregion und eine weitere an der Schulter. Die Weibchen, die in der Genitalregion häufig gebürstet worden waren, wirkten als Erwachsene in ihrem Sexualverhalten männlicher als die Weibchen der Vergleichsgruppe. Die Weibchen, die nur an der Schulter gebürstet worden waren, entwickelten sich zu normalen Rattenweibchen.

»Was wir vor allem aus diesen Beobachtungen lernen können«, sagt Ceilia Moore, »ist, daß das soziale Umfeld selbst einer Ratte schon von Geburt an sehr unterschiedlich sein kann, je nachdem, welchem Geschlecht sie angehört.«[10] Aufgrund ihres Geruchs erhalten Männchen mehr Zuwendung von der Mutter als Weibchen. Die Hormone schaffen zwar die Ausgangsbasis für die Geschlechterentwicklung, doch das Programm ist auf die Perfektionierung durch die Umwelt angewiesen.

Der Zug fährt ab

Von allen Lebewesen ist die Entwicklung des Menschen als eines der kompliziertesten Geschöpfe auf dem Planeten am meisten vom Einfluß der Gesellschaft abhängig. Das bedeutet sowohl Chance als auch Risiko: Der Mensch ist einerseits lernfähiger, andererseits aber auch abhängiger von einem genauen Zeitplan. Das heißt, er braucht ganz bestimmte Reize zu ganz bestimmten Zeiten. Das ist wie ein Trapezakt ohne Netz, denn es gibt kein Notprogramm für den Fall, daß alle Stricke reißen. In die Sprache der Biologen übersetzt heißt das: Es existiert kein angeborenes Verhaltensprogramm, das automatisch losfährt, wenn das soziale Umfeld versagt. Deshalb gibt es unzählige Möglichkeiten, wie die Entwicklung eines Menschenkindes auf dem Weg zum Erwachsenen fehlgehen kann.

Gibt es beim Menschen, ebenso wie bei den Ratten, von Geburt an subtile Unterschiede in der Art, wie neugeborene Knaben und Mädchen behandelt werden? Sind diese Unterschiede genauso wichtig für die gesunde Entwicklung zum Mann oder zur Frau wie bei der Ratte? Und ist es überhaupt zulässig, vom primitiven Nagetier auf das hochkomplizierte Wesen Homo sapiens zu schließen?

»Ich bin nicht sicher, ob Jungen mehr Aufmerksamkeit

von ihren Eltern brauchen und bekommen als Mädchen – das ist ein großer Sprung«, überlegt Ceilia Moore die mögliche Bedeutung ihrer Rattenexperimente für die menschliche Entwicklung. »Aber Menschen können das Geschlecht ihrer Kinder ebenfalls sofort nach der Geburt unterscheiden, manche sogar schon vorher. Und vielleicht gibt es bereits hier einen gewissen Unterschied, wie sie behandelt werden, ohne daß es den Eltern überhaupt bewußt ist. Und diese Unterschiede können das sich entwikkelnde System eines jungen Körpers in einer Weise beeinflussen, die wir noch nie zuvor bedacht haben.«

Jedenfalls, meint Ceilia Moore, sei es höchste Zeit, den Begriff der Biologie neu zu definieren und ihn auszuweiten.

»Unsere natürliche Ausstattung hat für eine Reihe von gesellschaftlichen Einflüssen gesorgt«, erklärt Ceilia Moore, »genauso wie die Biologie der Ratten dafür sorgt, daß sich die Mutter dem männlichen Jungen intensiver zuwendet als dem weiblichen. Das ist Teil ihrer Biologie, wie es Teil ihrer Psychologie ist und Teil ihres sozialen Umfelds.«

Die Haubenköche des Lebens

Erst allmählich beginnt die Wissenschaft herauszufinden, wie eng die biologische Grundausstattung des Menschen mit dem sozialen Lernen zusammenhängt. Wie beim Kochen müssen die Zutaten in der richtigen Menge, zu einem bestimmten Zeitpunkt und in der entsprechenden Reihenfolge zusammengefügt werden. Deshalb lernen wir, was Geborgenheit, was Sprache und was Sexualität ist, zu unterschiedlichen Zeiten im Leben und in eben dieser Reihenfolge.[11]

Die tragischen Fälle von Kindern wie Genie, die ohne soziales Umfeld aufwachsen mußten, haben die Wissenschaftler erstmals darauf aufmerksam gemacht, daß ab einem gewissen Alter der Zug für bestimmte Lernvorgänge unwiderruflich abgefahren ist. Der Grundstein für den Spracherwerb etwa muß zwischen dem zweiten und dem vierten Lebensjahr gelegt werden.[12] Wenn ein Kind in dieser Zeit sprachlich nicht gefördert wird, hat es keine Chance, jemals richtig sprechen zu lernen.

Die Lernphasen des Menschen sind genetisch vorprogrammiert. Das ist der biologische Beitrag zu unserer Ausstattung. Ähnlich wie ein Videorekorder, der auf eine bestimmte Zeit und ein bestimmtes Programm eingestellt ist, schaltet sich das Lernprogramm automatisch ein. Bei einer Sendestörung ist dann eben nur Geflimmer auf dem Band zu sehen. Fängt der Film später an, ist das Ende nicht mehr drauf und so weiter. Der Input ist der Beitrag der Umwelt. Deshalb kann der Mensch entweder mehrere Sprachen grammatikalisch und phonetisch perfekt erlernen oder gar keine – je nachdem, was ihm seine Umgebung zwischen seinem zweiten und seinem sechsten Lebensjahr angeboten hat.

Der heranwachsende Mensch muß lernen, mit seinem Körper umzugehen. Nicht nur das Laufen muß gelernt, auch die Sinneseindrücke müssen richtig verarbeitet werden. Alles, was Augen sehen, Ohren hören, Zungen schmecken, Nasen riechen und Finger ertasten, ist interpretationsbedürftig. Das Kind muß sich die Welt, in der es zurechtkommen soll, erst allmählich durch Be-Greifen erarbeiten. Doch auch die Signale, die aus dem Körperinneren kommen, müssen erst verstanden werden, bevor das Kind richtig darauf reagieren kann.[13]

Ein Säugling kennt nur zwei verschiedene Gefühle: angenehm und unangenehm. Sein Gehirn funktioniert, ähnlich einem Computer, nach dem binären System, das nur zwei Zeichen kennt: 1 und 0 oder ja und nein. Selbst wenn der Säugling sprechen könnte, wäre es ihm nicht möglich zu sagen, was ihm fehlt. Er weint, und die Mutter versucht allerhand, um ihm seine Situation wieder erträglich zu machen. So lernt das Baby langsam Gefühle wie Hunger, Durst, Bauchweh, Angst, Hitze, Kälte, Nässe, grelles Licht, Langeweile und Einsamkeit zu unterscheiden. Es lernt, wie die Mutter auf seine unterschiedlichen Gefühle reagiert, und was es selbst tun kann, damit es wieder besser wird. Nur dann kann es selbst einmal seine Empfindungen richtig einordnen. Von Kindern wie Genie wurde wiederholt berichtet, daß sie weder Hitze- noch Kälteempfindungen kannten. Da niemand da war, der sie bei kaltem Wetter wärmer angezogen hätte, wußten sie später mit der Empfindung »kalt« nichts anzufangen.

Außen und Innen – die eingeschworene Gemeinschaft

Das Gehirn und sein Körper: beide aufeinander angewiesen, beide untrennbar miteinander verbunden; auch und vor allem dort, wo der Mensch angeblich allen anderen Lebewesen überlegen ist – bei den Gefühlen.

Emotionen kommen durch eine Wechselwirkung von Geist und Körper zustande. Körperempfindungen können ebenso Gefühle hervorrufen, wie rationale Überlegungen. Gedanken lassen Gefühle entstehen, die ihrerseits wieder auf die Chemie des Körpers rückwirken.

Die Medizin versteht erst seit diesem Jahrhundert, daß körperliche Krankheiten eine psychische Ursache haben, das heißt »psychosomatisch« sein können. Wenn ein Mensch viele Enttäuschungen und Kränkungen hinnehmen mußte, kann sich dieser Zustand auf den Magen schlagen. Er entwickelt Magengeschwüre, Gallen- oder Herzbeschwerden, die auch nur dann heilbar sind, wenn man die Ursache und nicht nur die Symptome bekämpft. Heute wird selbstverständlich anerkannt, daß psychische

Krankheiten, wie die Depression, nicht notwendigerweise im Kopf entstehen müssen, sondern ganz handfeste körperliche Ursachen haben können.

Wie wichtig körperliche Empfindungen für die Entstehung der Gefühle sind, zeigen Studien an Querschnittgelähmten. Je nachdem, in welchem Abschnitt die Wirbelsäule verletzt ist, fällt das Körpergefühl aus. Ist die Halswirbelsäule betroffen, wird gar kein Körpergefühl mehr wahrgenommen. Die betroffenen Patienten berichteten über einen eigenartigen Vorgang in ihrem Gefühlsleben: Sie bemerkten, daß sie zunehmend emotionslos wurden. Sie konnten sich zwar erinnern, wie es sich früher angefühlt hatte, von heftigen Gefühlen übermannt zu werden, doch in ihrem Zustand schienen derartige Erlebnisse wie weggeblasen.[14]

So wie es eine Wechselbeziehung zwischen Körper und Seele gibt, findet sich eine Verzahnung zwischen Biologie und Umwelt, die bei näherer Betrachtung einen unentwirrbaren Filz darstellt. Die Gene des Menschen legen den Grundstein für sein Geschlecht, die Hormone differenzieren sein Gewebe, von Hoden und Eierstöcken, vom Knochenbau und Muskelgewebe bis zum Gehirn. Die Körperküche wirkt in Form von Stimmungen und Emotionen auf die »vernünftigen« Überlegungen, und diese rühren ihrerseits wieder kräftig im Kochtopf um.

Meistens verlaufen diese hochkomplexen Prozesse in unserem Körper in Form von Regelkreisen. Eine Gegebenheit setzt die nächste in Gang und wirkt damit wieder auf die ursprüngliche Gegebenheit zurück und so weiter. Dieser Effekt macht sich von der einfachen chemischen Reaktion bis zu den kompliziertesten Verhaltensweisen bemerkbar, wie das folgende Beispiel zeigt: Das männliche Geschlechtshormon Testosteron ist die Voraussetzung dafür, daß sich ein kräftiger Knochenbau bilden kann.

Ein kräftiger Knochenbau ist die Grundlage für eine

kräftige Muskulatur. Die Benützung dieser Muskulatur führt einerseits zur Kräftigung des Knochenbaus. Andererseits bringt ein trainierter Körper hohes Prestige innerhalb der Burschengruppe. Das höhere Ansehen – ein hoher Rang – wirkt sich positiv auf den Testosteronspiegel aus, der seinerseits wieder die Aggressivität erhöht, die wiederum das Selbstwertgefühl hebt. Die verstärkte Bereitschaft, aggressiv zu reagieren, gepaart mit hoher Selbsteinschätzung führt dazu, daß ein junger Mann sich körperlich in der Gruppe durchzusetzen versucht. Beim Raufen oder im spielerischen Wettkampf werden wieder Knochen und Muskeln gestählt und so weiter.

Die Möglichkeiten der Wechselwirkungen werden unübersichtlich. Biologie und Umwelt sind ein Wirkungsgefüge, das – einmal in Gang gesetzt – nicht mehr auseinanderzuhalten ist. Eines ist Ursache des nächsten und wird durch seine Wirkung wiederum beeinflußt.[15]

Wenn schon die Organe und die Chemie des Körpers miteinander in Wechselwirkung treten, um wieviel komplizierter wird die Sache erst, wenn die Gesellschaft ins Spiel kommt? Die Erwartungshaltung der Umwelt hat einen entscheidenden Einfluß auf die Entwicklung eines Menschen – je jünger, das heißt je unverbildeter ein Kind ist, desto größer ist die Wirkung.

Als wäre nicht alles bisherige schon kompliziert genug, erfährt die Entwicklung des Menschen noch eine weitere Verflechtung: In einer so differenzierten Gesellschaft wie der unseren muß der einzelne gewissermaßen »kompatibel« sein. Er muß dazupassen, sonst wird er ausgestoßen. Aus diesem Grund bietet die Gesellschaft ihren Mitgliedern stereotype Rollenklischees an, deren Einhaltung sie unerbittlich überwacht.

STRAMMER JUNGE, BRAVES MÄDCHEN

Ein langes Rollwagerl rattert über den Gang der Neugeborenenstation – die Mütter bekommen ihre Babys in der Früh zum Stillen aufs Zimmer geliefert. Fein säuberlich geschlichtet liegen sie, eines neben dem anderen. Manche haben wilde schwarze Wuschelköpfchen, andere nur einen zarten Flaum. Gesichtchen und Händchen sind winzig und rosig. Sie schlafen und sind ganz friedlich. Sie sind vor wenigen Stunden erst auf die Welt gekommen und noch recht erschöpft von ihrem ersten großen Auftritt.

An ihren kleinen Handgelenken sind Plastikbändchen befestigt. Das genaue Datum der Geburt und der Nachnamen ihrer Eltern stehen drauf. Sie sollen nicht verwechselt werden. Aber noch etwas macht sie unverwechselbar: die Farbe der Bändchen: rosa und hellblau. Wie selbstverständlich sind die kleinen Päckchen bereits etikettiert, als ob sie der Postbote schon vorsortiert hätte für eine unterschiedliche Zukunft.

Die Mütter stehen am Gang herum und warten auf den »Badekurs«. Auch sie tragen Armbändchen. Meines ist rosa. Die Frau neben mir trägt blau. Sie hat einen Sohn geboren, ich eine Tochter. Eine Frau trägt zwei Bändchen. Ein hellblaues und ein rosa. Die Krankenschwester reicht ihr ein Baby. »Und welches ist das jetzt, der Junge oder das Mädchen?« fragt die Mutter. Das sieht man doch, denken die Umstehenden, es hat doch ein blaues Bändchen!

Da leben wir nun in einer verhältnismäßig liberalen Gesellschaft, so hofft man jedenfalls, in der Jungen und Mädchen die gleichen Chancen haben sollen, nur damit wir von der Stunde unserer Geburt an punziert und in ein Rollenkorsett gezwängt werden, aus dem wir uns ein Leben lang nicht mehr befreien können?

Mit dem Ruf der Hebamme »Es ist ein Junge!« oder

»Gratuliere, Sie haben ein Mädchen!« ist das Schicksal schon besiegelt. Dabei sollten doch beiden Geschlechtern alle Lebenswege offengehalten werden. Jedenfalls nehmen sich das die meisten frischgebackenen Mütter und Väter für ihre Kinder vor. Doch irgend etwas scheint immer wieder schiefzugehen, denn früher oder später entwickeln sich die heranwachsenden Kinder hartnäckig zu typischen Jungen und zu typischen Mädchen.

Hier entlang, bitte!

Auf leisen Sohlen schleichen sich ungebetene Störfrequenzen in die Harmonie der besten Erziehungsabsichten. Ohne es zu wollen oder zu bemerken, machen sich Eltern, oft schon vor der Geburt ihres Kindes, zu Handlangern des Klischeeprägstocks – dieser machtvollen, unsichtbaren Maschinerie, die Kinder nicht einfach Kinder sein läßt, sondern sie immer auf die eine oder die andere Vorlage zurechttrimmt. »Weißt du schon, was es wird?« ist die häufigste Frage an eine werdende Mutter. Die Verwandtschaft lauert schon ungeduldig, um endlich das Strampelhöschen in der richtigen Farbe kaufen zu können. Mutter und Vater diskutieren die Alternativen. Papa in spe möchte lieber einen Jungen, mit dem er sich auf dem Fußballplatz austoben kann, Mama in spe möchte lieber ein Mädchen – das kann man so süß anziehen und frisieren.

Lediglich zwei unterschiedliche Geleise hält die Gesellschaft für ihre neuen Miglieder bereit – nicht mehr. Dazwischen scheint es nichts zu geben.

Die Verwandtschaft trägt als erstes dazu bei, daß der rechte Weg nicht verfehlt wird. Nachdem die Grundorientierung mit rosa und hellblauem Etikett stattgefunden hat, wird geschlechtertypisches Spielzeug geschenkt. Autos oder Eisenbahnen für den kleinen Jungen und Puppen für das kleine Mädchen. Kein Wunder, daß es später immer heißen wird, das ist typisch Mädchen und das ist typisch Junge. Dabei haben die zarten, unfertigen Geschöpfe nicht einmal den Hauch einer Chance, sich gegen die Lawine von Vorurteilen zu wehren, die bereits so früh und unerbittlich über sie und ihre Individualität hereinbricht. Wie sehr selbst aufgeklärte Erwachsene in diesem stupiden Rollendenken verhaftet sind, zeigt eine mittlerweile legendäre Testreihe von Laura Sidorovics und Lunney Sparks über die unsichtbare Macht der Rollenklischees.

Püppchen und Bauklötze

«Baby-X revisited« hieß das Experiment, dessen Titel eine zweideutige Anspielung enthält: »revisited« bedeutet wörtlich »wieder besucht werden«, im übertragenen Sinn heißt es »neu überdacht werden«. Und genau das hatten die Forscher mit Baby-X im Sinn, als sie Männer und Frauen baten, jeweils mit einem Krabbelkind zu spielen. Die Babys wurden mit immer neuen Erwachsenen konfroniert, und deren Reaktion auf die Babys genau beobachtet. Der Versuchsraum war voll von Spielsachen unterschiedlichster Art: darunter Stofftiere, Püppchen, Bauklötze und Bälle. Jede Versuchsperson sollte über einen bestimmten Zeitraum mit dem Kind alleine spielen. Vorher verriet der Versuchsleiter der Testperson noch das Geschlecht des Kindes. Und hier begann der Spaß: Ein und dasselbe Wickelkind wurde einmal als süßes Mädchen und dann wieder als putziges »kleines Kerlchen« ausgegeben. Da alle Babys Strampelanzüge trugen, konnten die Versuchspersonen beim besten Willen nicht erkennen, ob die Geschlechtsangabe des Versuchsleiters korrekt war. Und da sie den Zweck der Studie nicht kannten, hatten sie auch keinen Grund, daran zu zweifeln. Was geschah?

Es kam, wie es kommen mußte: Den Kindern, die als Mädchen ausgewiesen worden waren, reichten die nichtsahnenden Erwachsenen fast immer eine Puppe zum Spielen, während sie die vermeintlichen Knaben häufiger mit dem Ball oder den Bauklötzen zu begeistern versuchten. Die meisten Versuchspersonen tappten in die Falle: Sowohl Frauen als auch Männer neigten im gleichen Ausmaß dazu, ihrem winzigen Gegenüber geschlechtertypisches Spielzeug anzubieten, obwohl man davon ausgehen kann, daß der Anreiz dazu sicherlich nicht von den Babys kam.

Besonders die männlichen Versuchspersonen erwiesen sich als traditionsverhaftet. Sie gaben den vermeintlichen Mädchen fast nie Bauklötze in die Hand und kein einziges Mal den Ball.[1] Die Studie beweist, daß Erwachsene der Versuchung, Jungen und Mädchen unterschiedlich zu behandeln, offenbar nicht widerstehen können. Doch es scheint, als wären noch andere versteckte Kräfte am Werk, die die Rollen der Geschlechter festigen.

Programmierung ohne Ausweg?

Kaum dem hellblauen oder rosa Strampelanzug entwachsen, werden die Kinder absorbiert von der Welt der Märchen. Gute Feen und grimmige Räuber, zarte Prinzessinnen und tapfere Prinzen drücken den kleinen Gemütern ihren Stempel auf. Schneewittchen, Aschenputtel und Dornröschen, sie alle erleiden Schlimmes, bis endlich das höchste Lebensglück eintrifft: ein Prinz, der sie ehelicht.[2] Wen sollte es da wundern, wenn manche erwachsene Frau noch davon träumt, von ihrem Helden auf einem weißen Pferd entführt zu werden? Was davon ist Gehirnwäsche und was unsere Natur? Wieviel davon steckt wirklich tief in uns drinnen, und wieviel wird uns nur eingeredet und aufgeschwatzt?

Ruben und Raquel Gur haben sich bei der Erziehung ihrer Kinder die größte Mühe gegeben, sie nicht in irgendwelche Klischees zu zwängen – im Gegenteil. Dennoch, wundert sich Ruben Gur, habe das, was man als geschlechtertypische Entwicklung bezeichnen könnte, bei ihren Kindern ganz von selbst eingesetzt. »Unsere Tochter interessierte sich von Anfang an für Puppen«, erinnert er sich, »obwohl wir uns alle Mühe gaben, sie nicht in ein Klischee zu pressen, und versuchten, sie für alle möglichen anderen Sachen zu begeistern. Und umgekehrt, als die Jungen auf die Welt kamen, versuchten wir ihr Interesse für Puppen zu wecken. Wir hatten ja noch eine ganze Kiste voll Puppen von unserer Tochter, doch sie zeigten nicht das geringste Interesse daran. Und so sehr wir uns auch bemühten, ihnen das Spielen mit Waffen abzugewöhnen, sie machten aus allem, was sie in die Finger bekamen, ein Gewehr. Und das ist wirklich – das kann ich Ihnen versichern – nicht etwas, was wir ihnen beigebracht haben. Und trotzdem taten sie es.«[3]

Aber warum? Gibt es etwa auch biologische Gründe dafür, daß Mädchen und Jungen, ohne das Zutun ihrer Eltern, so unterschiedliche Leidenschaften entwickeln?

Die frühen Opfer der Werbung

Der Spielzeugindustrie ist es egal, ob nun die Biologie oder die Gesellschaft die Interessen von Jungen und Mädchen in so verschiedene Richtungen lenkt. Sie gehorcht den Gesetzen des Marktes. Das heißt: Es gibt bereits irgendwelche unterschiedlichen Vorlieben und Neigungen, an denen die Spielzeughersteller ihre Produkte orientieren. Das, was sie auf den Markt bringen, beeinflußt wiederum die Entwicklung der Abnehmer – in dem Fall die Entwicklung der Knaben und Mädchen.

Action-Men

Barbie an ihrem Frisiertisch

Abb. 16

Dabei überhöhen die Spielzeughersteller die Unterschiede, bis es zwei völlig verschiedene Traum- und Phantasiewelten für Jungen und für Mädchen gibt. Auf der einen Seite »He-Man« und Konsorten mit brutalem Aussehen und tödlichem Waffenarsenal, auf der anderen Seite Barbie und ihr Freunde. Stupide Action auf der einen, dümmliche Lieblichkeit auf der anderen Seite.

So wie Ruben und Raquel Gur raufen sich viele Eltern verzweifelt die Haare, wenn ihr kleiner Junge ständig mit seiner »Laserpistole« um sich schießt. Genauso ringen sie die Hände, wenn sich ihr kleines Mädchen mit Schleifchen im Haar und Rüschenkleidchen kokett vor dem Spiegel dreht.

Auch die Hersteller von Computerspielen, einer relativ jungen Branche auf dem milliardenschweren Spielzeugmarkt, produzieren unterschiedliche Spiele für Mädchen und Jungen. Dazu haben ihre Entwicklungsabteilungen erforscht, wie sich die Spielinteressen der Geschlechter unterscheiden. Was sind die Vorlieben von Mädchen beziehungsweise von Jungen? Wie kann man Mädchen dazu animieren, auf dem Sektor der Computer Games ebenso brave Konsumenten zu werden wie Jungen?

Zugegeben: Das Game-Boy-Fieber hat bereits eine ganze Generation erfaßt – Jungen wie Mädchen gleichermaßen. Doch wenn man den Studien der Spielzeugindustrie trauen darf, ist der typische Game-Boy-Spieler männlich und zwischen 10 und 14 Jahre alt. Am liebsten mag er sich ständig wiederholende Handlungen, die dazu führen, daß man die nächste Ebene erreicht, Action wie Schießen, Laufen, Springen; er läßt sich gerne durch negative Kommentare des Systems herausfordern und schätzt Spiele mit zahlreichen klar definierten Regeln, Sieg durch Zweikampf und Matches, die erst aus sind, wenn einer gewinnt. Viele Burschen drehen auch den Ton ab, da die Musik die Konzentration stört.[4]

Mädchen stellen an ihre Lieblingsspiele ganz andere Anforderungen. Sie wollen Probleme lösen. In den Spielen sollen Geschichten und Menschen vorkommen, Gute und Böse, mit denen man sich identifizieren kann und mit denen man mit jedem Mal Spielen vertrauter wird. Deshalb schwärmen Mädchen für Fantasy-Games. Sie wollen auch von den Figuren lernen, wie man im Spiel weiterkommt, sie wünschen sich Lob vom System, wenn sie weiterkommen. Sie mögen Musik, weil sie zu ihrer Unterhaltung beiträgt. Sie bevorzugen weniger und einfachere Regeln, Sieg durch Kooperation und möchten aufhören, wenn es langweilig wird.

Mädchen kommen bei diesem Vergleich nicht gut weg. Sie sind weniger konzentrationsfähig, brauchen leichtere Regeln, müssen ermutigt werden, weiterzumachen und wetteifern nicht gerne mit anderen. Ob das nur an der friedfertigen Natur ihrer Hormone liegt? Oder sind da noch andere Mechanismen am Werk? Was ist überhaupt dran an dem weitverbreiteten Klischee vom wilden Jungen und vom sanften Mädchen?

«Es gibt darüber eine berühmte Studie von Eleanor Maccoby und ihren Kollegen in Stanford«, meint Ruben Gur, »bei der es darum ging herauszufinden, ob Knaben im Kindergarten tatsächlich dazu ermutigt werden, aggressiv zu sein, und Mädchen dazu angehalten werden, weniger aggressiv zu sein. Das genaue Gegenteil war richtig: Die Knaben wurden viel häufiger als die Mädchen für aggressives Verhalten bestraft. Dafür waren die Kindergärtnerinnen begeistert, wenn ein Mädchen einmal etwas aggressiver war. Dennoch blieben die Knaben insgesamt aggressiver und die Mädchen weniger aggressiv.«

Ein Klischee ist ein Klischee ist ein Klischee ist ...

Allerdings räumt diese Studie mit anderen beliebten Klischees auf. Die Psychologin Eleanor Maccoby fand beispielsweise heraus, daß Mädchen keinesfalls, wie immer noch hartnäckig behauptet wird, weniger Selbstvertrauen haben als Jungen. Ihre Befragungen ergaben, daß Mädchen mindestens ebenso zufrieden mit sich sind wie Jungen. Es sei zwar richtig, daß sich Burschen in der Schule oft mehr zutrauen als ihre Kameradinnen, doch das scheine dem Selbstvertrauen der Mädchen keinen Abbruch zu tun. Die geringere Selbstachtung, die Mädchen häufig angedichtet wird, spiegle wohl – so traurig es sei – die Meinung der Gesellschaft wider.[5]

Wie schwer es ein Mädchen haben kann, das den gängigen Klischeevorstellungen nicht entspricht, hat Ruben Gurs Tochter am eigenen Leib erfahren. Hatte sie als Kind noch wie ein braves Mädchen mit Puppen gespielt, entwickelte sie sich als Teenager unverhofft zu einem Mathematiktalent. Das hätte sie nicht tun sollen, denn der Weg dorthin erwies sich als steinig und voller Enttäuschungen. »Meine Tochter ist als eines von nur fünf Mädchen in der High School in die Mathematik-Klasse für Fortgeschrittene aufgestiegen«, erzählt Ruben Gur stolz. »Aber immer wenn sie sehr gut war, dachten die Lehrer, sie hätte hart gearbeitet. Wenn ein Junge sehr gut war, hieß es, er wäre einfach hochbegabt. Und das war für sie ein harter Schlag, denn ich weiß selbst, daß sie nicht mehr und nicht weniger gelernt hat als der Nachbarjunge, der immer für hochbegabt gehalten wurde. Die Lehrer gingen wohl deshalb davon aus, daß sie mehr lernen mußte, weil sie in ihr die Frau sahen, die versucht, eine Rechenaufgabe zu lösen. Ich glaube, so etwas kann sehr entmutigend und frustrierend sein. Und ich denke, wir sollten uns bewußt werden, daß, obwohl es Unterschiede gibt, wir immer noch zur selben Art gehören und daß es jede Menge Überschneidungen gibt, bei allem, was wir tun.«

Wahrscheinlich, mutmaßt Ruben Gur, ist die Anerkennung der Umgebung nicht so sehr eine Frage der Leistung, als vielmehr eine Frage des Geschlechts.

Wer macht die Regeln?

Obwohl er mit seiner eigenen Tochter erlebt hat, wie ungerecht solche vorgefaßen Meinungen über Knaben und Mädchen sein können, will Ruben Gur nicht glauben, daß die Geschlechterrollen ausschließlich das Produkt und die Erfindung der Gesellschaft sind.

»Ich habe Schwierigkeiten das anzunehmen, denn wenn wir nur von der reinen Umwelttheorie ausgehen, dann muß irgend jemand mit viel Autorität – zu einer Zeit, aus der noch keine Aufzeichnungen existieren –, eine Reihe von Verhaltensstandards für Männer und eine Reihe von Verhaltensstandards für Frauen geschaffen haben. Und quer über den ganzen Globus, in allen Gesellschaften und in allen Kulturen, folgen wir blind diesem Diktat, von dem wir nicht einmal wissen, woher es kommt. Und selbst wenn es wider unsere Natur ist, unterwerfen wir unser Verhalten immer diesem Dogma und diesen gesellschaftlichen Regeln. Aber wer hat diese Regeln gemacht? Und warum? Ich glaube, es ist viel vernünftiger anzunehmen, daß es eine biologische Grundlage für das unterschiedliche Verhalten von Männern und Frauen gibt und daß auch die Biologie variabel ist: Daß sich einige Männer weniger typisch für ihr Geschlecht verhalten als andere und daß einige Frauen sich – sagen wir – maskuliner verhalten als andere. Ich glaube natürlich, daß die Gesellschaft diese Leute stärker unter Druck setzt, sich dem gängigen Rollenverhalten ihrer Geschlechtsgenossen anzuschließen. Aber ich glaube auch, daß alle Indizien – Verhalten und Biologie – dafür sprechen, daß die Geschlechtsunterschiede biologisch bedingt sind. Was die Umwelt tun kann, ist, einige rauhe Kanten und Ecken abzuschleifen und die einzelnen Personen, die zu sehr von den anderen abweichen, an den Rest anzugleichen.«

Dennoch strotzt die Vergangenheit vor Beispielen, wie sich Klischees und Geschlechterrollen ganz einfach aus gesellschaftspolitischen und ökonomischen Gegebenheiten entwickelt haben.

»Hausfrau sein dagegen sehr«

In den fünfziger Jahren gingen hauptsächlich Männer einem Beruf nach, während Frauen wiederum zunehmend dem Bild vom Heimchen am Herd entsprechen sollten. Das war natürlich nicht die Rolle, die ihnen die Natur zugedacht hat, sondern zum guten Teil eine Folge der aufstrebenden Jahre des Wiederaufbaus. Während die Männer den Lebensunterhalt verdienten, lernten Frauen, den Haushalt so sparsam und ökonomisch wie möglich zu führen.

Eine Fernsehsendung des ORF hat dieser Ära ein Denkmal gesetzt. »Hausfrau sein dagegen sehr« – so hieß das Programm – präsentierte einen »Haushaltsexperten« mit dem Namen Waldemar. Neben ihm saß ein blondes, hausbackenes Dummerchen, das nur ab und zu mit den Kulleraugen rollte, während es seinen Ausführungen über die richtige Wahl des Staubsaugers lauschte. Selten unterbrach sie mit den Worten »Also jetzt habe ich so viel Neues gehört, jetzt muß ich das erst einmal verarbeiten!« Waldemar lächelte dazu mit milder Nachsicht und verkündete vor dem Ende der Sendung für die gedächtnisschwachen

Dummerchen zu Hause noch schnell eine Goldene Regel zum Mitschreiben. Über die Verträglichkeit von Teppichtyp und Staubsaugerbürste etwa sagte er mit Kennermiene: »Harte Düsen auf weiche Oberflächen, und weiche Düsen auf harte Oberflächen.« Zum Abschied gab es dann immer eine liebenswürdige Geste der Unterwürfigkeit von Seiten des Hausmütterchens: »Ach Waldemar, sagen Sie doch unseren Zuseherinnen auf Wiedersehen. Ich bin ja nicht so redegewandt wie Sie!« Man könnte sagen, da war die Männerwelt noch in Ordnung, denn Waldemar strahlte jene Selbstsicherheit aus, die nur jemand besitzt, der um seine Unentbehrlichkeit weiß.

Heute, fast fünfzig Jahre später, kann man darüber nur lachen. Jeder weiß, daß Männer keine geborenen »Experten« und Frauen keine geborenen »Tschapperln« sind – selbst wenn sich das eine oder andere geknickte Männer-Ego die fünfziger Jahre wieder sehnlichst herbeiwünschte.

Zum Abwaschen, und spätestens jetzt sollten es alle wissen, braucht man weder Eierstöcke noch Östrogen. Und trotzdem: Obwohl es keine biologische Grundlage gibt, die Frauen für die Hausarbeit prädestinieren würde, und die Wirtschaftslage heute eine völlig andere ist als in den fünfziger Jahren, zeigen Aktionen wie »Halbe-Halbe«, wie hartnäckig sich dieses Klischee des Hausmütterchens gehalten hat.[6] Dabei, wer weiß, vielleicht würde ein wenig draufgängerisches Testosteron beim Staubsaugen sogar einen gewissen Vorteil bringen.

Allmählich scheinen sich die starren Rollenbilder gnädig aufzuweichen. Frauen haben sich bereits in fast allen traditionellen Männerberufen etabliert. Es gibt Primarärztinnen, Fernfahrerinnen, Politikerinnen, Kamerafrauen, Kampfpilotinnen, Soldatinnen und weibliche Generäle, Stierkämpferinnen, Schachgroßmeisterinnen, Extrembergsteigerinnen, Haubenköchinnen und so weiter.

Im Namen Ihrer Majestät

Hollywoods Filmindustrie ist ein sensibles Barometer für solche gesellschaftlichen Veränderungen. Eine unerschöpfliche Quelle für Sexismen und Frauenfeindlichkeit waren Albert Broccolis James-Bond-Filme. Schön-Sein war das einzige, was Frauen dort erlaubt war. Der Agent mit der Lizenz zum Grapschen ging ihnen allen an die Wäsche, spielte mit ihren Gefühlen und benützte ihre Hingabe und Aufopferung für seine Missionen. Warum wir ausgerechnet das abgedroschene Beispiel des frauenverachtenden britischen Geheimagenten bemühen, wo es doch keinen Mangel an Rambos, Rockys oder Conans gibt, die Frauen zu hysterischen Nervenbündeln am Rande des Geschehens und des Nervenzusammenbruchs degradieren? Ganz einfach: Weil diese Agentenfilme eine bemerkenswerte Metamorphose durchlaufen haben. Die Figur des James Bond ist seit dem ersten Streifen im Jahr 1962 unverändert geblieben – ältestes, unverfälschtes Macho-Urgestein bis zum heutigen Tag. Nur seine Partnerinnen sind nicht wiederzuerkennen. Die liebestrunkenen, willigen Schmusekätzchen haben einem völlig neuen Frauentyp an Bonds Seite Platz gemacht. Und so muß sich der 007 der neuziger Jahre, Pierce Brosnan, neuerdings nicht nur von seiner scharfzüngigen Chefin ein »altes Machofossil« heißen lassen. Es fällt auch auf, daß er mit seinen selbstsicheren, starken, schlauen, mitunter unberechenbaren Partnerinnen ein wesentlich schwereres Leben hat als noch seine Vorgänger, Roger Moore und Sean Connery. Daß ausgerechnet die letzten Filme von Broccolis Tochter Barbara produziert wurden, könnte freilich auch purer Zufall sein.

An der großen Masse der billigen C- und D-Movies ist eine solche Entwicklung allerdings bisher spurlos vorübergegangen. Nirgendwo ist die Welt der Männer und Frauen so unterschiedlich wie in diesen Kinofilmen. Der rauhbeinige Westernheld, Matrose, Soldat, Outlaw oder Cop muß haarsträubende Abenteuer bestehen, deren Gefährlichkeit dadurch betont wird, daß eine Frau, wohlfrisiert, adrett und sexy, gellend dazu kreischt. Frauen sind dabei häufig nur die Staffage, die Verbrämung der adrenalintriefenden Männerwelt. Sie sind dazu da, die Hände vors Gesicht zu schlagen, in Ohnmacht zu fallen, in Gefahr zu geraten und um Hilfe zu rufen. Wenn Weib und Kind tot sind, legt der Held erst richtig los. Da wird gedroschen, geschossen, gesprengt und gestorben, daß es eine Freude ist. Am Schluß ist der Held allein und einsam. Das ist eben die große Befriedigung des echten Mannes.

Dabei fragt man sich oft, warum die Frau in diesen Filmen gar so dümmlich agieren muß – warum sie nicht einmal versuchen darf, an der Seite des Helden in das Geschehen einzugreifen, warum sie sich vor einem winzigen Messerchen angstvoll winden muß, anstatt dem schmächtigen Wicht, der sie bedroht, einmal ordentlich zwischen die Beine zu treten. Wollen die Frauen denn selber so passiv sein? Oder ist es doch der Wunsch der Männer?

Mit den Waffen einer Frau?

Anläßlich der Diskussion um Frauenparkplätze in öffentlichen Tiefgaragen, die besser beleuchtet und näher beim Ausgang liegen sollten, wurden Frauen auf der Straße befragt, was sie täten, wenn sie überfallen würden. Das Ergebnis war erschreckend: Die meisten sagten, sie würden nur um Hilfe rufen. Ganz Unsichere meinten, sie würden sich zuerst umsehen, um sicherzugehen, daß auch wirklich jemand in der Nähe sei, der ihre Hilferufe hören könne. Wenigen mutigeren Damen kam der Gedanke wegzulaufen, und nur eine einzige sagte, sie würde sich mit körperlicher Kraft zur Wehr setzen. Dabei war sie nicht die einzige gut gewachsene, kräftige Frau unter den Befragten. Auch die anderen sahen nicht aus, als müßten sie im Notfall völlig hilflos agieren.[7]

Dennoch sagte keine, daß sie in Wut geraten und auf den Belästiger losgehen würde. Warum? Hat die Gehirnwäsche unzähliger verdummender Filme etwa ihre Wirkung getan? Ist die Frau tatsächlich immer auf die Hilfe des Mannes angewiesen?

Die Schutzbedürftigkeit der Frau manifestiert sich eindrucksvoll im Inneren der schummrigen Parkdecks: Die Frauenparkplätze, die es nun verdienstvollerweise gibt, sind von den Garagenbetreibern entweder mit bunten Blümchen verziert oder einem kugelrunden Auto mit Glupschaugen, langen Wimpern und einer riesigen rosa Schleife auf dem Dach. Die schlichte Aufschrift »Frauenparkplatz« hätte es wahrscheinlich auch getan.

Während Frauen, wie man sieht, in unserer Gesellschaft immer noch kämpfen müssen, um das Stigma des hilflosen Frauchens oder der unbezahlten Putzfrau loszuwerden, hat ein aufsehenerregendes gesellschaftliches Experiment die traditionelle Rolle der Frau in ein anderes Licht gerückt: der israelische Kibbuz.

Einmal Tel Aviv und zurück

Am Anfang dieser Sozialutopie stand die Idee, sich von den verstaubten bürgerlichen Werten abzuwenden, um die Gesellschaft völlig neu zu ordnen. Die Gründer der ersten israelischen Kibbuzim wollten die Gesellschaft der absoluten Gleichbehandlung einführen, das heißt auch die absolute Gleichberechtigung von Mann und Frau. Und das ist ihnen weitgehend gelungen.

Ungefähr 400 Mitglieder zählt ein Kibbuz, die alle für

das Wohl der Gemeinschaft arbeiten. Es gibt daher keine Löhne oder materiellen Güter im Sinne unserer Konsumgesellschaft. Wer einen Fernseher, Computer oder ein Fahrrad haben möchte, muß darum ansuchen, und bekommt es von der Gemeinschaft. Es ist eine gelebte Sozialutopie – fast zu schön, um wahr zu sein. Es gibt keine Armen und keine Reichen. Alle Mitglieder sind materiell gleichgestellt. Alle Berufe genießen das gleiche Ansehen. Es gibt keine minderen oder höher gestellten Tätigkeiten in dieser Gesellschaftsordnung. Hier gilt ein Arbeiter soviel wie ein Manager, eine Hausfrau soviel wie eine berufstätige Frau oder ein berufstätiger Mann.

Das Prinzip der Gleichwertigkeit bildet das Fundament, auf dem die konsequente Gleichbehandlung in diesem sozialen Gefüge aufbaut. Jeder arbeitet nach seinen Fähigkeiten und ißt und wohnt dafür umsonst. Auch die Alten und die Kinder werden von der Gemeinschaft betreut. Da niemand gezwungen wird, im Kibbuz zu bleiben, gibt es eigentlich nur zufriedene Mitglieder. Demokratie wird in dieser Form des Zusammenlebens hochgehalten.[8]

Um aber den Traum von der absoluten Gleichberechtigung zu verwirklichen, gab es ein Problem zu überwinden: Da die Frauen immer noch diejenigen waren, die die Babys zur Welt brachten, einigte sich die erste Generation von Kibbuzniks darauf, daß Frauen ihre Babys zwei bis sechs Wochen nach der Geburt in einem Kinderhaus abzugeben hätten. Das klingt vielleicht sehr grausam, Mütter so bald nach der Entbindung von ihren Säuglingen zu trennen, doch die erste Generation von Kibbuzniks lebte diese Philosophie voll Idealismus und Leidenschaft und wollte alles tun, um ihr zum Erfolg zu verhelfen.

Schließlich war dieser Schritt als eine Maßnahme zum Wohl der Frauen gedacht. Man wollte damit verhindern, daß die Frauen in ihrer Ausbildung hinter den Männern zurückbleiben und, so wie in unserer Gesellschaft, den

Wiedereinstieg ins Berufsleben nur schwer oder gar nicht schaffen. Außerdem entsprach es dem Prinzip der Gleichheit und Gleichberechtigung, die Kinder gemeinsam groß werden zu lassen, völlig gleichwertig und gleichgestellt.

Mädchen und Jungen wurden von den Betreuern so behandelt, als gäbe es keine Geschlechtsunterschiede: Sie schliefen, aßen, duschten und lernten zusammen und trugen sogar die gleiche Kleidung. Die Erzieher gaben sich alle Mühe, keinen Unterschied zwischen ihnen zu machen. Wichtig war nur ihre Funktion für das Kollektiv, alles andere, befürchteten sie, würde nur ablenken und sich störend auswirken.

Dieses außergewöhnliche Experiment lockte zwei Wissenschaftler an, die ihr Hauptaugenmerk auf die Rolle der Frau richteten. Sie wollten wissen, wie sie sich in einer Gesellschaft entwickelt, die frei von jeglicher Stigmatisierung der Geschlechter ist. Lionel Tiger und der israelische Soziologe Joseph Shepher, der selbst lange Zeit in einem Kibbuz gelebt hatte, investierten viele Jahre in ihre Untersuchungen und kamen letztlich zu einem ernüchternden Schluß: Trotz aller Bemühungen und der Tatsache, daß die Kinder mit den Idealen der Gleichberechtigung und Gleichbehandlung aufgewachsen waren, kamen in den Kibbuzim im Laufe der Generationen die verhaßten Rollenklischees allmählich wieder zum Vorschein.

Während der ersten zehn bis zwölf Jahre waren die Kinder mit der Gleichbehandlung zufrieden. Doch in der Pubertät kam es zu gröberen Problemen. Die Mädchen weigerten sich plötzlich, mit den Jungen zu duschen, zogen sich im Dunklen an und aus und entwickelten ein so großes Schamgefühl, daß schließlich auch die gemeinsamen Schlafräume abgeschafft werden mußten. In dieser Zeit standen Mädchen und Burschen einander unerwartet feindselig gegenüber.

Dann entspannte sich die Lage wieder etwas. Die jungen Frauen und Männer verbargen zwar ihre Körper nach wie vor voreinander, doch sie waren nicht mehr ganz so verkrampft. Mädchen und Burschen hatten gleich oft Sex – wenigstens ein Vorteil aus der sexuellen Gleichberechtigung im Kibbuz. Das unterscheidet sie sehr stark von den Jugendlichen in unserer Gesellschaft, wo Burschen häufiger sexuelle Kontakte haben als Mädchen.

Dennoch: In einigen Bereichen machten sich dieselben Unterschiede zwischen Mädchen und Burschen bemerkbar, wie in allen anderen Gesellschaften auch. Die Mädchen suchten in ihren Beziehungen Liebe und legten großen Wert auf intensive, aufrichtige Gefühle. Nicht so die Burschen. Selbst die Erziehung in völliger Gleichheit hatte diesen Unterschied nicht aufheben können.

Spieglein, Spieglein an der Wand

Die jungen Frauen führten wieder Kleider ein, Schmuck und Makeup. Sie wollten schön und attraktiv sein wie andere Frauen überall auf der Welt auch. Lionel Tiger sieht darin ein Signal der Stärke und der körperlichen Power und nicht – wie manche Feministinnen es gerne auslegen – die unreflektierte, von Männern diktierte Putzsucht.[9]

«Soll man etwa behaupten, daß dieses Verhalten das Ergebnis von Gehirnwäsche ist?« sinniert Lionel Tiger. »Sind all diese begabten Frauen dumm? Oder sollten wir nicht davon ausgehen, daß sie damit etwas über ihre eigene Realität aussagen, etwas, das mit ihrem Gefühl zu tun hat, körperliche Macht auszuüben dadurch, wie sie aussehen?«[10]

In der dritten Generation hatten sich sogar wieder typische »Frauenberufe« und »Männerberufe« herauskristallisiert. In der Landwirtschaft etwa kam auf sieben Männer nur eine Frau. Noch extremer war das Verhältnis in Berufen wie Tischlerei, Installationen oder Elektrotechnik. Dafür gab es fast ausschließlich Frauen in der Säuglingspflege oder als Volksschullehrerinnen.

Ob die Frauen diese Entwicklung als Rückschritt empfanden? Keineswegs, denn schließlich war sie selbst gewählt. Statt auf die Gleichheitsvision einigten sich die Kibbuzniks auf einen Gleichwertigkeits-Standpunkt. Auf diese Weise erreichten sie, daß Frauen und Männer ihren Neigungen nachgeben durften, ohne der ursprünglichen Idee des Kibbuz untreu zu werden.

»Ich denke«, sagt Lionel Tiger, »daß man Menschen erlauben sollte, das zu tun, was sie wollen. Unsere Kibbuz-Studie hat gezeigt, daß von den drei Generationen, die wir beobachtet haben, jede traditioneller geworden ist als die davor. Die Frauen hatten ihre Freiheit und waren wirtschaftlich gleichgestellt, aber sie entschieden sich für ihre Kinder. Obwohl die männliche Ideologie sagte: Das geht nicht, das ist moralisch nicht korrekt. Das ist eine sehr wichtige Lektion – und eine, die tief blicken läßt: Wenn man eine Art das tun läßt, was sie möchte, kann unter Umständen etwas völlig anderes herauskommen als das, was die Theorie oder Ideologie vorgesehen hat.«

Um diese Lektion auf unsere Gesellschaft auszuweiten, könnte man zu dem Schluß kommen, daß absolut nichts, was mit »Frau-Sein« zu tun hat, eine Benachteiligung sein muß. Auch in unserer Gesellschaft könnte man sich allmählich auf einen Gleichwertigkeitsstandpunkt einigen, ohne gleich wieder in stupide Klischees, Sexismus und Vorurteile zu verfallen. Vielleicht läßt sich die Lektion, die uns die Kibbuzim erteilen, auf eine ganz einfache Formel bringen: Wer Unterschieden mit Achtung und Wertschätzung begegnet, kann auf »Gleichheit« verzichten. Doch von diesem Ideal sind wir leider noch meilenweit entfernt.

Unsere urtümliche Ausstattung beschert uns Angst statt Akzeptanz. Wir fürchten uns vor all dem, was anders ist als wir selbst.

Um diese Furcht in Zaum zu halten, hat sich die Gesellschaft ein Ventil geschaffen – eine beachtliche kulturelle Leistung immerhin – aber dennoch nicht mehr als eine behelfsmäßige Krücke: den Humor.

DUMM, DÜMMER, BLONDINE, MANN

Woran erkennt man, daß ein Mann sexuell erregt ist? – Er atmet.

Warum haben Frauen so kleine Hände? – Damit sie beim Staubwischen auch in die Ecken kommen.

Was ist der unsensibelste Teil des Penis? – Der Mann.

Was ist eine Blondine zwischen zwei Brünetten? – Eine Bildungslücke.

Was hat ein Mann ohne Beine? – Eier aus Bodenhaltung.

Spitze Pointen, Lebensweisheiten und immer neue, unübertroffene Höhepunkte der Geschmacklosigkeit – der Kampf der Geschlechter wird auch auf der Witzefront ausgetragen. Dabei machen die Pointen auch nicht vor den absonderlichsten Abstrusitäten halt. Sie nehmen abwechselnd Männer und Frauen ins Visier. Einmal treffen sie den Mann, dann wieder die Frau. Sie bohren sich schmerzlich in die Weichteile ihrer Zielscheiben – mal oberhalb, mal unterhalb der Gürtellinie. Sitzen tun sie fast immer und zwar da, wo es am meisten weh tut. Ein Ende des Witzeduells ist nicht absehbar und auch nicht zu erwarten. Derbe Scherze über das andere Geschlecht zu reißen, ist Männern und Frauen offenbar ein tief verwurzeltes Bedürfnis. Kleine Schwächen, Spleens und Unzulänglichkeiten werden zielsicher aufgestöbert, gnadenlos ans Tageslicht gezerrt und der Lächerlichkeit preisgegeben. Kaum eine bittere Wahrheit, ein Vorwurf oder eine Taktlosigkeit, die ein Geschlecht dem anderen erspart.

Nicht gesellschaftsfähig?

Kultivierte Menschen werden an dieser Stelle vielleicht die Nase rümpfen und sich fragen, was das soll. Wie kann man sich nur – im Rahmen einer so ernsten Thematik wie den Geschlechtsunterschieden – mit derartigen geschmacklichen Entgleisungen, wie es Männer- und Frauenwitze zugegebenermaßen meistens sind, aufhalten?

Nun, es gibt mehrere gute Gründe, warum wir uns doch auf dieses schlüpfrige Parkett vorgewagt haben: Das Wort »Witz« kommt von dem althochdeutschen Ausdruck »wizzi«, was soviel bedeutet wie »Wissen«. Und genau das setzt der Witz voraus. Es bedarf auf beiden Seiten, beim Erzähler wie beim Zuhörer, einer gewissen Kenntnis, um eine Situation, die aufs Korn genommen wird, lustig zu finden. Ein Witz, den nur sein Erzähler versteht, ist nicht komisch, wenn er nicht auch beim Empfänger als komisch ankommt. Das gemeinsame Wissen ist die Voraussetzung für einen gelungenen Witz.

Worüber man schlußendlich lacht, ist eine jähe, unerwartete Wendung in der Erzählung, die Pointe, die die Erwartungshaltung des Zuhörers, die der Erzähler zuvor minutiös aufgebaut hat, enttäuscht. Auch die Pointe setzt dieses beiderseitige Wissen voraus.

Der Witz verrät unendlich viel darüber, was bestimmte Gruppierungen oder Schichten unserer Gesellschaft beunruhigt, ärgert, freut, mit Häme erfüllt oder ängstigt. Das gilt selbstverständlich auch für jene Witze, die Männer und Frauen über ihr eigenes oder das jeweils andere Geschlecht machen. Wenn man sich also ein bißchen mit sexistschen Witzen, so haarsträubend manche von ihnen auch sein mögen, beschäftigt, wird man mit einem tiefen Einblick in die verborgensten und tiefsten Winkel der männlichen und der weiblichen Seele belohnt.

Sigmund Freud hat mit seinem Werk *Der Witz und seine Beziehung zum Unbewußten* die bisher umfangreichste Arbeit über diese Sparte des Humors geschrieben. In weiten Teilen seiner Analyse hat er den Nagel auf den Kopf getroffen. Freud erkannte, daß der Witz die einzige gesellschaftsfähige Form ist, Zensuren und Tabus zu umgehen. Und er erkannte auch ganz richtig, welche Verlockung von der Übertretung von Verboten ausgeht.[1]

In einem Punkt irrte Freud allerdings: Er war der Ansicht, daß Frauen weniger Humor hätten als Männer, und sah sie vielmehr in einer passiven Rolle. Manche Witze würden erst lustig werden, wenn damit eine Frau in Verlegenheit gebracht werden könnte. »Beim Landvolk oder im Wirtshaus des kleinen Mannes«, schreibt Freud, »kann man beobachten, daß erst das Hinzutreten der Kellnerin oder der Wirtin die Zote zum Vorschein bringt.« Wieso Freud letztlich den Frauen gleich jeglichen Humor absprechen wollte? Wahrscheinlich weil Frauen zu seiner Zeit – zumindest in der Öffentlichkeit – keine Scherze über Männer machten. Nun, das hat sich, weiß Gott, radikal geändert. Frauen geben längst nicht mehr nur die willigen Opfer derber Späße ab, sie schießen mittlerweile schon zurück – mit scharfer Munition. Und da Witze auch die gesellschaftlichen Strömungen und Tendenzen ihrer Zeit widerspiegeln, ist es nicht verwunderlich, daß die Witze, die Frauen heute machen, vor Selbstbewußtsein nur so strotzen.

Ein kleiner Junge und ein kleines Mädchen streiten sich am Strand, wer von ihnen besser ist. Als ihnen die Argumente ausgehen, zieht der kleine Junge seine Hose herunter und ruft triumphierend: »Siehst du, das was ich habe, hast du nicht!« Das kleine Mädchen läuft weinend zu seiner Mutter. Wenig später kommt es freudestrahlend zurück. Es deutet zwischen seine Beine und trumpft auf: »Meine Mama sagt, mit dem, was ich da habe, kann ich so viele von deinen haben, wie ich will!«

Keine Spur mehr von der einstigen Opferrolle. Jahrhunderte lang war der derbe Witz, der auf Sexualität oder Geschlechtlichkeit anspielt, den Männern vorbehalten. Nur sie durften schallend und in aller Öffentlichkeit über das

Lieblingsziel ihrer deftigen Zoten lachen: die Frau. Heute ist die Szene um ein zweites Ziel bereichert: den Mann. Es ist die Fortsetzung des Geschlechterkampfes mit anderen Mitteln. Heute bleiben Adam und Eva einander nichts mehr schuldig.

Strategische Volltreffer

»Durch die Verdrängungsarbeit unserer Kultur«, schreibt Freud, »gehen primäre, jetzt aber von der Zensur in uns verworfene Genußmöglichkeiten verloren. Der Psyche des Menschen wird aber alles Verzichten so sehr schwer, und so finden wir, daß der tendenziöse Witz ein Mittel abgibt, den Verzicht rückgängig zu machen, das Verlorene wiederzugewinnen.« Er unterscheidet zwei Grundkategorien von Witzen: die harmlosen Witze und jene Witze, die einen Selbstzweck haben. In letztere Kategorie gehören die feindseligen Witze, die der Aggression, der Satire und der Abwehr dienen, und die obszönen Witze, die der Entblößung dienen. Sexistische Witze sind jedenfalls nicht von der harmlosen Sorte. Sie haben sehr wohl einen Selbstzweck und sind meistens sowohl aggressiv als auch obszön. »Der Witz wird uns gestatten«, so Freud, »Lächerliches am Feind zu verwerten, das wir entgegenstehender Hindernisse wegen nicht laut oder nicht bewußt vorbringen durften (...).«

Genau das tun auch Witze über die Geschlechter. Sie suchen nach dem jeweils heikelsten Punkt des Mannes oder der Frau, nach einer Achillesferse. Und es ist kaum überraschend, daß dieser »Schwachpunkt« bei Männern und Frauen an unterschiedlichen Stellen liegt. Das folgende Beispiel zeigt, was Männer einander hineinsagen, wenn sie den Geschlechtsgenossen beleidigen wollen – ein Beispiel aus erster Hand, sozusagen:

Jahrzehnte nachdem sie gemeinsam die Schulbank gedrückt haben, treffen einander zwei alte Erzfeinde zufällig auf einem Bahnhof wieder. Beide haben inzwischen viel erreicht. Der eine hat es zu einem hochdekorierten General in der k. u. k. Armee gebracht, der andere zum Erzbischof. Beide tragen stolz die Insignien ihrer Macht – der eine seine beste Uniform, der andere das volle Ornat. Sie erkennen einander wieder und merken sofort, daß der alte Haß und die Feindseligkeit längst noch nicht abgeklungen sind. Der Bischof nähert sich dem ordenbehängten General und fragt ihn höflich: »Entschuldigen Sie, Herr Stationsvorsteher, wann fährt der nächste Zug nach Breslau?« Darauf der General, genauso freundlich: »Bedaure, das kann ich Ihnen leider nicht sagen, Madame.«

Was für ein Gemetzel! Welch subtile Ehrabschneiderei! Mit ein paar Worten wurde der General zum Stationsvorsteher degradiert und der Bischof wechselte gar das Geschlecht.

Stellen Sie sich zwei Frauen anstelle der beiden alten Erzfeinde vor. Der Witz wäre nicht mehr halb so lustig. Aber wieso? Weil Frauen keine Generäle oder Bischöfe sind? Ganz und gar nicht! Das Amüsante an dem Witz hängt vielmehr mit einer typisch männlichen Eigenschaft zusammen, die es bei Frauen einfach nicht gibt. Frauen empfinden gewisse Dinge nicht im geringsten als beleidigend, die das Selbstverständis eines Mannes bis in seine Grundfesten erschüttern. Ein hoher Rang ist Männern sehr wichtig. Dieser ist aber nur solange von Bedeutung, als er die entsprechende gesellschaftliche Würdigung erfährt. Die Beleidigung des Generals durch den Bischof ist kaum mehr zu überbieten, und doch gibt es etwas, das Männern noch wichtiger ist als Hierarchie und sozialer Status: ihre Männlichkeit. Und genau deshalb ist die Pointe so treffend, weil sie die erste Kränkung, die nur auf den Rang abzielt, noch übertrifft.

Mehr Schein als Sein

Männliche Statussymbole entfalten nur dann die gewünschte Wirkung, wenn alle daran glauben. Und damit alle dran glauben, muß ihre Echtheit strengstens überwacht werden. Schließlich sind sie dafür gemacht, Frauen zu beeindrucken – also etwas zutiefst Biologisches.

Statussymbole und die strenge Überwachung ihrer Bonität gehören zu den tragenden Säulen der Männlichkeit – und das nicht nur beim Menschen, sondern im gesamten Tierreich, stellte der Verhaltensforscher Sievert Rohwer von der University of Washington in Seattle fest.

Bei den Ammerfinken wird die männliche Rangordnung durch einen schwarzen Fleck am Kopf demonstriert. Je größer der schwarze Fleck am Kopf des Männchens ist, desto höher steht er in der Finkenhierarchie. Um die Bedeutung dieses Statussymbols zu testen, vergrößerte Sievert Rohwer, die Kopfflecken einiger Männchen von niedrigem Rang mit Pinsel und Farbe.[2] Es dauerte jedoch nicht lange, bis die Wahrheit ans Tageslicht kam. Denn die bedauernswerten Versuchstiere schnitten bei aggressiven Auseinandersetzungen mit ihren Geschlechtsgenossen ihrem tatsächlichen Rang entsprechend ab. Sie erwiesen sich der »geliehenen« Auszeichnung für nicht würdig. Daraufhin stürzten sich die »betrogenen« Männchen auf die unfreiwilligen »Hochstapler« und peckten und rupften sie auf das Erbärmlichste.

Natürlich sind Männer keine Finken. Aber sie halten ebensoviel von der Einhaltung von Hierarchien. Dabei ist das heute – mehr als früher – mit erheblichen Schwierigkeiten verbunden, weiß der britische Biologe und Verhaltensforscher Desmond Morris.

In seinem Buch *Das Tier Mensch* fragt er sich, woran man beim Menschen einen hohen Rang erkenne. Bei Naturvölkern erschienen Könige und andere Würdenträger meist dekoriert mit wertvollen Stoffen, Schmuck oder Kopfputz. Jeder, auch jemand, der sie nicht persönlich kenne oder mit ihrer Kultur vertraut sei, sehe auf den ersten Blick, daß sie eine besondere Stellung einnähmen.[3]

In unserer Gesellschaft trage jedermann einen dunklen Anzug mit Krawatte, auch der Bundeskanzler und der Bundespräsident machten da keine Ausnahme. Daher könne ein »Bonze« im Großstadtgetümmel glatt untergehen. Hochrangige Männer, sagt Desmond Morris, erkenne man bei uns daher an ihrer Umgebung. Fährt eine schwarze Karosse mit Wimpeln und Polizeibegleitung langsam durch die Stadt, wüßten wir sofort, daß eine wichtige Persönlichkeit darin sitzen müsse. Für den Papst sei sogar ein eigenes Auto konstruiert worden – das »Papamobil« –, von dem aus er der Menge zuwinken könne.

Da die männliche Kleidervorschrift eher zur Uniformität zwingt, ist es kein Wunder, daß Männer mehr wert auf ihre Umgebung legen als Frauen. Politiker oder Stars aus dem Showgeschäft treten niemals allein in der Öffentlichkeit auf: ein ganzer Stab von Bodyguards, Sekretären und anderen »Untergebenen« bildet die sogenannte Entourage – die heutige Form der Hofschranzen. Wer sich das nicht leisten kann, muß sich mit der gängigsten Variante des männlichen Statussymbols begnügen: dem Automobil. Es steht für Schnelligkeit, Wendigkeit und für Prosperität. Der Schlüsselanhänger, den man ganz nebenbei auf die Theke legen kann, verrät das Fabrikat des Fahrzeugs und verleiht dem stolzen Besitzer die Aura von Antriebsstärke, Kraft und technischer Überlegenheit – Eigenschaften, mit denen in grauer Vorzeit auch der steinzeitliche Jäger über seine Konkurrenten aufgetrumpft haben mag.

Doch Achtung! Mehr Schein als Sein wird auch in unserer Gesellschaft nicht geduldet. Ein Mann, der mit einem geborgten Sportschlitten angibt, wird zwar bestimmt keine Federn, wohl aber sein Gesicht verlieren.

Frauen sind weniger auf Statussymbole angewiesen, um Aufmerksamkeit auf sich zu lenken. Sie bedeuten ihnen nicht so viel wie Männern. Um Frauen zu verletzen, muß man ganz andere Register ziehen. Im allgemeinen sind Frauen sehr empfindlich, was ihr Äußeres anlangt. Böse Witze über Frauen zielen daher häufig auf die Attraktivität.

»Ich bin so ungern betrunken, wenn meine Frau dabei ist«, sagt ein Mann. »Es ist so ekelhaft, wenn sie sich verdoppelt.«

Einer von Freuds Lieblingswitzen paßt genau in diese Kategorie und ist im Milieu der jüdischen Heiratsmakler angesiedelt.

Der Bräutigam ist bei der Vorstellung der Braut sehr unangenehm überrascht und zieht den Vermittler beiseite, um ihm flüsternd seine Ausstellungen mitzuteilen. »Wozu haben Sie mich hiehergebracht?« fragt er ihn vorwurfsvoll. »Sie ist häßlich und alt, schielt und hat schlechte Zähne und triefende Augen...« – »Sie können laut sprechen«, wirft der Vermittler ein, »taub ist sie auch.«

Der Witz ist herzlos. Aber laut Freuds Definition ist der Witz an sich ein schlauer und hartnäckiger Kritiker, der die Zensur überrumpelt. Er spricht auf seine Weise aus, was nicht ausgeprochen werden darf. Selbstverständlich würde niemand einer häßlichen Frau sagen, daß sie häßlich ist. Das wäre gemein und taktlos. Diese Unverhohlenheit ist nur im Spaß erlaubt.

Ein Mann ist mit einer derartigen Pointe freilich nicht so leicht zu treffen, weil sich die Gesellschaft darauf geeinigt hat, daß Männer nicht schön zu sein brauchen. Niemand hat das übrigens trefflicher formuliert als Friedrich Torbergs Tante Jolesch: »Was ein Mann schöner is wie ein Aff, is ein Luxus!« Das Aussehen spielt bei Männern nur eine untergeordnete Rolle – es sei denn, es ist für die sexuelle Funktion von Bedeutung.

Was den Frauen die Schönheit, ist den Männern ihre Potenz. Kein Wunder, daß die meisten Witze mit der Angst des Mannes spielen, daß »seiner« nicht groß, lang, hart oder standfest genug sein könnte. Der folgende Witz treibt mit dieser Urangst sein grausames Spiel:

Ein Mann und eine Frau sind die letzten Gäste einer Party. Es kommt, wie es kommen muß. Sie landen schließlich im Schlafzimmer der Frau. Er beginnt sich auszuziehen.

«Oh«, staunt sie, »hast du einen tollen Oberkörper!« »Ja«, sagt er stolz, »das kommt vom vielen Gewichtheben.«

Dann zieht er sich die Hose aus. Sie verfolgt das mit Wohlgefallen und steigender Erregung.

»Hast du einen knackigen Hintern«, ruft sie entzückt, nachdem die Hose gefallen ist. »Ja«, sagt er wieder stolz, »das kommt vom vielen Radfahren.«

Schließlich zieht er sich die Unterhose aus und steht splitternackt vor ihr.

»Oh«, sagt sie überrascht, »pipi warst du aber noch nicht oft.«

Was für eine Niederlage! Der Alptraum für jeden Mann. Auch dieser Witz ist an der Pointe mit einem besonderen Widerhaken versehen. Der arme Mann, der sich schon so auf die Eroberung gefreut hat, wird gleich zweimal kastriert. Nicht nur, daß sein Penis in Relation zu seinem muskulösen Körper offenbar zu klein ist. Er ist, das kann man der Reaktion der Frau entnehmen, sogar so winzig, daß sie in die Kindersprache verfällt, um ihm das mitzuteilen.

Wer Männer auf diese Weise bloßstellt, muß mit dem Schlimmsten rechnen. Und so fällt die Retourkutsche für derartige Schmähungen der Männlichkeit entsprechend grob aus. Eine ganze Unterart der Frauenwitze widmet sich den weiblichen Wesen, vor denen sich die Männer am meisten fürchten: begehrenswerten Frauen mit jeder Menge sexueller Erfahrung: den Blondinen.

Blond wie Bohnenstroh?

Der Blondinenwitz hat einen Tenor: Blonde Frauen sind strohdumm, und sie sind maßlos, was ihre sexuellen Abenteuer betrifft.

Warum wird eine Blondine in einem dreieckigen Sarg bestattet? – Immer wenn man sie auf den Rücken legt, macht sie die Beine breit.

Wie stirbt die Gehirnzelle einer Blondine? – Einsam.

Was ist eine Blondine mit brünett gefärbten Haaren? – Künstliche Intelligenz.

Warum geht es gerade blonden Frauen derartig an den Kragen? Dafür gibt es mehrere Gründe: Erstens ist blond eine seltene Haarfarbe. Dunkles Haar ist in der Erbfolge dominant. Blond ist nur, wer von Vater und Mutter jeweils einen blonden Erbteil erhalten hat. So wie sich im Handel der Wert einer Ware nach Angebot und Nachfrage richtet, sind seltene Merkmale auch auf dem Heiratsmarkt besonders gefragt. Eine Studie des amerikanischen Biologen Thomas Thelen von der Central Washington University in Ellensburg, Washington, hat dieses Verhalten eindrucksvoll belegt. Er zeigte Frauen und Männern Porträtaufnahmen von jeweils sechs Vertretern des anderen Geschlechts. Sie sollten sagen, mit wem sie am liebsten ausgehen würden. Die abgebildeten Leute waren alle im gleichen Alter und waren von einer Jury als gleich attraktiv eingestuft worden.

Von den sechs Fotos tanzte immer eines aus der Reihe. Waren fünf blonde Frauen zu sehen, war die sechste brünett. Waren fünf brünett, war eine blond. Thomas Thelen stellte aber nicht nur Haarfarben zur Wahl. Auch Gesichtsausdrücke, sollten nach ihrer Attraktivität beurteilt werden. Wieder ging er nach demselben Prinzip vor. Bei sechs Frauen lächelten fünf, während eine ein ernstes Gesicht machte. Oder unter lauter ernsten Männergesichtern war ein lachendes. Die Versuchspersonen sollten den Menschen auswählen, mit dem sie am liebsten ein Rendezvous hätten. Das Ergebnis war erstaunlich: Beide Geschlechter fühlten sich eindeutig zu den Ausnahmen hingezogen – mit einem großen Unterschied. Bei den Frauen funktionierte das Prinzip nur bei den verschiedenen Gesichtsausdrücken. Sie entschieden sich regelmäßig für den einen Lachenden oder den einsamen Grübler in der Gruppe. Die Haarfarbe der Männer schien ihre Entscheidung jedoch weniger zu beeinflussen.

Ganz anders bei den männlichen Versuchspersonen. Ihnen schienen wiederum die Gesichtsausdrücke der Frauen eher gleichgültig zu sein, während sie auf Haarfarben geradezu fixiert zu sein schienen. Sie wünschten sich durchwegs ein Rendezvous mit den Frauen, die die seltenste Haarfarbe hatten. Standen fünf Brünette und eine Blonde zur Auswahl, machte ganz klar die Blonde das Rennen. Wenn fünf Blondinen und eine Brünette zur Wahl standen, war die Brünette die klare Favoritin.[4] Das heißt, Männer richten sich nach Signalfarben, die aus der Masse hervorstechen. Gäbe es aus irgendeinem Grund mehr Blonde als Brünette auf der Welt, wäre Howard Hawks' köstliche Komödie *Blondinen bevorzugt* wahrscheinlich unter dem Titel »Brünette bevorzugt« in die Filmgeschichte eingegangen.

Das heißt, Blondinen sind Mangelware und nicht für jeden Mann zu haben. Für manche ein Grund, sich über Blondinen lustig zu machen? Schon möglich. Es ist wie mit dem Fuchs, dem die Trauben zu hoch hängen. Was man nicht haben kann, wird madig gemacht, damit man sich nicht kränken muß, wenn man es nicht bekommt.

Blondes Haar ist bei Frauen häufiger als bei Männern.[5] Das kommt daher, daß die Farbe des Haares nicht nur von den eingelagerten Pigmentkörperchen, sondern auch von seiner Dicke bestimmt wird. Je kräftiger das Haar, umso dunkler ist es. Deshalb werden viele Menschen, die als Kind blond waren, im Alter dunkelhaarig. Männerhaar ist generell kräftiger, daher meist dünkler nuanciert als Frauenhaar. Blondinenwitze sind daher versteckte Angriffe auf Frauen überhaupt – die allerdings nicht immer von Männern ausgehen müssen.

»Ich will blond wie eine Semmel sein«, singt Rainhard Fendrich von seinen Beobachtungen zum Thema Blondine. »Von niemandem«, gesteht der Austropopper in einem Interview, »habe ich jemals so böse Blondinenwitze gehört, wie von Brünetten.« Warum sollten sich Frauen dazu hinreißen lassen, ihre Geschlechtsgenossinnen schlecht zu machen?

Schlechte Verlierer

Nun, Männer und Frauen, die sich besonders auffällig am anderen Geschlecht orientieren, sind dem eigenen Geschlecht suspekt. Das scheint ein besonderer Aspekt der sexistischen Witze zu sein.

So wird die blonde Frau nicht nur zur Zielscheibe des männlichen Humors, sondern auch zum Feindbild ihrer Geschlechtsgenossinnen. Nicht zuletzt deshalb, weil es nicht nur unfreiwillige Blondinen gibt. Viele Frauen lassen sich ihren Schopf platinblond färben, weil sie genau wissen, welche Signalwirkung diese Farbe auf Männer hat.

Witze, die Männer und Frauen über Blondinen machen, gleichen einander zwar im Inhalt, unterscheiden sich allerdings in den Motiven. Frauen plagt die Sorge, daß allzu offenherzige Geschlechtsgenossinnen ihre Partner auf dumme Gedanken bringen könnten. Männer hingegen fürchten sich davor, mit anderen Männern verglichen zu werden.

Das Ehepaar X lebt auf ziemlich großem Fuße. Nach der Ansicht der einen soll der Mann viel verdient *und sich dabei* etwas zurückgelegt *haben, nach anderen wieder soll sich die Frau* etwas zurückgelegt *und dabei* viel verdient *haben.*

Auch dieser Witz stammt aus dem Freudschen Repertoire und ist nicht nur als Wortwitz genial.

Die Anspielung auf die sexuellen Ausschweifungen spiegelt die Angst des Mannes vor der sexuellen Potenz der Frau im allgemeinen wider. Frauen, die viel Erfahrung mit Männern haben, sind unheimlich. Sie scheinen alle Männer zu durchschauen, und sie haben jede Menge Vergleichsmöglichkeiten.

Seitensprünge beunruhigen beide Geschlechter in gleichem Maße. Unterschiedlich sind hingegen die Befürchtungen, die Männer und Frauen damit verknüpfen. Männer haben Angst davor, sexuell hintergangen zu werden. Frauen fürchten eher, die Zuwendung ihres Mannes zu verlieren.

Am Sterbebett beichtet der Ehemann seiner weinenden Frau: »Ich habe dich einmal mit meiner Sekretärin betrogen.« Sie verzeiht im gerührt und möchte sich auch noch schnell etwas von der Seele reden. »Auch ich habe dich betrogen«, gesteht sie, »zweimal«. »Mit wem?« haucht er sterbend. »Einmal mit der Stammtischrunde und einmal mit dem Fußballverein.«

Dieser Witz ist deshalb treffend, weil er die Durchschnittsehe gleich in zweierlei Hinsicht pervertiert: Erstens sind es die Stammtischrunde und der Fußballverein, mit denen viele Ehemänner ihre Frauen – wenn auch nur im übertragenen Sinne – betrügen. Und zweitens ist es doch eher der Mann, dem man die größere Zahl der Seitensprünge zutraut.

Der Coolidge-Effekt

Es gibt sogar einen wissenschaftlichen Begriff, der das gesteigerte Interesse von Männern an immer neuen, sexuellen Bekanntschaften bezeichnet. Er wurde, wie könnte es anders sein, nach einem Mann benannt: der Coolidge-Effekt.

Calvin Coolidge, Republikaner und Präsident der Vereinigten Staaten in den zwanziger Jahren war ein berüchtigter Frauenheld. Von dem Präsidentenehepaar wird eine Anekdote erzählt, die wie keine andere die unterschiedlichen Erwartungen der beiden Geschlechter an die Ehe widerspiegelt.

Der Präsident und seine Gattin besuchten knapp hintereinander eine Hühnerfarm. Beide wurden Zeugen der unermüdlichen Kopulationsbemühungen des Hahns.

»Wie oft macht er das?« fragte Mrs. Coolidge ihren Begleiter. »Hundert Mal am Tag, Ma'am«, gab dieser zur Antwort. Mrs. Coolidge beeindruckt: »Sagen Sie das Mr. Coolidge!«

Mr. Coolidge wurde Zeuge desselben Schauspiels und fragte ebenfalls den Begleiter: »Wie oft macht er das der Hahn?« Wieder kam die Antwort: »Hundert Mal am Tag.« Mr. Coolidge ungläubig: »Immer mit derselben Henne?« Darauf der Begleiter: »Nein, immer mit einer anderen.« Darauf der Präsident: »Sagen Sie das Mrs. Coolidge!«

Warum bestehen eher die Frauen auf eheliche Treue, warum ist Männern diese Art der Treue, zumindest was ihre Person betrifft, weniger wichtig? Eheringe werden eher von Frauen getragen als von Männern. Ist es für sie wichtiger, gebunden zu sein, als für den Mann? Die Fortpflanzungsstrategien der beiden Geschlechter scheinen das zu bestätigen.

Mehr als schwanger werden kann die Frau nicht. Ein Seitensprung stärkt zwar womöglich ihr Selbstbewußtsein, bringt ihr aber keine besseren Fortpflanzungschancen. Für sie ist es wichtiger, einen Mann als Versorger für ihre Kinder zu gewinnen. Sexuelle Treue des Mannes ist dabei für sie insoferne von Interesse, als sich ihre Kinder sonst die Investitionsmöglichkeiten des Vaters mit den Kindern anderer Frauen teilen müßten.

Der Mann dagegen versucht vom Schutz des heimischen Hafens aus auch andere Gewässer zu befischen. Dabei liegt ihm der eigene Haussegen sehr am Herzen, doch sexuelle Abenteuer erhöhen seine Fortpflanzungschancen. Das schönste für einen Mann wäre, beides haben zu können: trautes Heim mit glücklichen Kindern und treusorgender Ehefrau, daneben eine variierende Anzahl aufregender Geliebter, die pflegeleicht und anspruchslos seinen sexuellen Bedürfnissen zur Verfügung stehen.

Männern ist das große Bedürfnis der Frauen nach Nähe unheimlich. Warum kann man nicht einfach nur Sex haben? Und Frauen finden gerade das suspekt – wie kann man nur Sex haben, ohne gleichzeitig auch emotional involviert zu sein?

Kein Pardon!

Sexualität und Gefühl ist bei Frauen schwer voneinander zu trennen. Das ist auch der Grund, warum weiblicher Humor nicht nur auf die sexuellen (Un-)Fähigkeiten der Männer abzielt, sondern auch auf deren emotionale Unzulänglichkeiten. Unaufmerksamkeiten, Infantilität, geringe Ordnungsliebe und geringes Einfühlungsvermögen werden dabei aufs Korn genommen.

Was ist das dünnste Buch der Welt? – Was Männer über Frauen wissen.

Wie zeigt ein Mann, daß er vorgesorgt hat? – Er kauft zwei Kisten Bier statt einer.

Warum sind Männer rascher mit der Psychoanalyse fertig? – Wenn der Teil kommt, an dem man sich in die Kindheit zurückversetzen soll, sind sie schon da.

Männer wiederum bekritteln an Frauen deren Materialismus oder Verschwendungssucht.

Kann eine Frau ihren Mann zum Millionär machen? – Ja. Wenn er vorher Milliardär war.

Die Blondinen schlagen auch bereits zurück:

Warum sind Blondinenwitze so kurz? – Damit Männer sie sich merken können.

Und so weiter, und so weiter. Zu jeder Eigenheit der Geschlechter gibt es einen passenden Witz. Nichts, was Männern und Frauen aneinander auffällt oder auf die Nerven geht, bleibt von dem Bedürfnis, sich darüber lustig zu machen, verschont. Vermutlich würden die Geschlechterwitze bereits ganze Bibliotheken füllen, was sie an sich zu einem Phänomen macht. Schließlich stellt sich nur noch die Frage, warum dieses Genre so immergrün ist und niemals aus der Mode zu kommen scheint.

Der Evergreen

Im Gegensatz zu Witzen über andere Tabuthemen, die längst den vielzitierten »Bart« haben, verlieren Witze über Sexualität offenbar nichts von ihrem Unterhaltungswert. Denn nun einmal ganz ehrlich, wer hat noch nie einen erzählt oder noch nie über einen gelacht?

Marvin Minsky, Professor am Massachusetts Institute of Technology, der bereits mehrere vielbeachtete Theorien über die Funktion des menschlichen Geistes geschrieben hat, fand eine mögliche Erklärung für »die merkwürdige Robustheit des sexuellen Humors«.

Er glaubt, daß jede Gehirnregion eine eigene Art von Zensor hat – eine Schere im Kopf, die der Entwicklungsstufe des jeweiligen Gehirnteils enspricht. Diese Zensoren, meint Minsky, seien unterschiedlich lernfähig. Jene im Großhirn, die sich mit intellektuelleren Scherzen, wie den Nonsens-Witzen beschäftigen, lernten rascher – würden rascher von ein und derselben Witzart gelangweilt. Die Zensoren hingegen, die mit den menschlichen Urinstinkten wie Sex und Gewalt konfrontiert sind, vergleicht er mit geistig zurückgebliebenen Kindern. »Sie sind die reglosen Abbilder unseres urtümlichen Selbst und lernen nur sehr langsam«, schreibt Minsky. »Und unser schier unerschöpfliches Vergnügen an gewissen Tabuthemen könnte ein Nebeneffekt dieses Umstandes sein.«[6]

Könnte am Ende der Humor, diese Meisterleistung unserer Kultur, dieses stolze Ergebnis von Jahrmillionen geistiger Entwicklung, nichts weiter als ein schäbiges Überbleibsel aus der Frühzeit der menschlichen Evolution sein? Nicht ganz. Immerhin gibt es auch geistig hochgestochene, intellektuelle, feinsinnige Witze.

Dennoch läßt sich die menschliche Vorliebe für das Geschlechtliche im Humor kaum bestreiten. Aber warum sollte es gerade dem Humor gelungen sein, die einschlägige Prägung des Menschen abzuschütteln? Schließlich gibt es immer noch einige Bereiche im Zusammenleben von Mann und Frau, die heute noch genauso ablaufen wie vor Hunderttausenden von Jahren.

Und sollte ein urtümliches Gehirn jetzt gleich an Sex gedacht haben – den haben wir damit nicht gemeint.

WER WIRKLICH DIE HOSEN ANHAT

Mit finsterem Blick betritt der Frühmensch seine Höhle. Die schweren Knochenwülste über seinen Augen und das fliehende Kinn unterstreichen seine grobschlächtige Erscheinung. Der wulstige Mund verbirgt sich hinter wüstem Bartwuchs – der Mann der Frühzeit sieht bedrohlich aus. Sein Körper ist gedrungen, die Arme und Beine kurz und stämmig. Die Tierhäute und Felle, die er um seine Schultern geschlungen hat, sind mit einem grob gegerbten Lederstreifen um seine Mitte zusammengehalten. Er ist blutbeschmiert. In der einen Faust hält er einen Jagdspeer, in der anderen die Reste eines Beutetieres.

In einem Winkel der Höhle wartet etwas geduckt, mit angstvollem, schimpansenartigem Grinsen, sein Weib. Schmutzig und zottelig, die nackten Brüste schwer von Milch, nähert sie sich demutsvoll gebeugt ihrem Gebieter. Bittend streckt sie ihm eine Hand entgegen. Mit einem kehligen Laut des Unmutes stößt er sie unwirsch von sich. Sie beginnt hoch zu kreischen und sich flehentlich an ihn zu krallen. Wütend packt er sie bei den Haaren und schleift sie in eine Ecke der Höhle, wo er sie mit raschen Stößen begattet. Als er fertig ist, zieht er sich zurück und beginnt langsam an der mitgebrachten Beute zu kauen. Erst als sich ihm aus einem anderen Winkel der Höhle die Kinder ängstlich nähern, hält er inne und wirft ihnen nachlässig einige Fleischbrocken zu, die sie gierig verschlingen …

Kommt uns das nicht irgendwie bekannt vor? Ist das nicht genau das Bild, das immer wieder gern von unseren Vorfahren gezeichnet wird – vor allem aber vom Ursprung der Geschlechterrollen? Und wird nicht immer mit ähnlich pseudo-wissenschaftlichen Thesen der Überlegenheit des Stärkeren das Wort geredet?

Der Mann, heißt es gerne, dominiere aufgrund seiner

Muskelkraft und seiner Fähigkeit zu jagen. Folglich sei das schwache Weib ihm und seiner Willkür von Natur aus hilflos ausgeliefert. Bis heute wird dieses Phantasiegebilde als Vorwand benützt, um die beruflichen Benachteiligungen der Frau mit der Unausweichlichkeit eherner Naturgesetze zu rechtfertigen.[1] Schließlich hätte die Natur der Frau von Anfang an den ihr angemessenen Platz in der Höhle zugewiesen, während sie den starken, geschickten, klugen und umsichtigen Mann dazu ausersehen hätte, für die Ernährung seiner Schutzbefohlenen aufzukommen.

Das dominante Geschlecht

Falsch: Unsere Vorfahren waren zwar bestimmt nicht zimperlich, aber eine Unterjochung der Frau, das heißt, jegliches frauenfeindliche Verhalten, konnten sie sich ganz einfach nicht leisten. In der Steinzeit waren sie den Elementen, wilden Tieren und Hungersnöten schutzlos ausgeliefert. Unter derart lebensfeindlichen Bedingungen hatten Mann und Frau gar keine andere Chance, als auf Biegen und Brechen zusammenzuhalten und ein Gespann aus zwei gleichwertigen Partnern zu bilden. Ja mehr noch: In vieler Hinsicht gaben die Frauen den Ton an.

Lionel Tiger hält Frauen deshalb für das dominante Geschlecht, weil Selbstvertrauen und Selbstachtung der Männer, besonders im sexuellen Bereich, mit dem weiblichen Verhalten buchstäblich »stehen« und »fallen«. »Es gibt da etwas sehr Heikles, was mit der Beziehungsdynamik zwischen Männern und Frauen zu tun hat«, sagt der kanadische Anthropologe, der erst kürzlich eine Untersuchung über die Schwierigkeiten amerikanischer Frauen im Militärdienst durchgeführt hat. Dabei konnte er sich von dieser prekären Wechselwirkung zwischen männlichem Selbstwertgefühl und dem Verhalten der Frauen überzeugen.

»Männer fühlen sich von Frauen bedroht, wenn sie ihnen überlegen zu sein scheinen. Ich sprach mit einer jungen Offizierin, die sagte: ›Wir haben immer das Problem, daß wir den Jungs nicht das Gefühl geben wollen, daß sie minderwertig sind.‹ Das kommt nicht daher, weil Männer so dominant sind, sondern daher, weil sie so zerbrechlich sind. Ihre Egos sind so leicht zu zerstören. Das hat zum Teil mit Impotenz zu tun. Man braucht sich ja nur die anderen Primaten anzuschauen: Die Männchen kämpfen ständig miteinander und die Weibchen suchen sich aus, welches sie haben wollen.«[2]

Dieses Prinzip zieht sich wie ein roter Faden durch einen großen Teil des Tierreichs. Pfauen schlagen Räder und schleppen ihre langen, bunt-schillernden Schwanzfedern nur aus einem einzigen Grund mit sich herum: um Weibchen zu beeindrucken.

»Das kleine, unscheinbare Pfauenhuhn«, so Tiger, »sitzt dann da, schaut sich alle an und sagt: den nehme ich. Dabei bringt es den Hormonhaushalt jener Pfauenhähne durcheinander, die es links liegen läßt. Ein Männchen ohne Territorium oder Partnerin verliert sein Testosteron. Das heißt, Männer funktionieren auf einer heiklen Basis des Selbstvertrauens, die sehr leicht zu zerstören ist. Und ich glaube«, fügt er hinzu, und schlägt damit wieder die Brücke zum Menschen, »es gibt noch eine vollkommen unerforschte Welt geheimer Strategien, wie Frauen ihre Beziehungen zu Männern steuern, um ihnen das Gefühl zu geben, fähig und funktionstüchtig zu sein.«

Es gibt unzählige Beweise, daß unsere Ahnen Frauen bewunderten und verehrten. Auf gar keinen Fall aber sprangen Männer mit ihren Frauen so brutal um, wie unser Klischee vom steinzeitlichen Höhlenmenschen das suggeriert. Das bestätigen die ältesten Spuren menschlicher Zivilisation. Die kleinen steinernen Figürchen aus der Altsteinzeit stellen nicht umsonst fast ausnahmslos Frauen

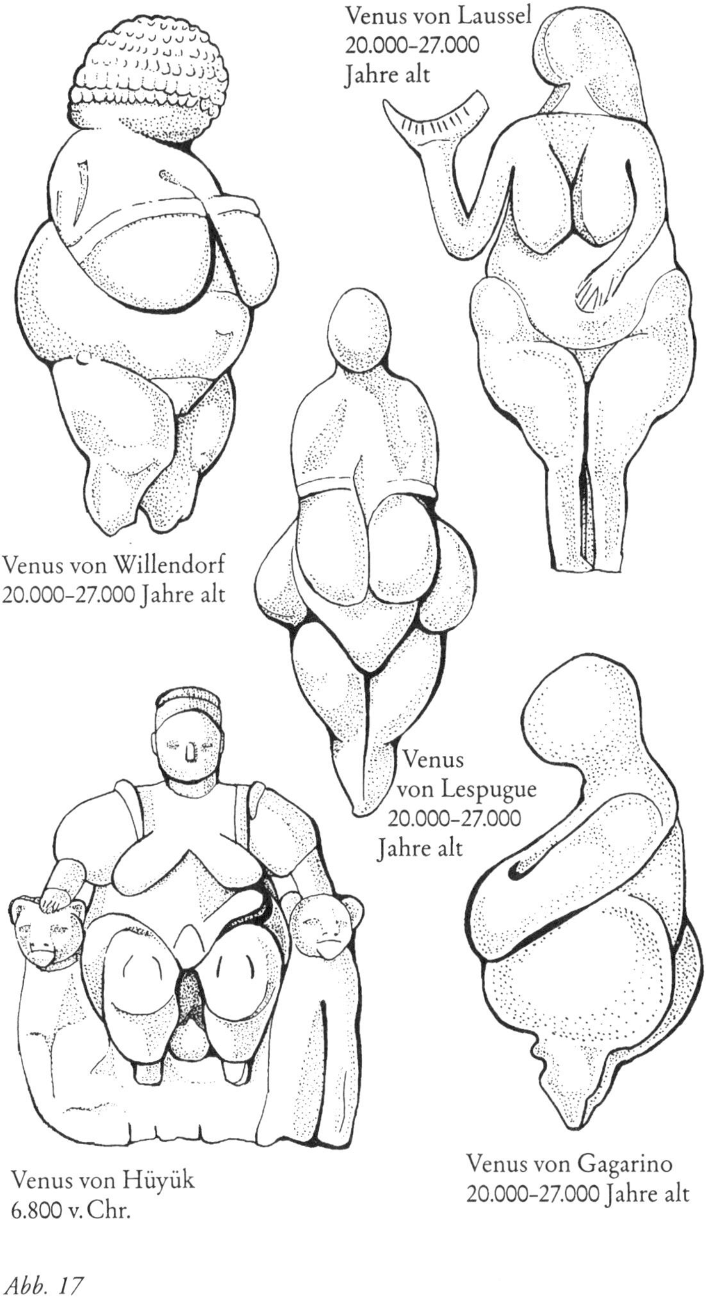
Venus von Laussel
20.000-27.000
Jahre alt
Venus von Willendorf
20.000-27.000 Jahre alt
Venus
von Lespugue
20.000-27.000
Jahre alt
Venus von Hüyük
6.800 v. Chr.
Venus von Gagarino
20.000-27.000 Jahre alt

Abb. 17

dar. Daraus könnte man schließen, daß die frühen Menschen der Frau mehr Respekt gezollt haben als dem Mann.

Aber warum haben die frühen Künstler – oder waren es Künstlerinnen –, die Tiere so meisterhaft abzubilden wußten, ausgerechnet die Frau so »unvorteilhaft« verzerrt dargestellt? Ihr Körper scheint überhaupt nur aus einem gewaltigen Bauch mit darüberhängenden Brüsten und prallen Gesäßbacken zu bestehen.

Die Frau – das mythische Wesen

Frauen haben eben früher so ausgesehen, sagten noch in den zwanziger Jahren Wissenschaftler der alten Schule wie der deutsche Prähistoriker Carl Schuchardt in seinem Buch *Alteuropa*.[2] Schließlich hätten sie ja nur faul auf ihren Fellagern gehockt, während die Männer bei der Jagd ihre Körper geschmeidig hielten. Warum aber wurden dann die geschmeidigen Männer so gut wie nie dargestellt?

Die Prähistorikerin und Höhlenforscherin Marie König[4] ist überzeugt, daß die Figurinen weibliche Gottheiten darstellen: Fruchtbarkeitsgöttinnen. Absichtlich hatten die frühen Künstler jene Organe, die für die Fortpflanzung notwendig sind, betont und in den Kultstatus erhoben. Die Venus von Willendorf, eine der bekanntesten dieser üppigen Figuren, war früher auch noch rot bemalt gewesen. Rot war für den Frühmenschen das Symbol für Tod und Wiedergeburt. Ebenso rot wie die untergehende Sonne war das Blut des Beutetieres, und ebenso blutrot wie die aufgehende Sonne kam das Neugeborene zur Welt.

Früh erkannten unsere Vorfahren die Sonne als Gestirn des Lebens. Ihr Einfluß auf die Tages- und Jahreszeiten beflügelte die Phantasie und die mythische Vorstellungskraft der ersten Menschen. Da sie noch nichts von Planetenbahnen und Astrophysik wissen konnten, muß ihnen das Verschwinden dieses lebenswichtigen Himmelskörpers zwischen Abenddämmerung und Morgengrauen unheimlich und unverständlich gewesen sein. Deshalb richteten sie wohl tief im Bergesinneren ihre Kultstätten ein – vermutlich um herauszufinden, wo die Sonne während der Nacht blieb. Oder vielleicht suchten sie nach einem Symbol für den fruchtbaren Mutterleib, der allein Leben zu schenken vermochte. Denn ebendort fanden die Forscher vulvenartige Gebilde an der Decke und an den Wänden, die rot bemalt waren. Hier wurde der Muttergöttin, die alles hervorbringt, gehuldigt.[5]

Die Frau muß für die Männer ein rätselhaftes, geheimnisvolles Geschöpf gewesen sein, weil es für ihre Gabe, Kinder zu gebären, noch keine Erklärung gab. Neun Monate liegen zwischen der Zeugung und der Geburt eines Kindes. Es ist sehr unwahrscheinlich, daß den Frühmenschen dieser Zusammenhang bewußt war.

Der Ethnologe Bronislaw Malinowski staunte nicht schlecht, als er in den zwanziger Jahren auf den Trobriandinseln, einem Teil Papua-Neuguineas, mit den einheimischen Massim in Berührung kam, die jedwede Beteiligung des Mannes am Werden neuen Lebens bestritten. Sie hatten eine ganz andere Erklärung für das Wunder des Lebens: Der Geist eines verstorbenen Verwandten, belehrten sie Malinowski, niste sich im Kopf der Frau ein und bitte sie um Wiedergeburt. Nimmt sie ihn an, bringe sie ihn wieder zur Welt, lehnt sie ihn jedoch ab, werde er aus ihrem Körper herausgewaschen und die Frau blutet.

Als Malinowksi versuchte, den Irrtum aufzuklären, wurde er verlacht. Die Eingeborenen zeigten ihm eine besonders alte häßliche Frau und erklärten ihm, daß selbst sie schwanger geworden sei, obwohl doch kein Mann im Traum daran denken würde …

An der Beobachtung von Naturvölkern, deren Gesellschaft immer noch ähnlich strukturiert ist wie die ihrer steinzeitlichen Vorfahren, kann man auf die Geschlechterrollen in der Frühzeit des Menschen schließen. Eines wird dabei sehr deutlich: In der Jäger- und Sammler-Gesellschaft waren Mann und Frau gleichgestellt.[7]

Das ist auch kein Wunder, denn ohne die Rolle der Frau wäre so etwas wie das Aufkeimen von Kultur niemals zustande gekommen.[8] Die kurze Aktion des Mannes bei der Zeugung bietet jedenfalls nicht die Grundlage für das Entstehen einer Gemeinschaft. Die Grundlage allen gesellschaftlichen Werdens ist die Mutterrolle.

Diese Beobachtung machte Jane Goodall auch bei ihren Schimpansen, deren Gesellschaft in manchen Bereichen der des Menschen sehr ähnlich ist. Sie erzählt die Geschichte des Schimpansenmännchens Figan, das beim Kampf um die Führung der Horde vom Baum stürzt und sich schwer verletzt. Seine alte, schon beinahe kahle Mutter Flo greift an seiner Seite in den Kampf ein. Bis zu seiner Genesung zieht Figan mit seiner Mutter und seinen jüngeren Geschwistern mit, bis er kräftig genug ist, seine alte Position als Alphamännchen wieder einzunehmen.[9]

Auch in der frühen Menschengesellschaft stand der mütterliche Clan sicherlich im Mittelpunkt. Wahrscheinlich sogar während des größten Teils unserer Stammesgeschichte. Aber wieso war es dann möglich, die Frauen zu erniedrigen, auszunutzen und sie jahrtausendelang in Abhängigkeit zu halten?

Das Ende der Gleichberechtigung

Der Leidensweg der Frau beginnt erst mit der Seßhaftwerdung. Sobald es Hab und Gut zu verteidigen galt, mußten die Nachkommen den Erhalt des erwirtschafteten Gutes garantieren. Je mehr Nachkommen, umso reicher und einflußreicher wurde der Familienclan. Von nun an gewann die Frau als Produzentin von Nachkommen an Bedeutung, wurde auf ihre Fähigkeit zu gebären, reduziert.

Abb. 18

Für die Jäger- und Sammler-Gesellschaft war Besitz nur unnötiger Ballast, der mitgeschleppt werden mußte. Für den frühen Ackerbauern bedeutete er plötzlich Macht und

Ansehen. Ebenso war eine große Kinderschar eine Belastung für die nomadisierenden Jäger und Sammler, denn die Kleinen mußten am Rücken der Mutter mitgeschleppt werden. Deshalb brachten Frauen in dieser Gesellschaftsform durchschnittlich nur alle drei Jahre ein Baby zur Welt.

Nachdem unsere Vorfahren seßhaft geworden waren, wurde bis an den Rand der körperlichen Leistungsfähigkeit der Frau produziert. Wenn der Mann es sich leisten konnte, schaffte er sich gleich mehrere Frauen an, die ihm Nachkommen schenkten. Der Kinderreichtum war eine frühe Form der Altersvorsorge – allerdings auf Kosten der Frau. Denn sie wurde durch die ständigen Schwangerschaften, Entbindungen und Stillzeiten in ihrer Freiheit wesentlich eingeschränkt und gleichzeitig immer abhängiger von ihrem Mann.

Wer denkt, die Frau hätte durch ihre Bedeutung für die Vergrößerung und die Erhaltung des Familienclans auch gesellschaftliche Achtung gewonnen, täuscht sich. Das Gegenteil war der Fall. Unterdrückung scheint der Lohn der Gesellschaft für ihre Produzenten zu sein. Wie im Mittelalter der Bauernstand und im Industriezeitalter die Arbeiter, waren es in der Jungsteinzeit die Frauen, die unter das Joch – in diesem Fall: der Männer – gerieten. Das Prinzip bewährt sich bis heute: Wer die Produzenten beherrscht, hat die Macht.

Und Machtgewinn scheint für die ersten Ackerbauern ein dringliches Bedürfnis geworden zu sein, denn immer noch umgab die Frau eine unheimliche, machtvolle Aura, die den Männern Unbehagen bereitete.

Die Schöpfungsgeschichten aller Urreligionen beginnen mit einer großen Urmutter, die aus der Kraft ihres fruchtbaren Leibes das Menschengeschlecht hervorbringt. Für zahlreiche Heroen und Götter wurde die unbefleckte Empfängnis angenommen – darunter Dschingis Khan, Quezalcoatl, Montezuma, Buddha und Jesus Christus. Die ägyptische Urmutter Nuth, die babylonische Thalat, die olympische Hera, die nordische Ginangabab, die sumerische Innana, sie alle bringen nur durch die Kraft ihres Leibes einen Sohn zur Welt, mit dem sie dann das Geschlecht der Menschen zeugen. Eine Vorstellung die zwar nicht den biologischen Möglichkeiten des weiblichen Körpers entspricht, allerdings dem tatsächlichen Werden irdischen Lebens viel näher kommt, als die Darstellung der Bibel.[10]

Die »Bibel-Lüge«

Mit der Bibel wurde der Frau nach der Seßhaftwerdung ein zweiter empfindlicher Tiefschlag versetzt. Inmitten aller Schöpfungsgeschichten aus dem vorderen Orient, aus mediterranen, mesopotamischen und ägyptischen Hochkulturen erscheint die Geschichte von Adam und Eva wie eine tendenziöse Fälschung, meint der Sprachforscher Richard Fester: Ursprünglich gebar Eva, die Urmutter der Juden, den Gott Jahwe, mit dem sie später Adam zeugte. Moses, der Verfasser der Bibelgeschichte, schlug zwei Fliegen mit einem Schlag: Er machte Gott zum Mann und bürdete gleichzeitig die Schuld für alle Mühseligkeiten der menschlichen Existenz der Frau auf. Ebenso wie die Frau mußte auch das Symbol der Wiedergeburt, die Schlange, in den Staub und sollte fortan mit Füßen getreten werden. Gott selbst bestraft die Frau für ihre Sünden: »Ich will dir Schmerzen verschaffen, wenn du schwanger wirst. Du sollst unter Schmerzen Kinder gebären, und dein Verlangen soll nach deinem Mann, und er soll dein Herr sein«, heißt es in der Bibel.[11]

Die Sache mit Eva war für die Entwicklung des Abendlandes immer eine Belastung besonderer Art.[12] Nicht nur die Frau wurde erniedrigt, auch die Sexualität bekam eine beklemmende Verbindung zu Sünde und Untugend.

Auch anderen Religionen erging es nicht besser: Mohammed, der selbst ein Leben lang von reichen, selbstsicheren Frauen ausgehalten worden war, hatte Probleme, die Urmutter Al Uzzra zum Töchterchen ihres bisherigen Sohnes Allah umzudeuten. Genausowenig wie das Christentum war der Islam in der Lage, den alten Glauben gänzlich auszulöschen. Die Unterdrückung der Frau erreicht zwar in den islamischen Ländern die schlimmsten Ausmaße, doch zeigt – als kleines Beispiel – eine alte Redensart, die auch bei uns sehr gern verwendet wird, daß die Frau innerhalb der Familie wesentlich mehr Einfluß hat, als es ihre Stellung in der Öffentlichkeit vermuten ließe. Die Redewendung »jemand steht unter dem Pantoffel« kommt aus der Türkei. Sie rührt daher, daß die Frau, wenn sie keinen Besuch ihres Ehegatten wünschte, ihn das wissen ließ, indem sie ihre Pantoffel vor die Tür stellte. Damit signalisierte sie ihm »Spar dir die Mühe, es ist zwecklos.«[13]

Dennoch ist es den Männern überall auf der Welt nach und nach gelungen, die Frauen zu unterwerfen: Chinesen, Juden, Griechen und später auch die Römer schwangen sich zu Herrschern über ihre Frauen auf. Nur wenige Völker hielten an der alten Gleichberechtigung fest.

Besonders die Dorer, die ihre Herkunft von der Mondgöttin Doris ableiteten, sind aus der Geschichte bekannt als ein Volk, das seinen Frauen alle Rechte einräumte. Die Schöne Helena, Königin über Sparta konnte nach dem Fall von Troja selbstverständlich wieder als Königin nach Sparta zurückkehren, obwohl sie ihren Gatten Menelaos mit Paris betrogen hatte.

Die Athener hingegen hatten ihre Frauen auf das demütigendste entwürdigt und sie der Gewalt des Mannes unterstellt. Sparta wehrte sich daher nach Kräften gegen eine Unterwanderung durch Athen. Eine vornehme Athenerin, die an der Seite ihres Mannes Sparta besuchen durfte, soll

Gorgo, der Frau des Feldherrn Leonidas gegenüber Bewunderung geäußert haben. Sie beneide die Spartanerinnen, da sie die einzigen Frauen Griechenlands seien, die ihre Männer völlig beherrschten. Darauf Gorgo: »Wir sind aber auch die einzigen, die wirkliche Männer gebären.«[14]

Entrechtet und verstümmelt

Die Tyrannei der Männer trieb in vielen Kulturen Blüten der ungeheuerlichsten Art. Die Chinesen verstümmelten ihre Frauen, indem sie ihnen von frühester Kindheit an die Füße so fest bandagierten, daß sie verkrüppelten.[15] Manche Frauen konnten, als sie erwachsen waren, gar nicht mehr gehen und lagen auf Kissen wie dicke Engerlinge, die gefüttert und herumgetragen werden mußten.

Bis in die heutige Zeit werden in unterschiedlichsten Kulturen brutale Verstümmelungen an Frauen vorgenommen. Beispielsweise praktiziert die ländliche Bevölkerung Ägyptens nach wie vor die sogenannte Infibulation, eine Beschneidung für Mädchen, bei der dem kleinen Mädchen ohne jede Betäubung die Klitoris abgeschnitten wird.[16] Es ist der Versuch der Gesellschaft, Frauen die Freude an ihrem Körper zu nehmen. Denn je weniger Lust Frauen an ihrer eigenen Sexualität haben, desto leichter ist es, sie in Abhängigkeit zu halten und zu verhindern, daß sie fremdgehen.

Trotz intensiver, jahrzehntelanger Bemühungen internationaler Organisationen wie UNICEF, UNO, WHO und Amnesty International, die Beschneidungen abzuschaffen, halten 98 Prozent der sudanesischen und der somalischen Bevölkerung an diesem grausamen Ritual fest. Auch in Ägypten unterziehen 97 Prozent der bäuerlichen Bevölkerung ihre Töchter dieser unmenschlichen Verstümmelung. Und selbst in der gebildeten Oberschicht werden immerhin noch 66 Prozent der Mädchen beschnitten.[17]

Hatte der Mann so große Angst vor der Frau, daß er sie derartig unterjochen mußte? War er so eifersüchtig auf ihre Fähigkeit, Leben hervorzubringen, daß er ihren Körper verstümmeln mußte, um das Gefühl zu haben, ihn zu beherrschen?

»Erinnert euch all der Gesetze, mit denen unsere Vorfahren die Freiheit der Frauen gebunden, durch die sie die Weiber der Macht der Männer gebeugt haben«, schrieb Marcus Porcius Cato der Ältere und fügte hinzu, »sobald sie uns gleichgestellt sind, sind sie uns überlegen.«[18]

Die Vergangenheit hat gezeigt, daß Männerherrschaft allein ins Chaos führt. Probleme wie Überbevölkerung, Hunger und Ressourcenknappheit lassen sich entschärfen, wenn Frauen das Recht eingeräumt wird, selbst über ihren Körper zu bestimmen, und ihnen dieselbe Bildung zuteil wird wie den Männern. Haben die Männer am Ende Angst, sie könnten in einer Gesellschaft gebildeter und ausgebildeter Frauen, überflüssig werden? Wer soll sich denn noch angstvoll an ihre starke Männerbrust flüchten, wenn die Frau ihre Probleme ganz alleine meistern kann?

Der Mann: ein Anhängsel?

Die Sorge ist durchaus berechtigt, wenn man bedenkt, daß die Natur keine unnötigen Entwicklungen duldet. Organe, die aus irgendeinem Grund überflüssig geworden sind, werden gnadenlos zurückgebildet. Bei Tierarten, bei denen das Männchen nicht mehr für den Schutz und die Verteidigung seiner Nachkommen gebraucht wurde, ist es verzwergt, einfach geschrumpft oder zu einem mobilen Fortpflanzungsorgan verkommen, das aufgefressen wird, nachdem es seine biologische Pflicht und Schuldigkeit getan hat. Oder es verliert gar den Status eines eigenständigen Lebewesens und baumelt nur noch als Anhängsel am Körper des Weibchens, um dann und wann seinen Samen abzugeben.[19]

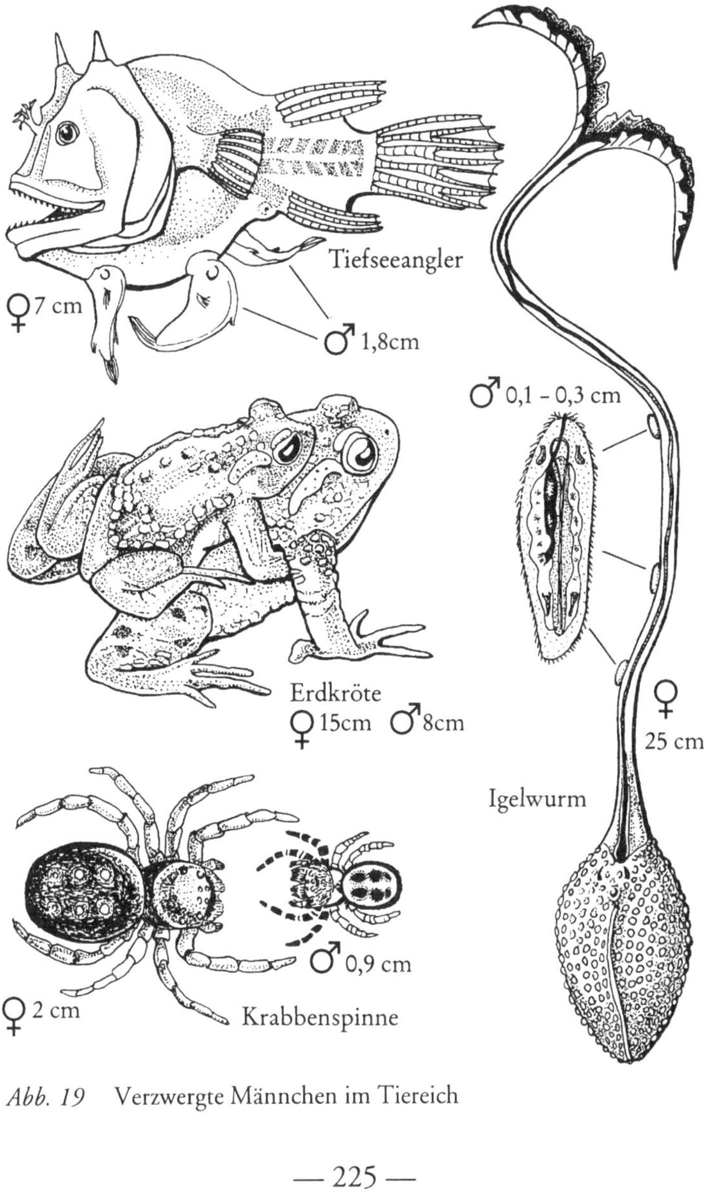

Abb. 19 Verzwergte Männchen im Tiereich

Der Wiener Biologe Friedrich Schaller vertritt augenzwinkernd die These, daß der Trend zur Verzwergung des Mannes schon längst begonnen hätte, da seit der Entstehung der menschlichen Spezies, die Frauen immer größer und die Männer – im Verhältnis – immer kleiner geworden seien.

Was wird dem Mann im Zeitalter des Klonierens noch alles bevorstehen? Die Frau hat, seit der Erfindung der Anti-Baby-Pille, Kontrolle über ihre Fortpflanzung – ein Machtbereich, den man nicht unterschätzen sollte. Künftige Präsidenten werden von Frauen gewählt – nicht wegen ihres sympathischen Äußeren, sondern wegen ihrer Versprechen, für mehr Sozialleistungen und Sicherheit einzutreten. Bill Clinton war der erste. Politiker wissen ganz genau, wie sehr sie von der weiblichen Wählergunst abhängen. Und wenn sie sich als liebende Familienväter auf Werbeplakaten zeigen und auf ihren Wahlveranstaltungen Kleinkinder herzen und Babys küssen, dann wohl nur, um sich bei den Frauen einzuschmeicheln.

Ein Zeichen der Zeit? Ein Signal für eine bevorstehende Geschlechterrevolution? Möglicherweise. Der traditionelle Mann fühlt sich jedenfalls schon jetzt in seiner Rolle stark verunsichert.[20] Langsamer als die Frau, was seine Anpassungsfähigkeit und seine soziale Kompetenz anbelangt, hinkt er entweder mühsam hinter ihrer Entwicklung her und erprobt sich in unterschiedlichsten neuen Männerrollen oder stellt sich verzweifelt gegen den Strom und sucht Zuflucht in der heilen Männerwelt von anno dazumal. Ein einsamer Rufer in der Wüste, schreit er es hinaus, doch sein »Frauen an den Herd!« verhallt ungehört.

DIE GRATWANDERUNG

»Dieses blöde Gesetz ist doch Schwachsinn«, ereiferte sich einer in der ersten Reihe, »wie kann man nur auf die Idee kommen, daß Weiße und Schwarze gleich sind? Da können wir ja gleich die Frauen dazunehmen!«

Dieser Vorfall hat sich tatsächlich zugetragen: 1964 – und zwar im Kongreß der Vereinigten Staaten. Die Abgeordneten diskutierten lautstark über die Einführung eines neuen, damals heftig umstrittenen Gesetzes, das garantieren sollte, daß kein Bürger aufgrund seiner Hautfarbe oder Herkunft diskriminiert werde. Die Demokraten fanden, es sei an der Zeit, das Unrecht, das vor allem der schwarzen Bevölkerung durch die Sklaverei geschehen war, wiedergutzumachen. Etliche Konservative aus den ehemaligen Südstaaten waren dagegen, so auch jener Kongreßabgeordnete aus Mississippi, dem dieser Ausspruch über die Lippen kam.

Die Tatsache, daß sein dummer, sexistischer Einwand schließlich dazu führte, daß auch die Frauen in das amerikanische Gleichbehandlungsgesetz aufgenommen wurden, ist ein Treppenwitz der Geschichte.[1]

Die Begebenheit macht aber noch aus einem anderen Grund nachdenklich: Warum jemand letztendlich in einer Gesellschaft diskriminiert wird, ist ganz offensichtlich keine Frage von biologischen Unterschieden. Sonst wären die Frauen ja nicht in einem Topf mit den Rassen gelandet, meint Lionel Tiger. »Jetzt haben wir also Rasse, die biologisch unbedeutend ist, in derselben Kategorie mit dem Geschlecht, das biologisch bedeutend ist. Die Leute verwechseln Äpfel mit Birnen.«[2]

Lange Zeit wurden die äußeren Unterschiede zwischen den Völkergruppen dieser Erde überbewertet. Erst vor kurzem haben Forscher nachgewiesen, daß die genetischen

Variationen innerhalb der einzelnen Gruppen größer sind als die Schwankungsbreite zwischen ihnen.[3] Der biologische Unterschied zwischen den Völkergruppen ist also verschwindend klein – während zwischen den Geschlechtern immer mehr Unterschiede entdeckt werden.

Ob die Wissenschaft den Frauen damit einen guten Dienst erweist?

Frauen – Menschen dritter Klasse?

Man sollte eigentlich davon ausgehen können, daß das Recht auf Gleichbehandlung ein Menschenrecht ist, das jedem zusteht. Doch Gesetze allein haben noch nie vor Übergriffen geschützt. Außerdem ist die Geschichte voll von Ungerechtigkeiten und Menschenrechtsverletzungen, die alle auf dubiosen wissenschaftlichen Erkenntnissen und Lehren basieren. Die ideologisch untermauerte Menschenvernichtungs-Maschinerie des Dritten Reiches war der bisherige Höhepunkt einer Entwicklung, die sich bereits lange davor in der Kolonialzeit angebahnt hatte. So scheuten etwa die Wissenschaftler im 19. Jahrhundert keine noch so abenteuerliche geistige Verrenkung, um einen »Nachweis« zu erbringen, daß die Afrikaner eine »minderwertige Rasse« seien, die durch die Herrschaft des weißen Mannes vor sich selbst geschützt werden müsse. Und ebensowenig schreckten sie davor zurück, biologische Begründungen aus dem Ärmel zu schütteln, warum Frauen auf gar keinen Fall den gleichen gesellschaftlichen Status innehaben dürften wie Männer.

»Der Wunsch, ihnen dieselbe Bildung zu gewähren und folglich auch dieselben Ziele für sie zu setzen, ist eine tükkische Schimäre«, ereiferte sich Gustave Le Bon 1879, als er von dem Vorschlag einiger progressiver Amerikaner erfuhr, Frauen an den Universitäten zuzulassen. »Am Tag, an dem die Frauen in Verkennung der niedrigen Tätigkeiten, die ihnen die Natur zugewiesen hat, das Haus verlassen und sich an unseren Schlachten beteiligen, an diesem Tag wird eine soziale Revolution einsetzen, und alles wird untergehen, was die heiligen Bande der Familie bewahrt.«[4]

Die Schizophrenie Le Bons ist offenbar niemandem aufgefallen. Dieselbe Tätigkeit, die er ein paar Zeilen zuvor als »niedrig« schilt, hebt er kurz darauf als einen unverzichtbaren Beitrag zu den »heiligen Banden der Familie« heraus. Seine Thesen fanden dennoch reichlich Anhänger. Der amerikanische Evolutionsbiologe E. D. Cope schrieb sich 1890 seine Angst vor der sich formierenden Frauenbewegung mit den folgenden Worten vom Leibe: »Wenn die Nation einem derartigen Anfall ausgesetzt sein sollte, würde er wie eine Seuche seine Spuren in vielen Generationen hinterlassen.«[5]

In Wahrheit haben solche Aussprüche und Thesen, die als naturwissenschaftlich-seriös präsentiert wurden, das Klima zwischen Generationen von Frauen und Männern vergiftet und den Glauben an eine objektive, der Wahrheit verpflichtete Wissenschaft nachhaltig erschüttert. Aber ist es klug, deshalb alle bestehenden Unterschiede zu leugnen, sie für nicht existent zu erklären – aus Angst, jede neue Erkenntnis auf dem Gebiet der Geschlechtsunterschiede könnte wieder als Nahrung für sexistische Vorurteile genutzt werden?

Diese Reaktion, die die Meinung vieler Frauen widerspiegelt, ist mehr als verständlich. Doch birgt diese Haltung nicht auch die Gefahr, sich selbst und seine eigenen Bedürfnisse zu verleugnen, aus Angst, sie könnten einem zum Verhängnis werden? Und hieße das nicht gleichzeitig, auf eine der größten Stärken der menschlichen Gesellschaft zu verzichten – die Stärke der Vielfalt?

Das falsche Versprechen der Gleichheit

Der Versuch, die beiden Geschlechter quasi gleicher zu machen als sie sind, hat zum Teil zu seltsamen Konsequenzen geführt. Weil es heute verboten ist, Männer und Frauen in den USA ungleich zu behandeln, muß eine gesunde Frau, wenn sie schwanger wird, bei den Behörden um Behindertenstatus ansuchen. »Das ist doch absurd«, sagt Lionel Tiger. »Manchmal muß man Leute eben danach behandeln, wer sie sind, und nicht danach, was sie können.«[6]

Die lauten Rufe nach Gleichberechtigung und Gleichbehandlung haben lange Zeit den politischen Alltag dominiert. Jetzt, nach so vielen erfolgreich geschlagenen Schlachten, sind einige dieser Forderungen berücksichtigt und in Form von Gesetzen niedergeschrieben worden. Dennoch macht sich allmählich Katerstimmung breit. Denn in der Praxis sehen viele der Maßnahmen längst nicht mehr so gut aus wie in der Theorie. Das Versprechen der Gleichbehandlung stellt sich in vielen Fällen sogar als schlechtes Geschäft für die Frauen heraus. Vielleicht deshalb, weil es nicht die Gleichwertigkeit, sondern die Gleichheit der Geschlechter voraussetzt – und das ist eindeutig ein falsches Versprechen.

Auf diesem schwierigen Kurs zwischen Gerechtigkeit, Gleichberechtigung und Gleichbehandlung von Männern und Frauen kommt die amerikanische Armee immer wieder ins Schleudern. Dabei wird diese Institution – zu recht – stolz als eine jener Bastionen hochgehalten, in der die Mitglieder ausschließlich danach beurteilt werden, was sie leisten. Es gilt das absolute Gleichheitsprinzip. Egal welcher Herkunft, Religion oder Hautfarbe ein Mensch ist – wenn er sein Handwerk versteht, ist er willkommen. Abgesehen von Israel, wo Frauen ebenso Wehrdienst versehen müssen wie die Männer, ist die US-Armee in dieser

Hinsicht ein einzigartiges Experimentierfeld für angewandte soziale Gerechtigkeit. Sie gibt Leuten aus minderprivilegierten Schichten die Chance auf einen gesicherten Arbeitsplatz und eine steile Karriere. Ein farbiger Junge aus der Bronx, einem der berüchtigten New Yorker Elendsviertel, wählte diesen Weg und wurde prompt zum Symbol für den amerikanischen Traum. Colin Powell fing als kleiner Soldat bei der Armee an und brachte es als hochdekoriertes Mitglied des Generalstabs fast bis zur Präsidentschaftskandidatur – und wer weiß, vielleicht schafft er es irgendwann noch ins Weiße Haus. Ohne das eherne Gleichheitsgebot des Militärs gäbe es keine solchen Bilderbuchkarrieren zu bestaunen.

Dasselbe Gebot gilt selbstverständlich auch für Frauen, und auch sie nützen ihre Chance. Von den fast zwei Millionen Soldaten in der Army sind immerhin zweihunderttausend Soldatinnen. Aber trotz bester Absichten und unerschütterlicher Prinzipien steht die Armee vor einer ganzen Reihe von Problemen, die ihr erst zu schaffen machen, seit sie Männer und Frauen gemeinsam vor den Karren der Landesverteidigung gespannt hat. Lionel Tiger hat für eine Studie über Frauen im Militär amerikanische Soldatinnen über ihre Arbeit auf einem Flugzeugträger befragt und überzeugte sich davon, daß manche Probleme, mit denen die US-Armee zu kämpfen hat, ganz banale Ursachen haben.

Habt Acht! Nicht Sex!

»Es geht gar nicht um die Qualifikation«, erzählt er, »noch sollte die Qualifikation von Männern und Frauen unterschiedlich beurteilt werden. Aber die Arbeit auf dem Flugzeugträger geht von 8 bis 5 und dann wird es Nacht. Dabei blickt man in eine ungewisse Zukunft, man weiß nie, was als nächstes passieren wird. Und anzunehmen, es gäbe keine Nacht, sondern nur Tag, bedeutet, die Natur des Menschen zu mißverstehen.« Und mit einem ironischen Unterton fügt er hinzu: »Es stellt sich nämlich heraus, wer hätte das je für möglich gehalten, daß junge Frauen und Männer gerne Sex miteinander haben. Obwohl sie damit gegen die Vorschriften verstoßen.«

Das schafft nicht nur gruppendynamische Schwierigkeiten, sondern auch finanzielle Probleme, fand Lionel Tiger heraus. »Das Training für den Einsatz auf einem Flugzeugträger ist überaus aufwendig und kostspielig. Jedes Jahr fallen 16 Prozent der weiblichen Besatzung wegen Schwangerschaft aus. Das kommt die Navy ziemlich teuer.«

Solche vorübergehenden, »babybedingten« Ausfälle sind auch in anderen Berufsgruppen nichts Außergewöhnliches. Was Lionel Tiger scharf kritisiert, ist aber die Art und Weise, wie das Militär damit umgeht. »Während des Golfkriegs«, meint er, »gab es Frauen, die sechs Wochen alte Babies zurücklassen mußten. Wem überläßt man ein sechs Wochen altes Baby? Das ist ein schwerwiegendes Problem. Aber das Militär konnte keine Ausnahme machen, was ich für dumm und unmenschlich halte. Andererseits, wenn Frauen, so wie während des Golfkriegs, vom Flugzeugträger abkommandiert werden, weil sie schwanger sind, reagieren Männer sehr irritiert, weil sie auch lieber gehen würden. Es gibt also große Ressentiments von seiten der Männer. Und typischerweise ist es heute üblich, Männer so zu behandeln, als würden sie allein unter der Erbsünde leiden, Frauen dagegen nicht, und alles, was schiefgeht, ist die Schuld böser Männer. Nun, ich glaube, Männer sind dazu weder clever noch gemein genug.«

Das Problem ist niemandes Schuld. Aber wie soll man damit umgehen? Schwangere in den Krieg zu schicken, wäre barbarisch – ebenso wie Frauen zu verbieten, Kinder zu bekommen. Und schon gar nicht kommt es in Frage, Frauen ein harterkämpftes berufliches Terrain wieder wegzunehmen. Schließlich betrifft das Problem beide Geschlechter gleichermaßen. Also was tun? Individuelle Entscheidungen zu treffen, anstatt sich stur an die Regeln der Gleichbehandlung zu halten, scheint auf den ersten Blick sinnvoll. Aber würde das nicht wieder der Willkür Tür und Tor öffnen?

Obwohl das Postulat der Gleichheit in unserer Verfassung gesetzlich verankert ist, muß man sich nur umsehen, um sich davon zu überzeugen, daß wir weit davon entfernt sind, nach diesem Grundsatz zu leben. Und wir nehmen die ungleiche Behandlung von Männern und Frauen in vielen Bereichen widerstandslos hin.

Versicherungen beispielsweise sortieren ihre Kunden nicht nur nach Alter oder Risiko, sondern selbstverständlich auch nach dem Geschlecht. Jeder, der schon einmal eine Lebensversicherung abgeschlossen hat, wird bemerkt haben, daß Frauen rund fünf Prozent weniger Prämie bezahlen als Männer. Wieso? Nun, bei den Er- und Ablebensversicherungen schlägt das Risiko des Mannes, früher zu sterben, mit einer höheren Prämie zu Buche. Und Männer sterben nun einmal fünf bis zehn Jahre früher als Frauen. Dafür haben junge Frauen, die eine zusätzliche Krankenversicherung abschließen, eindeutig das Nachsehen. In der Altersgruppe der 20- bis 35jährigen zahlt beispielsweise eine österreichische Frau nahezu doppelt soviel ein wie ein Mann im selben Alter. Warum? Ganz einfach, weil Frauen in diesem Alter am häufigsten Mutter werden und dadurch statistisch die höheren

Spitalskosten verursachen als Männer derselben Altersgruppe.

Wo ist die Logik? Warum werden Frauen dafür belohnt, daß sie ihre Männer überleben? Und warum werden junge Frauen dafür bestraft, daß sie die Fähigkeit besitzen, Kinder in die Welt setzen? Haben denn die Versicherungsgesellschaften vergessen, daß sie ausschließlich dieser weiblichen Fähigkeit ihre Kunden verdanken? Ist das der Dank der Gesellschaft dafür, daß die jungen Frauen die Rentenzahler der Zukunft beisteuern und auf lange Sicht verhindern, daß die ganze menschliche Spezies ausstirbt? Könnte das den Versicherungs-Anbietern nicht einen Prämiennachlaß wert sein?

Genau hier stößt man an die Unvereinbarkeit von Gleichbehandlung und Ungleichheit. Den Versicherungen Parteilichkeit im Kampf der Geschlechter vorzuwerfen, wäre glatter Unfug. Sie folgen schlicht und einfach dem Diktat der Zahlen: den Statistiken, die ihnen verraten, welche Ereignisse – vom Unfall über die Geburt bis zum Tod – bei welchen Personengruppen gehäuft auftreten. Während sich die Versicherungsmakler hierzulande noch nicht trauen, ihre Klienten nach Risikofaktoren wie Erbkrankheiten oder nach sexuellen Neigungen einzustufen, tun sie das beim Geschlecht ganz selbstverständlich. Ob das gerecht ist oder nicht, wollen wir gar nicht bewerten. Fest steht jedenfalls: Es ist kapitalgerecht; den Prinzipien der Gleichbehandlung läuft diese Art der Kategorisierung jedoch eindeutig zuwider, auch wenn die Natur hundertmal einen Unterschied macht.

Müssen die Unterschiede zwischen Männern und Frauen immer in ungerechter Diskriminierung gipfeln? Gibt es denn gar keinen Ausweg?

Warum fordert denn niemand die wirklich konsequente Gleichbehandlung von Mann und Frau? Wenn schon, denn schon! Warum kommt beispielsweise niemand auf die Idee zu fordern, daß Frauen in der Fußballnationalmannschaft mitspielen sollen? Wenn man die Gleichbehandlung in allen Bereichen des Lebens befürwortet, warum nicht?

Vielleicht, weil es nicht sinnvoll wäre. Immerhin werden bei den Olympischen Spielen getrennte Leichtathletikbewerbe für Damen und Herren abgehalten. Nicht einmal gestandene Frauenrechtlerinnen würden auf die Idee kommen, daß Männer gegen Frauen boxen oder ringen sollten, weil jedem klar ist, daß es Unterschiede in Körperkraft und Taktik gibt. Im Sport geht es aber auch nicht um die Wurst. In den entscheidenden Dingen des Lebens hingegen werden von seiten des modernen Staates die physiologischen und psychologischen Unterschiede hartnäckig verleugnet – aus Angst, Frauen könnten wieder diskriminiert werden.

Aber es ist fraglich, ob den Frauen wirklich geholfen wäre, wenn man so tut, als seien Männer und Frauen in jeder Hinsicht gleich; wenn Frauen wirklich schwere körperliche Arbeit, Nachtarbeit oder gefährliche Tätigkeiten wie bei Polizeieinsatzkommandos zugemutet würden. Sollten die Frauen etwa vorgeben, sie verstünden nichts von Konfliktlösung und Diplomatie, nur um einem Gleichheitspostulat zu entsprechen, bei dem sie nur verlieren können? Sollten sie allen Ernstes darauf verzichten, ihre stärksten Karten zu spielen? Nein. Es wäre nicht ratsam, Betätigungsfelder zu erobern, die einem im Grunde gar nicht liegen, solange es noch genügend Berufe gibt, von denen Frauen – ohne ersichtlichen oder sonst argumentierbaren Grund – ausgeschlossen sind. An solchen Fällen von Ungleichbehandlung, bei denen man vergebens nach einer biologischen Begründung sucht, herrscht wahrlich kein Mangel.

Die Disharmoniker

Im Fall der Wiener Philharmoniker kramte der Chef persönlich in allerhöchster Not noch tief in seinem naturkundlichen Wissensschatz, um den endgültigen Nachweis zu führen, daß die weibliche Durchsetzung seines exklusiven Männervereins nicht etwa durch die Opposition seiner Mitglieder, sondern durch die Natur selbst vereitelt würde. Als er in einem Interview gefragt wurde, wann konkret der nächste Posten vakant würde, gab er gönnerhaft zurück, der nächste Posten sei die Tuba, und er könne sich kaum vorstellen, daß dafür Musikerinnen in Frage kommen würden. Ohne Herrn Resel – er ist mittlerweile zurückgetreten – interpretieren zu wollen, scheint er wohl auf die Größe und das Gewicht der Tuba angespielt zu haben, die, seiner Meinung nach, eine »schwache« Frau weder zu tragen noch zu spielen imstande ist.[7]

Böse Zungen – und zwar nicht nur weibliche – haben eine ganz andere Erklärung für die Panik der Philharmoniker vor weiblichen Ensemblemitgliedern. Der neue Spitznamen des berühmten Wiener Männerorchesters – »Die Wiener Philhormoniker« – könnte ein Indiz dafür sein, in welchem Bereich man Turbulenzen durch die Aufnahme von Frauen befürchtet. Nun ist zwar ein Orchestergraben kein Flugzeugträger, aber es wäre doch naiv zu glauben, daß Hormone nur in Soldaten, nicht aber in Musikern ihr Unwesen treiben.

Die Posse um die Wiener Philharmoniker ist aber nur die Spitze des Eisbergs. Exklusive, geschichtsträchtige Männerbünde gibt es wie Sand am Meer. Von den Freimaurern über den Cartell-Verband bis zu manchen Studentenverbindungen – es sind immer Männer, die sich zu solchen Gruppen zusammenfinden. In seinem Buch *Men in Groups*, beschreibt Lionel Tiger dieses Bedürfnis nach der Gesellschaft des eigenen Geschlechts, das, wie er sagt, in diesem Ausmaß bei Frauen nicht existiert.[8] Immer sind irgendwelche geheimnisvollen Rituale oder merkwürdigen Kostümierungen im Spiel. Es scheint, als bräuchten viele Männer diese verschwörerische Form des Zusammenhalts, um sich gegenüber den Außenstehenden, also der gemischtgeschlechtlichen Gesellschaft, stark und unbesiegbar zu fühlen. Viele dieser Seilschaften haben auch eine ganz reale Funktion: die eigenen Mitglieder in wichtige gesellschaftliche oder politische Positionen zu katapultieren. Frauen bilden weder derartige Kollektive, noch werden sie darin aufgenommen und kommen deshalb für Förderungen dieser Art schon von Haus aus nicht in Frage.

Die panische Hofreitschule

Unweit des orchestralen Hauptquartiers der Wiener Philharmoniker liegt das Stammhaus einer weiteren weltberühmten Wiener Institution, in die es bislang auch noch keine Frau geschafft hat: die Spanische Hofreitschule. Das Ballett der weißen Hengste bezaubert Jahr für Jahr hunderttausende von Besuchern. Da die Hauptakteure der Vorführungen unbestritten die Pferde sind, ist es den meisten Besuchern wahrscheinlich gleichgültig, wer auf ihnen sitzt. Es gibt zwar kein schriftliches »Frauenembargo« in der Spanischen Reitschule, doch wird man unter den goldverbrämten Zweispitzen und den funkelnden Uniformen vergeblich nach einem weiblichen Wesen suchen.

Warum? Sind Frauen etwa zu schwach, um so einen Hengst zu bändigen? Fehlt es ihnen an Ausdauer und Gespür, die Hohe Schule – so nennt man den höchsten Grad der Perfektion in der Pferdedressur – zu erlernen?

Nein, sagt einer, der es wissen muß. Arthur Kottas-Heldenberg ist Oberbereiter in der Spanischen Reitschule und betreibt einen eigenen privaten Dressur-Reitstall, in dem er begeisterte Freizeitreiter und angehende Profis zu erfolgreichen Turnierreitern ausbildet. Seine Schüler sind mehrheitlich Frauen. Und sein Urteil über die geschlechtertypische Begabung für den Reitsport läßt eigentlich nur eine Frage zu: Warum reiten nicht ausschließlich Frauen in der Spanischen Reitschule?

Arthur Kottas-Heldenberg hält Frauen für die wesentlich gefühlvolleren Reiter. Anders als Männer, denen öfter die Geduld reiße, wenn eine Übung nicht gleich klappt, versuchten sie nicht, dem Pferd ihren Willen mit Gewalt aufzuzwingen, sondern versuchten es mit der sprichwörtlich »zarten Hand«[9]. Der Direktor der k. u. k. Traditionsreitschule, Hofrat Universitätsdozent Dr. Jaromir Oulehla, reagiert spontan skeptisch, was die Eignung junger Frauen für den Beruf des Bereiters betrifft. Seine Argumente kommen wie aus der Pistole geschossen. Fast hat es den Anschein, er hätte sich auf den Moment der unangenehmen Fragen nach den fehlenden Frauen in seiner Belegschaft perfekt vorbereitet – ähnlich wie ein Tennisspieler, der gespannt auf den Aufschlag seines Gegners wartet. Er hätte ja grundsätzlich nichts gegen Frauen einzuwenden, aber – an dieser Stelle breitet er eine eindrucksvolle Front von Argumenten aus: vom falschen Alter, über die falsche Beinlänge, die mangelnde Disziplin – tja, die jungen Damen kommen von der Freizeitreiterei und stellen sich das so einfach vor! – bis zu den falschen Geschlechtsorganen reicht die Palette. Sein letztes Argument ist – moralisch unangreifbar – in die Sorge um die Gesundheit der jungen Damen gehüllt. Was den ausgereiften Gebärmüttern und Eierstöcken erst die richtige Spannkraft verleihe, gemeint ist damit das tägliche, mehrstündige Gerüttel im Sattel, steht im Verdacht, junge, unausgereifte Gebärmütter und Eierstöcke an den Rand der Funktionstüchtigkeit zu treiben. Wer solle das verantworten? Außerdem: durch die

Schmerzen der monatlichen Regelblutung beeinträchtigt, seien Mädchen dem harten Drill der Ausbildung womöglich nicht gewachsen. Auch im Spitzendressursport brächten es die Frauen nur dank der Konsequenz und des Pferdeverstandes ihrer männlichen Trainer zu etwas, und so weiter, und so weiter.[10] Die einzige Begründung gegen die Aufnahme von Frauen, die mir am Ende des Gesprächs abging, war die, daß sich die Lippizanerhengste vor Frauen fürchten.

Die vergessenen Schwestern

Was ist denn hier eigentlich los? Immer wenn es um Prestige geht oder es gutes Geld zu verdienen gibt, wird der Rollbalken für Frauen heruntergelassen. Ein Drittel aller Erwerbstätigen weltweit sind Frauen. Aber dieses Drittel verdient im Schnitt ein Drittel weniger Geld als die männlichen Erwerbstätigen. In vielen Ländern, auch in zivilisierten wie Österreich, wird es immer noch still geduldet, daß Frauen für die gleiche Arbeit weniger bezahlt bekommen als Männer. Das Frauenvolksbegehren, das 640.000 Menschen im April 1997 unterschrieben haben, hat einige dieser irrationalen Ungerechtigkeiten aufgegriffen und angeprangert. Es gibt keinen ersichtlichen Grund, warum eine Frau für die gleiche Leistung weniger Geld als ein Mann verdienen soll. In der Realität passiert das allerdings seit vielen Jahrzehnten.

Der Leitsatz der französischen Revolution »Freiheit, Gleichheit, Brüderlichkeit« gibt das ganze Dilemma in Kurzform wieder. Darin sind Ziele und Ideale formuliert, denen man sich aus voller Überzeugung anschließen kann – wäre da nicht ein kleiner, verräterischer Schönheitsfehler: die Brüderlichkeit. Hat denn bei all den berechtigten Forderungen nach sozialer Gerechtigkeit niemand an die Schwestern gedacht? War der Kampf für die Menschenrechte nichts weiter als ein Kampf für »Männerrechte«?

Trägt nicht die gesamte Gesellschaft westlicher Prägung den Stempel ihrer männlichen Erfinder? Der Kapitalismus ist eine Männerwelt – von Männern für Männer gemacht. Nicht, daß Frauen da nicht mithalten könnten – Margret Thatcher hat es ja allen vorgemacht; die Eiserne Lady verstand es während ihrer Zeit als britische Premierministerin, ihre männlichen Amtskollegen auf der ganzen Welt abwechselnd zur Weißglut und zur Verzweiflung zu treiben. Doch sie spielte das Spiel nach den Regeln der Männer. Und sie gewann, weil sie die Männer mit deren eigenen Waffen schlug. Aber ist das die Welt, in der wir leben wollen? Eine Welt, in der die Frauen die besseren Männer sind, und ganz bewußt einige ihrer vortrefflichsten Eigenschaften, Fähigkeiten, Stärken und Talente verleugnen, nur um in einer Männerwelt zu bestehen?

Die Werteskala in einem kapitalistischen System ist ganz charakteristisch: Der Wert der Dinge manifestiert sich in der Marktwirtschaft am Preis. Fast alles hat bekanntlich seinen Preis, vom teuren Auto bis zum billigen Wegwerfartikel, vom lebenswichtigen Rohstoff bis zum verzichtbaren Krimskrams. Was keinen Preis hat, sind hingegen jene Qualitäten, die vor allem Frauen viel wert sind: Liebe etwa, oder Fürsorge. Die Geringschätzung für das, was unsere Gesellschaft eigentlich zusammenhält, ist nicht zu übersehen. Natürlich ist es nicht ausschließlich den Frauen vorbehalten, zu lieben und zu pflegen. Aber es sind Qualitäten, die Frauen im allgemeinen wichtiger sind als Männern. Auf jeden Fall stehen sie bei den meisten Frauen ganz vorne auf der Wunschliste – noch vor der Luxuslimousine, der Villa oder dem Wochenendhaus. Würden mehr weibliche Werte unserer Gesellschaft nicht gut tun?

Solange die Frauen einen Teil ihrer Bedürfnisse und Anliegen weiter unterdrücken und sich weiterhin an die männlichen Spielregeln halten, wird dieser Wertewandel wohl sicher nicht vollzogen.

Vielleicht ist der erste Schritt damit getan, sich die Verschiedenheit der Geschlechter einzugestehen, meint Lionel Tiger: »Wenn man ein System ändern will – was viele Leute wollen, und es muß sich aus vielen Gründen ändern, aus moralischen und ökonomischen –, dann ist es hilfreich, das System zu verstehen. Ich glaube nur, es ist weder wissenschaftlich noch politisch akzeptabel, zu sagen, daß es grundlegende Unterschiede zwischen Männern und Frauen gibt, aber gleichzeitig keine Konsequenzen daraus zu ziehen. Und zu behaupten, alles, was aus diesen Unterschieden resultiert, sei das Ergebnis einer männlichen Verschwörung oder weiblicher Minderwertigkeitskomplexe – einer ganzen Bouillabaisse von Gründen –, ist für meine Begriffe nicht sehr seriös.«

Vielleicht würde sich die trübe Brühe ja etwas lichten, würde man beginnen, nüchtern und sachlich nach den Motiven für die Benachteiligung des einen oder des anderen Geschlechts zu suchen. Wieder ist es die US-Army, die mit Abstand den besten Stoff für eine solche Fingerübung Übung liefert: Erst kürzlich wurde Lieutenant Kelly Flinn, die erste Bomberpilotin, die einen B-52-Bomber flog, unter ungeheurem medialen Getöse unehrenhaft aus der Armee entlassen. Sie war beschuldigt worden, ein Verhältnis mit einem verheirateten Mann gehabt zu haben. Mit diesem Delikt hat sie gegen den strengen Moralkodex der Army verstoßen – Grund genug, um hinauszufliegen. Flinn hatte dabei noch Glück im Unglück gehabt, daß ihr ein standrechtliches Verfahren erspart blieb, bei dem ihr sogar eine Haftstrafe von neuneinhalb Jahren gedroht hätte. Ihr Antrag auf ehrenhafte Entlassung – in diesem Fall hätte sie wenigstens als Reservistin weiterfliegen dürfen – wurde abgelehnt.[11] Kelly Flinn, die einstige Vorzeigepilotin, mußte ihren Beruf an den Nagel hängen.

Nun könnte man sagen, gleiches Recht für alle. Warum sollte man für eine Frau, nur weil sie prominent ist, eine Extrawurst braten? Auch Männer wurden schließlich schon aus demselben Grund aus der Armee entlassen – allerdings nicht immer mit derselben Konsequenz und Härte. Das zeigte sich nur wenige Tage nach dem umstrittenen »Flinn-Urteil«, als der Pentagon-Chef William Cohen persönlich den unter Beschuß geratenen Luftwaffengeneral Joseph Ralston in Schutz nahm, der über eine außereheliche Affäre mit einer CIA-Angestellten zu stolpern drohte.[12]

Hier wird eindeutig mit zweierlei Maß gemessen, meint die demokratische Abgeordnete Carolyn Maloney und findet sogar noch deutlichere Worte für diesen krassen Fall von Ungleichbehandlung: »Wenn man als Freund des Verteidigungsministers eine Affäre hat, passiert einem nichts. Wenn man als Frau eine hat, fliegt man raus.«

Ist diese Doppelmoral etwa eine Besonderheit des Militärs? Wurde der Grundstein für die Ungleichbehandlung von Mann und Frau etwa in dieser Institution gelegt? Keineswegs. Die unterschiedliche Beurteilung von außerehelichen Verirrungen – je nachdem ob sie ein Mann oder eine Frau begeht – spiegelt nichts anderes als die gängige Meinung der restlichen Gesellschaft wider. Niemand würde zwar laut sagen, daß die Frauen für einen Seitensprung härter bestraft gehörten, aber denken werden sich das bestimmt viele. In manchen US-Bundesstaaten ist die Ungleichbehandlung von Mann und Frau im Falle des Ehebruchs sogar noch im Gesetz verankert. In Minnesota etwa wird »Ehebruch« folgendermaßen definiert: Schläft eine verheiratete Frau mit einem Mann, der nicht ihr Ehemann ist, gilt das als Ehebruch und wird strafrechtlich verfolgt. Sex zwischen einem verheirateten Mann und einer unverheirateten Frau ist dagegen nicht strafbar. In vielen Ländern, die den Ehebruch von Mann und Frau heute gleichbehandeln, wurden die Gesetze vor gar nicht allzu langer Zeit geändert. In Österreich entschloß man sich erst 1975, die außerehelichen Abenteuer einer Frau mit der gleichen Nachsicht zu betrachten wie die eines Mannes. Aber dieser Gesetzestext hat nichts daran geändert, daß die meisten Leute in unserer Gesellschaft – hinter vorgehaltener Hand, versteht sich – mit weiblicher Untreue härter ins Gericht gehen als mit männlicher. Wenn Männer fremdgehen, sind sie »ganze Kerle«, wenn Frauen sich dieselbe Freiheit herausnehmen, sind sie »Flittchen« oder »Schlampen«.

Der stille Pakt

Die Wurzeln für das stillschweigende Übereinkommen unserer Gesellschaft, daß Männer und Frauen mit zweierlei moralischen Maßstäben zu messen sind, reichen allerdings wesentlich weiter zurück als ins vorige Jahrhundert. Sie stammen aus einer Zeit, als die Erfolgsstory der menschlichen Spezies noch keineswegs vorgezeichnet war. Damals kämpften Männer und Frauen hart ums Überleben. Um sich gegenseitig ihr mühseliges Dasein zu erleichtern, einigten sich Mann und Frau auf einen Pakt, der beide von einer großen Sorge befreien sollte. Sie einigten sich darauf, daß jeder auf den Schwachpunkt des anderen Geschlechts Rücksicht nehmen würde: Der Mann konnte nie sicher sein, ob er der Vater seiner Kinder war, und die Frau war auf fremde Hilfe angewiesen, sobald sie ein oder mehrere Kinder zu versorgen hatte. So bot der Mann der Frau seinen Schutz und Beistand an, dafür gewährte ihm die Frau im Gegenzug das exklusive Recht auf ihre Sexualität. Damit war beiden gedient.[13] Seither ist allerdings viel Zeit vergangen, die Umgebung der beiden Geschlechter hat sich radikal verändert. In unserer Zivilisation ist der männliche Beschützer weitgehend überflüssig geworden, und seit der Erfindung der Pille kann die Frau ganz allein über den Zeitpunkt und die Häufigkeit ihrer Fortpflanzung verfügen. Damit ist der alte Pakt zwischen Mann und Frau obsolet. Eine Revolution der Geschlechter steht unmittelbar bevor – eine Revolution, die indirekt von den politischen und wirtschaftlichen Veränderungen in den industrialisierten Ländern vorangetrieben wird.

Die ersten Anzeichen für diese Wende machten sich bereits bemerkbar. Viele Männer verdienen nicht mehr genug, um Frau und Kinder erhalten zu können. Einerseits muß die Frau heute beruflich schon mit anpacken, wenn die Familie durchkommen soll. Andererseits fühlt sie sich bereits wieder nur mehr auf Abruf an ihrem Arbeitsplatz mit all den arbeitslos gewordenen Männern im Rücken.

Sie schaut sich daher die Männer an und fragt sich: Habe ich das notwendig?

Das Ende der Männer

Die Frau kann auch ohne Mann ein Kind haben. Also macht sie es allein. Meistens wird sie dabei von ihrer Mutter unterstützt, die auf diese Art die Möglichkeit hat, Großmutter zu werden. Der Staat springt als Vater ein. Wer braucht noch einen biologischen Vater, wenn die staatlichen Zuwendungen dessen Einkünfte bei weitem übersteigen? Während der Staat bemüht ist, Alleinerzieherinnen und bedürftige Mütter zu unterstützen, gräbt er den Familienvätern – ohne es zu wollen – das Wasser ab. Eine Frau wird nur dann vom Staat unterstützt, wenn sie nachweisen kann, daß sie keinen Lebensgefährten oder

Ehemann hat, mit dem sie zusammenwohnt. Mit der Einführung dieses Gesetzes macht der Staat der Frau die Entscheidung leichter, sich von ihrem Mann zu trennen. Gab es früher vielleicht noch zusätzlich zu dem moralischen ein finanzielles Gebot, zusammenzuhalten und sich nach Streitereien wieder zu versöhnen, fällt dieses Motiv jetzt weg. Deshalb werden immer mehr Männer von ihren Familien abgestoßen, und immer mehr Frauen, die in einer unglücklichen Beziehung stecken, bemerken auf einmal: Es geht auch ohne Mann.

Diese Entwicklung wird unsere Gesellschaft radikal verändern – und, wie Lionel Tiger meint, sicher nicht zum Nachteil der Frauen: »Wir erleben eine komplette Umkehr im Vergleich zu früher. Die Männer sind hilflos und die Frauen an der Macht. Die Männer erhalten keine moralische Unterstützung. Sie sind verstört, weil ihnen gesagt wird, daß sie die Nutznießer von 2000 Jahren Männerherrschaft sind. Männer haben häufiger Drogenprobleme, geraten mit dem Gesetz in Konflikt, werden kriminell, weil ihre Zukunft unsicher ist. Es wird in vieler Hinsicht leichter sein, eine junge Frau zu sein, weil sie wenigstens die Wahl hat. Sie kann ein Kind haben, wenn sie will. Als Mann werde ich nie ein Kind haben können. Niemand wird mir als Mann das Sorgerecht für ein Kind zusprechen, wenn ich unverheiratet bin. Es wird für Männer immer schwieriger einen Job zu finden und ihn zu behalten. Früher wurde man in der Firma alt, in die man eintrat. Aber das ist heute nicht mehr der Fall. Es sind gewaltige Veränderungen im Gange. Ich glaube, unsere Gesellschaft steuert wieder auf die Urform der Primatengesellschaft zu, in der die Frauen und Kinder den Kern der Gemeinschaft bilden, und die Männer werden an den Rand gedrängt, wo sie untereinander um ein kleines bißchen Ruhm kämpfen. Ich glaube, darauf steuern wir zu.«

In Primatengesellschaften sind die Weibchen zwar nicht

im öffentlichen oder politischen Sinn dominant, dafür wachen sie über die Beziehungen und sozialen Kontakte in der Gruppe. Das bedeutet, sie suchen sich den Anführer ihrer Horde aus und bestimmen, welches Mitglied der Sippe welchen Rang in der Hierarchie bekleidet. Die Weibchen stehen im Zentrum der Gruppe. Sie ziehen die Fäden, weil sie über die Verwandtschaftsverhältnisse bestimmen. Das protzige Gehabe der Männchen führte die Primatenforscher anfangs auf die falsche Fährte. Sie hielten das Gebrüll und die wilden Gesten erst für dominantes Verhalten. Doch bald bemerkten sie, was wirklich dahintersteckt: Diese einschüchternden Gebärden dienten nur dazu, sich gegen andere Männchen zu verteidigen, während die Weibchen in aller Ruhe das System kontrollieren.

»Ich glaube«, sagt Lionel Tiger, »man kann die Emanzipation nicht nur als ein moralisches Argument sehen, was sie zweifellos ist, und zwar eines, mit dem ich sehr einverstanden bin, sondern auch als einen Schmerzensschrei der Frauen, die sagen: Schaut, wir können uns das nette Haus am Stadtrand nicht leisten, also gebt uns euren Job. Und wißt ihr was? Wenn ihr ihn uns nicht gebt, dann nehmen wir ihn uns einfach. Und die Wahl Clintons im Jahr 1996 hat den bisher größten Unterschied im Wahlverhalten von Frauen und Männern gezeigt. Das wird sich fortsetzen, in ganz Europa, und wir werden ein System haben, in dem Frauen wichtige Entscheidungen treffen werden, auf der Basis ihrer eigenen Bedürfnisse, nicht auf ideologischer Basis oder der Basis von Moral und Reinheit, sondern aufgrund dessen, was sie brauchen. Sie brauchen Unterstützung für Bildung, für ihre Eltern, sie wollen Wohlfahrt, Hilfe mit Tagespflegeeinrichtungen, und sie werden sie von der Regierung bekommen.«

UTOPIA

Wie wird die Geschichte von Adam und Eva weitergehen? Welche Zukunft ist den Geschlechtern beschieden? Werden sie wie rivalisierende Stämme aufeinander losgehen, und wird der Niedergang der Männerwelt, den Lionel Tiger bereits heraufdämmern sieht, die Machtverteilung in unserer Gesellschaft radikal verändern? Werden die Frauen sich selbst genug sein und die Männer von allen Privilegien ausschließen, als Vergeltung für jahrtausendelange Unterdrückung? Werden die Männer am Ende auf der Roten Liste der vom Aussterben bedrohten Arten landen?

Vielleicht wird es dann eine »Männerbewegung« geben als Antwort auf die Herrschaft der Frauen. Vielleicht werden wütende Männer mit Transparenten auf die Straße gehen, um auf ihre mißliche Lage aufmerksam zu machen. Und wo wird dann die Erforschung der Geschlechtsunterschiede stehen? Welche Rolle wird dieses Wissensgebiet spielen, wenn es darum geht, die beiden Geschlechter neu zu positionieren – werden die neuesten Studien und Ergebnisse aus der Geschlechterforschung dazu mißbraucht werden, um die Diskriminierung des Mannes zu rechtfertigen? Oder wird es weiterhin das alte Lied sein – werden weiterhin Frauen der Teil der Gesellschaft sein, der ständig unterdrückt und in Abhängigkeit gehalten wird?

Es kann aber ganz anders kommen, und die neuen Ergebnisse über Geschlechtsunterschiede bringen Frauen und Männer dazu, mehr Verständnis füreinander aufzubringen. Möglicherweise ist ja das bruchstückhafte Wissen über das andere Geschlecht schuld an soviel zerschlagenem Porzellan.

»Mann und Frau«, bemerken die Pädagogen in dem Biologielehrbuch *Mensch, Tier, Pflanze* so treffend, »sind die beiden Geschlechter des Menschen. Beide Geschlechter unterscheiden sich im Körperbau. So hat der Mann breite Schultern und ein schmales Becken, die Frau schmale Schultern und ein breites Becken«, und beenden die Abhandlung über die anatomischen Besonderheiten mit dem kryptischen Hinweis: »Das Verschiedensein von Mann und Frau hängt eng mit der Entstehung des menschlichen Lebens zusammen.«[1]

Mit diesem bescheidenen Rüstzeug werden junge Frauen und Männer nach der Schule ins Leben entlassen, wo sie durch viele, teils schmerzliche, Erfahrungen die Tücken des jeweils anderen Geschlechts kennenlernen. Es ist fast so, als würde man einen unerfahrenen Bergsteiger mit Halbschuhen und im Ruderleibchen den Mount Everest hinaufjagen. Offenbar hat sich noch niemand überlegt, daß Kinder in der Schule über das andere Geschlecht nichts weiter erfahren, als daß es anatomische Unterschiede gibt, denen jeder Mensch letztlich seine Existenz verdankt. Aber kein Biologie-Lehrbuch kratzt auch nur an der Oberfläche der wirklichen und profunden Unterschiede zwischen Mann und Frau, geschweige denn bereitet es staunende Teenager auf jene Unterschiede vor, die vielleicht noch wichtiger sind als die anatomischen, weil nicht so offensichtlich. Die Unterschiede im Denken, Fühlen und Handeln sind gewaltig. Mehr über sie zu wissen, ist wahrscheinlich der Schlüssel für ein glücklicheres Zusammenleben von Frauen und Männern – hofft jedenfalls Ruben Gur, dem die Erforschung des »kleinen« Unterschieds nicht nur beruflich sehr am Herzen liegt.

Ein Gespann fürs Leben

»Ich glaube, bevor man in der Lage ist, jemanden zu verstehen«, sagt er, »muß man vor allem wissen, in welcher

Weise er sich von einem selbst unterscheidet, und dann kann man versuchen, einen Weg zu finden, wie man am besten mit diesen Unterschieden lebt. Es nützt freilich überhaupt nichts, so zu tun, als gäbe es keine Unterschiede, denn wenn man sich das vormacht und es dann trotzdem Unterschiede gibt, wird man früher oder später bemerken, daß es außerordentlich schwer ist, miteinander auszukommen. Also hoffe ich, daß Entdeckungen wie diese [gemeint ist die Entdeckung der Gurs über die unterschiedlichen Gefühlswelten von Mann und Frau; Anm. d. A.] dazu führen, daß die Leute künftig sagen werden: ›Weißt du, die Männer, mit denen ich befreundet bin, denken zwar in einer bestimmten Art, aber nicht weil sie schlechte Menschen sind, sondern einfach nur Männer. Versuchen wir damit zu leben und es für alle angenehmer zu machen.‹ Und die Männer, die glauben, daß Frauen in gewisser Hinsicht seltsam sind, werden vielleicht draufkommen, daß es ein Teil ihrer Biologie ist, und sie werden sich daran gewöhnen.«[2]

Es geht nicht etwa darum, das sexuelle Interesse der beiden Geschlechter aneinander zu wecken – das erledigt die Natur schon selbst –, sondern es geht darum, dort zu vermitteln, wo das Gespann der Geschlechter noch reichlich unrund über die Straße des Lebens holpert: dort nämlich, wo es gilt, im Umgang miteinander den richtigen Ton zu treffen, die Empfindungen des anderen nicht zu verletzen und die Botschaften, die man aussendet, so zu verschlüsseln, daß sie beim anderen Geschlecht richtig ankommen. Um zwischen Frau und Mann zu dolmetschen, müssen erst ihre unterschiedlichen Sprachen erforscht werden.

»Bis zu einem gewissen Grad«, meint Ruben Gur, »ziehen Gegensätze einander an. Wenn die Gegensätze aber zu extrem sind, wird es sehr schwierig. Natürlich sucht man nicht die Nähe von jemandem, der genau so ist wie man selber, weil dann könnte man ja gleich allein bleiben. Die Kehrseite der Medaille ist, daß es ungeheuer schwer ist, jemandem nahe zu kommen, der in jeder Hinsicht völlig anders ist als man selber.«

Während Ruben Gur so von seinen persönlichen Erlebnissen über die Verschiedenartigkeit der Geschlechter erzählte, fiel mir plötzlich auf, wie typisch seine Frau und er in gewisser Weise für ihr Geschlecht waren. Raquel wollte erst gar nicht vor die Kamera – nicht aus Scheu, sondern weil es ihr offenbar nicht so wichtig war, im Mittelpunkt zu stehen. Sie schien zu beschäftigt zu sein mit ihren Patienten und ihren Mitarbeitern. Wir sahen sie während der Dreharbeiten häufig die langen Korridore des Psychology Departments auf und ablaufen.[3] Sie nickte uns immer freundlich zu, sagte, sie sei gerade auf dem Weg zu einem Meeting, fragte ab und zu, ob wir etwas bräuchten, und verschwand wieder hinter irgendeiner Tür. Trotz ihrer zarten, zerbrechlichen Erscheinung wirkte sie ausgesprochen energisch. Sie hatte etwas elfenhaftes an sich – ob es ihr blasser Teint, ihr schmales Gesicht oder der glattfrisierte blonde Pagenkopf war, kann ich nicht sagen. Ihre gesamte Erscheinung war sehr schön, sehr feminin. Ihr Mann war um einiges größer und robuster als sie. Er hatte dichte graue Locken, die in alle Windrichtungen standen. Sie sehen aus, als stünden sie unter Strom – ähnlich wie die genial-chaotische Haartracht eines Einstein oder Beethoven. Sein Teint war dünkler als der ihre und am späten Nachmittag begannen die Bartstoppeln das morgens noch glattrasierte Kinn zu verdunkeln. Er wirkte energiegeladen und dynamisch. Wenn er über seine Forschung erzählte, leuchteten seine Augen, und man konnte nicht anders, als sich von seiner Begeisterung anstecken zu lassen. Er nahm sich zwei Tage für die Dreharbeiten Zeit, zeigte uns stolz die Gehirn-Scans aus seinen bisherigen Untersuchungen und erklärte uns, wie sie zustande gekommen waren, wer seine Versuchspersonen gewesen waren und wie erstaunt Raquel und er über so manches ihrer spektakulären Ergebnisse waren. Er führte uns persönlich durch sein Reich, stellte uns seinen Mitarbeitern vor und zeigte uns die millionenschweren technischen Ungetüme, mit denen er so vielen Unterschieden im Gehirn von Frauen und Männern auf die Spur gekommen war. Raquel Gur wollte kein Interview geben. Sie ließ sich nur mit ihrem Mann zusammen bei einer PET-Untersuchung aufnehmen. Er genoß sichtlich das mediale Interesse an seiner Arbeit. Irgendwie kamen mir die beiden vor wie die Verkörperung dessen, was sie gemeinsam erforschen: den Unterschied zwischen Mann und Frau.

Ruben Gur hatte mir bereits vor den Dreharbeiten am Telefon lange und lebhaft von seiner Forschung erzählt. Er entpuppte sich als Billy Wilder-Fan – ob ich seinen Lieblingsfilm kenne, fragte er mich, die unübertroffene Komödie *Manche mögen's heiß*, in der sich Jack Lemmon und Tony Curtis als Frauen verkleidet durchs Leben schlagen. Ruben Gur meinte, das sei der lustigste Film, der je über das Verwirrspiel zwischen Frauen und Männern gedreht wurde. Genüßlich führe Wilder darin vor, welche Schmerzen, Entbehrungen und Erniedrigungen Männer über sich ergehen lassen müßten, wenn sie auch nur für kurze Zeit Frauen sein wollten. Auch der großzügige Schlußsatz »Nobody is perfect« könne daran nichts ändern – Männer und Frauen seien eben wie Tag und Nacht. Und die Grundlage für diese Unterschiede, so Ruben Gur, wollte er schon immer erforschen. Er wollte wissen, wo die verschiedenen Verhaltensmuster von Frauen und Männern ihre Wurzeln hätten. Seit er Einblick in die Gedankengänge des anderen Geschlechts habe, versuche er, was den meisten seiner Geschlechtsgenossen unglaublich schwerzufallen schien: einmal die Welt durch die Augen einer Frau zu betrachten.

Früher habe er sich oft über die »typisch weiblichen« Verhaltensweisen seiner Frau gewundert: Ihm war aufgefallen, daß Raquel, wenn sie eine menschliche Enttäuschung erlebt hatte, lange und ausführlich darüber zu sprechen pflegte. Er empfand das als übertrieben und ärgerte sich über so viel Beharrlichkeit. Er war der Ansicht, durch das viele Reden würde sich auch nichts mehr ändern lassen. Deshalb wäre es nicht zielführend, dieselbe unerfreuliche Begebenheit immer und immer wieder durchzukauen. Erst nach seiner Entdeckung, wie verschieden Männer und Frauen mit ihren Gefühlen umgehen und wie unterschiedlich sie emotionalen Streß bewältigen, sei ihm ein Licht aufgegangen. Heute werde er nicht mehr ungeduldig, sondern versuche von seiner Frau Raquel zu lernen, indem er ihr Verhalten beobachte.

«Ich habe das vor dieser Entdeckung nie gemacht, aber jetzt achte ich ganz bewußt darauf. Und wenn ich sehe, wie sie sich verhält, zum Beispiel wie sie immer und immer wieder auf eine Begebenheit zu sprechen kommt, die sie emotional aufgewühlt hat, dann sage ich mir: ›Ja, sie ist eine Frau. Sie muß so reagieren.‹ Und ich höre ihr zu, anstatt ärgerlich zu werden und zu sagen: ›Was soll denn das. Laß uns doch endlich aufhören, darüber zu reden!‹ Ich höre jetzt zu, denn manchmal, wenn man eine Sache immer und immer wieder durchgeht, kommt man dabei wirklich auf neue Gedanken, die einem sonst nie eingefallen wären. Genauso ist das auch mit den emotionalen Fähigkeiten. Nach meiner Erfahrung bringen Frauen ihre Gefühle viel stärker zum Ausdruck und sehen die Dinge mit einer gewissen emotionalen Färbung, die auf mich übertrieben wirkt. Aber indem ich mich zwinge, meine Reaktion zu unterdrücken und mir das ›Komm schon, hör auf darüber zu reden. Genug ist genug, wie lange kann man denn noch darüber reden‹ zu verkneifen, höre ich genauer hin und kann dabei noch einiges dazulernen.«

Ruben Gur findet dieses Erlebnis, an der Anschauung einer – seiner – Frau teilzuhaben, ungeheuer spannend. Er selbst hat daraus auch schon die eine oder andere Konsequenz gezogen. Wenn Gewitterwolken den sonst sonnigen Arbeitsalltag trüben, versucht er, sich an seiner Frau ein Beispiel zu nehmen. »Wenn sich jemand in unserem Labor unkollegial verhält und damit die Arbeit von uns allen gefährdet«, sagt Ruben Gur, »denke ich sofort daran, mir die Ärmel hochzukrempeln und mit dem Kerl vor die Tür zu gehen.« Seit er die Unterschiede im Verhalten von Frauen und Männern untersucht und weiß, daß es noch eine Alternative zur typisch männlichen Konfliktlösung gibt, bemüht er sich, ganz nach dem Vorbild seiner Frau, Streitigkeiten à la femme zu bereinigen: mit Fingerspitzengefühl und vermittelnden Worten. Männer und Frauen, meint Ruben Gur, könnten noch unendlich viel voneinander lernen. Während es Männern häufig schwerfalle, ihre Aggression zu zügeln, könnten Frauen seiner Meinung nach ruhig ein Quentchen mehr davon vertragen.

»Ich glaube, Männer können von Frauen lernen, wie man besser miteinander kommuniziert, wie man Unterschieden gegenüber toleranter wird und Reibereien gelassener hinnimmt – wie man sich bemühen kann, Brücken zu bauen, anstatt Wände niederzureißen. Und ich finde, Frauen müssen von Männern lernen, besser zu kämpfen. Denn ich glaube, daß eines der Probleme, mit dem die Frauen auf der ganzen Welt konfrontiert sind – möglicherweise weniger in den westlichen Ländern als im Rest der Welt –, darin besteht, daß sie zu wenige Männer haben, die für sie kämpfen. Deshalb müssen sie lernen, es selber zu tun, weil es niemals genügend Männer geben wird, die dazu bereit sind.«

»Ich meine«, begründet Ruben Gur seinen Wunsch, die

Frauen wehrhafter zu sehen, »was war denn das erste, was die Taliban[4] taten, nachdem sie Kabul eingenommen hatten? Sie gingen als erstes gegen die Frauen los. Sie sagten den Frauen, sie müßten zu Hause bleiben, sie dürften nicht arbeiten gehen, nicht einmal mehr unterrichten, gar nichts mehr. Und das ist die Situation in einem großen Teil der Welt: daß Frauen nicht als vollwertige menschliche Wesen angesehen werden. Ich finde, das ist eine der ganz großen Tragödien der menschlichen Rasse. Und solange sich das nicht ändert, wird es noch mehr Schmerzen und noch mehr Leid geben. Wenn man sich die Geschichte anschaut, sich ansieht, was Frauen in führenden Rollen geschafft haben: Üblicherweise ist es ihnen gelungen, Menschen zu vereinen, sie zusammenzuführen, sie dazuzubringen, miteinander zu arbeiten. Und ich glaube, es ist sehr wichtig, daß Frauen mehr Einfluß auf das politische Geschehen haben und daß sie bereit sind, diesen Einfluß und diese Verantwortung anzunehmen.«

Es ist bestimmt kein Zufall, daß der einzige Friedensnobelpreis, der je nach Österreich ging, an eine Frau verliehen wurde: an Bertha von Suttner. Sie gab die entscheidenden Impulse für die Friedensbewegung, gründete 1891 die Österreichische Gesellschaft der Friedensfreunde und wurde später Vizepräsidentin des Internationalen Friedensbureaus in Bern. Mit ihrem berühmten Roman *Die Waffen nieder!* appellierte sie an die Vernunft und den Friedenswillen ihrer Mitmenschen, während sich auf den Schlachtfeldern der Welt die Männer tummelten.

Ja, natürlich sollen Frauen nicht nur vereinzelt Führungspositionen innehaben und in der Politik den Ton angeben – aber wollen sie denn das, fragen die einen. Sind Frauen nicht von Natur aus an den Machtspielchen der Männer desinteressiert? Andere Stimmen hingegen werden laut, die sagen: Sicher, Frauen an die Macht, aber sind sie dazu überhaupt imstande? Wer so wenig Durchsetzungsvermögen oder Draufgängertum mitbekommen hat, ist vielleicht an der Spitze eines Unternehmens, einer Partei oder eines Staates fehl am Platz. Genau solche Folgerungen sind es, die Ruben Gur vermeiden wollte. Aber an dieser Art Unkenrufe entzündet sich immer wieder die Debatte darüber, wie sinnvoll es ist, die Unterschiede zwischen Frauen und Männern zu erforschen. Denn, wie man sieht, kann man aus jedem Unterschied einen Vor- oder einen Nachteil für das eine oder das andere Geschlecht formulieren.

Diese Tatsache ist einer jungen Wissenschaftlerin schmerzlich bewußt geworden, die sich in den frühen achtziger Jahren als eine der ersten auf dieses heikle Terrain gewagt hatte. Als Marie Christine de Lacoste als junge Forschungsassistentin am Southwestern Medical Center der University of Texas mit ihrer Arbeit begann, wußte sie noch nicht, was ihr bevorstand.

Keine Angst vor Unterschieden!

Sie vermutete, daß das Corpus callosum, jener dicke Nervenstrang, der die beiden Gehirnhälften wie eine Haupttelefonleitung miteinander verbindet, bei Männern und Frauen unterschiedlich groß sein würde. Als sie die Gehirne von 14 Verstorbenen beiderlei Geschlechts sezierte, bestätigte sich ihre Annahme. Die Frauen hatten im Durchschnitt mehr und kräftigere Zellen in diesem Korridor zwischen den Hemisphären. Als die Arbeit veröffentlicht wurde, folgte ein Sturm der Entrüstung. In wirksamer Verkürzung titelten die Zeitungen: »Wissenschaft beweist, Frauen sind intelligenteres Geschlecht!« Andere wieder interpretierten die Ergebnisse genau umgekehrt und ließen den Mann bei diesem medialen »Intelligenz-

Wettlauf« als ersten durchs Ziel gehen. Während sich die Journalisten über die gute Story freuten, schäumten de Lacostes Fachkollegen vor Wut. Eine Forscherin, und eine junge noch dazu, wagte es, so etwas zu veröffentlichen! De Lacoste wurde über Nacht als »dubiose Hirnforscherin« gebrandmarkt. Wo immer sie sich Diskussionen stellte, ihr Ruf eilte ihr stets voraus, und es verging kein Vortrag, ohne daß sie vom Publikum beschimpft wurde. »Diese Arbeit hat meiner Karriere eher geschadet als genützt«, faßt sie den Alptraum zusammen.[5]

Die Erklärung für das Debakel liegt auf der Hand: Marie Christine de Lacoste hat nicht einfach irgendein Wissensgebiet betreten, sondern das Minenfeld des Geschlechterkampfes. Eine der bekanntesten Kritikerinnen dieser speziellen Gehirnforschung ist die Biologin Anne Fausto-Sterling von der Brown University in Providence, Rhode Island. Sie befürchtet, daß die Veröffentlichung solcher Daten nur dazu beitrage, die ohnedies vorhandenen Vorurteile der Gesellschaft noch zu nähren und zu vertiefen. »Das Zeug ist doch Stumpfsinn«, schimpft sie über die einschlägigen Studien der Kollegenschaft, »die Beweise, daß es Unterschiede gibt, sind so bruchstückhaft und schwach, daß jetzt endlich Schluß damit sein sollte.«[6]

Aber was soll man tun, wenn man als Forscher durch Zufall über geschlechtertypische Unterschiede im Gehirn stolpert? Schweigen? Die Früchte jahrelanger Arbeit in der Schublade verschwinden lassen aus Angst, die Ergebnisse könnten mißbraucht werden?

Unbeschwert von all diesen quälenden Fragen machte sich Sandra Witelson, heute Professorin für Psychiatrie an der McMaster University in Hamilton, Ontario, Mitte der siebziger Jahre an die Arbeit. Sie wollte Rechts- und Linkshänder untersuchen, um herauszufinden, ob und in welcher Weise ihre Gehirne unterschiedlich strukturiert sind. Die bevorzugte Schreibhand ist ein Hinweis darauf, daß die Gehirne von Rechts- und Linkshändern unterschiedlich verschaltet sind. Das heißt, daß sie für die gleichen Tätigkeiten unterschiedliche Teile ihres Gehirns benutzen. Da das Corpus callosum der große Kommunikator zwischen den Gehirnhälften ist, konzentrierte sich auch Sandra Witelson auf den Verbindungssteg zwischen den beiden Hemisphären.

Doch da war noch ein Problem: Wie sollte sie die Leistungen lebendiger Versuchspersonen mit der Anatomie ihrer Gehirne vergleichen? Schießlich wollte sie nicht ein halbes Jahrhundert warten, bis die Testpersonen eines natürlichen Todes gestorben waren. Sandra Witelson entschloß sich daher zu einer ungewöhnlichen Lösung, die sie anfangs einige Überwindung kostete: Sie wandte sich an schwerkranke Krebspatienten und fragte diese, ob sie bereit wären, an ihrer Studie teilzunehmen. Fünfzig Menschen erklärten sich bereit, die psychologischen Tests mitzumachen und der Wissenschaft ihr Gehirn zu vermachen.

Nach zehn Jahren intensiver Forschung blickte Sandra Witelson auf ein erstaunliches Ergebnis. Sie hatte entdeckt, daß der sogenannte Isthmus, jener Teil des Corpus callosum, der die Mittelstücke der beiden Gehirnhälften – also die hinteren Teile des Sprachzentrums – miteinander verbindet, bei linkshändigen Männern kleiner war als bei rechtshändigen. Bis hierher deckte sich das Resultat mit ihren Erwartungen. Was ihr allerdings die Sprache verschlug, war das Ergebnis bei den Frauen. Bei ihnen richtete sich die Größe des Isthmus nicht nach ihrer bevorzugten Schreibhand. »Ich habe diesen Unterschied zwischen Männern und Frauen nicht geahnt«, sagt Witelson.[7] Aber warum hängt die Größe des Isthmus bei Männern mit ihrer bevorzugten Schreibhand zusammen und bei Frauen nicht? Sandra Witelson hat nur eine Erklärung dafür: »Das bedeutet, die neurobiologische Beschaffenheit der Händigkeit – die es eindeutig geben muß –, wird bei Frauen über eine andere Gehirnstruktur vermittelt als bei Männern. Und wenn ein Teil des Pakets unterschiedlich ist, könnte es einen Dominoeffekt geben. Es muß noch andere Teile geben, die verschieden sind.«

Sofort fragt sich jeder, ob Sandra Witelsons Entdeckung nun bedeutet, daß eines der beiden Geschlechter gewisse Informationen besser verarbeitet. »Verschieden heißt verschieden«, meint sie, »es ist so leicht, auf die Worte besser oder schlechter zu verfallen. Was ist besser, ein Apfel oder eine Orange?«

Melissa Hines, eine Gehirnforscherin der University of California in Los Angeles meint, daß die Kritik an solchen Studien von einer falschen Prämisse ausgehe. »Die Befürchtung«, sagt sie, »ist folgende: Wenn nachgewiesen wird, daß Frauen anders denken als Männer und es dafür auch noch biologische Beweise gibt, wird das dazu benutzt, soziale Ungerechtigkeiten zu rechtfertigen. Es wird angenommen, daß, sobald sich herausstellt, daß Frauen anders sind, sie sofort abgewertet werden. Unglücklicherweise ist ja genau das in der Vergangenheit eingetreten, aber das muß doch nicht immer so sein.«[8]

Während sich viele Sorgen machen, daß die Entdeckung von Geschlechtsunterschieden im Gehirn, zum Nachteil der Frauen ausgelegt werden könnte, fällt auf, daß der Großteil der bedeutendsten Forscher auf diesem Gebiet selber Frauen sind. Wahrscheinlich deshalb, weil sie aus der Vergangenheit gelernt haben, daß ihre männlichen Kollegen, als sie das Feld noch allein beherrschten, ihre Forschung vielfach dazu benutzten, ihre Verachtung für das andere Geschlecht in pseudoseriöse Daten zu kleiden. »Die Geschlechter sind verschieden, und es hilft nicht anzunehmen, sie seien es nicht. Wir werden die gleichen Chancen und die gleiche Anerkennung nicht eher erreichen, wenn wir davon ausgehen, daß beide in allen Bereichen gleich gut sind, obwohl es viel wahrscheinlicher ist, daß es bestimmte Dinge gibt, bei denen ein Geschlecht dem anderen überlegen ist.«

Es gibt noch einen weiteren Grund, warum die Erforschung des »kleinen« Unterschieds weitergehen sollte. Abgesehen davon, daß Zensur in der Wissenschaft grundsätzlich nicht wünschenswert ist, profitiert die gesamte Menschheit von eben dieser Doppelstrategie im Gehirn von Frauen beziehungsweise Männern.

Zu schön, um wahr zu sein?

Ruben Gur hat dazu eine für einen Naturwissenschaftler erstaunlich romantische Geschlechterutopie entworfen, die trotzdem auf dem soliden Fundament biologischer Gegebenheiten beruht. »Ich glaube,« sagt er, »wenn es ein grundsätzliches Einverständnis darüber gäbe, daß ihre Gehirne im wesentlichen gleich sind, bis auf ein paar Variationen, daß es gewisse Dinge gibt, die Frauen besser machen und gewisse Dinge, die Männer besser machen, dann ist es nicht mehr weit zu dem Schluß, daß in der bestmöglichen Welt beide zusammenarbeiten sollten, um eine Lösung zu finden, die allen gerecht wird. Denn sie werden in der Lage sein, die Wirklichkeit aus einer erweiterten Perspektive zu betrachten. Und aus diesem Grund, glaube ich, ist bei allen Arten die Differenzierung der Geschlechter von Vorteil. Dadurch entstehen zwei Subspezies, die ein bißchen verschieden sind, die die Realität mit etwas anderen Augen sehen, die etwas unterschiedlich darauf reagieren und deshalb in der Lage sind, ihre Wahrnehmung weiter zu spannen und dadurch möglicherweise ein kompletteres, realitätsgetreueres Bild von der Welt zu erhalten. Und gemeinsam können sie das einfach besser.«

Aber auch ganz konkrete Hoffnungen verbinden die Pioniere dieser Forschungsrichtung mit ihrer Arbeit: Sie erhoffen sich, neue, wirkungsvollere Therapien bei Sprachstörungen zu entwickeln. Im Fall der Dyslexie – jener Störung, die es Kindern schwer macht, lesen zu lernen –, könnte es leicht sein, daß nur eine Therapie erfolgreich ist, die auf das Geschlecht des betroffenen Kindes Rücksicht nimmt; eben weil Knaben und Mädchen, wie Sally Shaywitz herausgefunden hat, Sprache im Gehirn so unterschiedlich verarbeiten.[9]

Vielleicht wird eine Reform im Unterricht traditioneller »Knaben-« und »Mädchenfächer« die Folge dieser Forschung sein. Schließlich hat sie ergeben, daß Männer und Frauen zwar gleich intelligent sind, aber ihre Fähigkeiten auf unterschiedliche Weise erwerben. Also könnten spezielle Unterrichtsmethoden irgendwann dazu führen, daß Mädchen einen besseren Draht zu Mathematik bekommen und Burschen zu den sprachlichen Fächern. Allerdings besteht auch die Gefahr, daß Bildungspolitiker die falsche Konsequenz ziehen und die Unterschiede, die die Forschung zutage gefördert hat, dazu benutzen, Jungen und Mädchen in der Schule wieder stärker zu separieren. Erste Anzeichen dafür gibt es bereits. In England soll schon bald der getrennte Unterricht von Mädchen und Knaben in sprachlichen Fächern und in Mathematik eingeführt werden – aus Sorge, die beiden Geschlechter könnten einander gegenseitig in ihrer Entwicklung behindern. Daß dabei mathematisch hochbegabte Mädchen und sprachlich überdurchschnittlich talentierte Knaben auf der Strecke bleiben, ist in einem solchen System vorprogrammiert. Außerdem scheint diese schulische Maßnahme eher der Bequemlichkeit der Lehrer entgegenzukommen als den individuellen Bedürfnissen der Kinder. Die Lehrer müßten dann nicht mehr auf die unterschiedlichen Begabungen, Stärken oder Schwächen der beiden

Geschlechter eingehen, sondern könnten in reinen Mädchen- oder Jungenklassen ihre pädagogische Zuwendung mit der Gießkanne verteilen. Statt zur altmodischen Geschlechtertrennung im Unterricht zurückzukehren, sollte die Schule mehr denn je auf gemischte Klassen setzen – auch oder gerade in jenen Gegenständen, die sich hartnäckig als letzte Bastionen unsinniger Geschlechterapartheid gehalten haben.

Ein erster wichtiger Schritt in die richtige Richtung ist die sogenannte Koedukation. Hinter diesem sperrigen Begriff verbirgt sich eine der klügsten Reformen des Schulsystems in den letzten Jahrzehnten: die Entrümpelung der Lehrpläne von traditionellen »Knaben-« und »Mädchenfächern« wie »Werken« und »Handarbeiten«, die ausschließlich auf überkommene Rollenklischees zurückzuführen sind. In diesen Unterrichtsfächern wurden Generationen von Kindern für eine Aufgabe in der Gesellschaft präpariert, die sie sich – hätte man sie gefragt – vielleicht selbst nicht ausgesucht hätten.

Aus dem Nähkästchen

Mädchen wurden gezwungen, in Vorbereitung auf ihre spätere Hausfrauentätigkeit Deckchen zu häkeln und Pulswärmer zu stricken, während man Burschen zu universellen Heimwerkern trimmte, um in ihnen das als selbstverständlich vorausgesetzte Techniker- oder Ingenieursgenie zur Entfaltung zu bringen. Ich weiß noch genau, wie wir unter dieser Fächertrennung gelitten haben. Wie gerne hätten wir Papierschlösser gebaut, Labyrinthe aus Sperrholz gezimmert oder selbstgebastelte Drachen steigen lassen. Doch diese Welt der Phantasie und Kreativität blieb uns, da wir Mädchen waren, verschlossen. Stattdessen mußten wir unter der strengen Aufsicht einer wuchtigen Handarbeitslehrerin beispielsweise einen Dirndlbeutel häkeln. Für alle Leser, die sich fragen, was in aller Welt ein Dirndlbeutel ist, sei folgende Erklärung angefügt: Ein Dirndlbeutel ist ein aussterbendes Accessoir, das vornehmlich von älteren Damen unter der Schürze ihres Trachtenkleides getragen wird. Warum aber sieben- bis achtjährige Volksschulkinder, die nichts weniger gern tragen als ein Dirndl, genötigt werden, ein solches Requisit zu fabrizieren, verstehen wir bis heute nicht. Unvergeßlich haben sich die Merksätze oben genannter Lehrkraft in unser Gedächtnis eingebrannt. Während sie zwischen den Bänken auf und ab patrouillierte, um über den Rand ihrer Brille die Fortschritte der Klasse im »Hexenstich« zu überwachen, hielt sie dann und wann inne, klopfte – um sich Gehör zu verschaffen – mit einer Stricknadel auf das Pult und sprach: »Kurzes Fädchen, braves Mädchen, langes Fädchen, faules Mädchen.« Damit erstickte sie jeden Versuch der Mädchen, eine elendig lange Zeile von »Hexenstichen« mit nur einem Faden zu bewältigen, im Keim. Sie hielt es wohl für pädagogisch angebrachter, die künftigen Hausfrauen dazu anzuhalten, für die besagte Strecke völlig unnützer Ziersticke möglichst oft den Faden zu wechseln. Was ist geblieben von all den Jahren dieser einschlägigen Bemühungen? Die Sache mit dem langen Fädchen und ein unförmiger, fleischfarbener Häkelbeutel, der es nie zu einem sonntäglichen Ausgang gebracht hat.

Sollten denn nur Mädchen in der Lage sein, in ihrem späteren Leben Knöpfe annähen zu können? Und warum glaubte man, daß nur Jungen den Umgang mit Hammer und Säge lernen müssen? Wieso wurden nicht beiden Geschlechtern die wichtigsten Handgriffe aus beiden Bereichen beigebracht?

Diese Auffassung der häuslichen Arbeitsteilung hat sich mittlerweile dramatisch geändert: »Mädchen können einfach alles«, sagt eine Zwölfjährige, die an einem Schulversuch in einer Wiener Schule teilnimmt, selbstbewußt.[10] Hier sägen und hämmern die Mädchen gemeinsam mit den Jungen. Die Jungen lernen ihrerseits gemeinsam mit den Mädchen Stricken, Nähen und Sticken – und das mit größter Begeisterung. »Warum sollen sich nur Mädchen dafür interessieren?« sagt einer der Schüler, während er von seiner Stickarbeit aufblickt, und fügt enthusiastisch hinzu: »Das interessiert mich doch genauso wie Claudia!«

Es ist unwahrscheinlich, daß diese Kinder mit denselben »Geschlechterdünkeln« aufwachsen werden, wie die Generation vor ihnen. Sie genießen die Freiheit, all ihre Neigungen und Talente – unabhängig von ihrem Geschlecht – ausloten zu können, und müssen sich nicht schon im zarten Volksschulalter auf bestimmte klischeebehaftete Tätigkeiten einschränken lassen. In dem Schulversuch lernen sie, daß beide Geschlechter alles können – und das gilt selbstverständlich nicht nur für Handarbeiten und Werken. Es gibt für sie keine Bereiche mehr, die das Stigma der »Frauenarbeit« tragen oder solche, die als »Männersache« geadelt werden. Damit werden sie auch mit wesentlich besseren Chancen ins Leben entlassen, sich später in einem Beruf zu etablieren, der ihren Begabungen gerecht wird. Aber die Koedukation auch in diesen Bereichen fördert nicht nur die individuellen Entfaltungsmöglichkeiten, sie legt auch den Grundstein für die gegenseitige Achtung und Wertschätzung der Geschlechter, die dem friedlichen Miteinander von Mann und Frau nur förderlich sein kann.

Möglicherweise wird diese Entwicklung dazu beitragen, daß es immer weniger geschlechtertypische Berufe wie Starkstromtechniker oder Kindergärtnerin geben wird. Starkstromtechnikerin und Kindergärtner – warum nicht? Vielfalt gegen Einfalt – vor allem gegen die Einfalt des Sexismus. Aber auch jene, die sich für eine traditionelle Rolle in der Gesellschaft entscheiden, müssen nicht mehr befürchten, als altmodisch oder einfallslos belächelt zu werden. – Ein schöner Traum, werden sich jetzt manche denken. Aber vielleicht gelingt uns ja doch einmal, was die Kibbuzniks in Israel längst geschafft haben – allen Berufen die gleiche Achtung (und gleichwertige Bezahlung) entgegenzubringen, sie als absolut gleichwertig zu betrachten –, in Wirklichkeit und nicht nur in Utopia.

Zugegeben, der Wertewandel in unserer Gesellschaft ist unberechenbar und widersetzt sich allen Vorhersagen. Außerdem wird er sich, wenn überhaupt, nur sehr langsam durchsetzen – das ist eines der Merkmale ideeller Wertvorstellungen. Viel verläßlicher sind dagegen kommerzielle Entwicklungen: Man kann beispielsweise davon ausgehen, daß die Pharmaindustrie einige Ergebnisse aus der medizinischen Geschlechterforschung schon bald zu Geld machen wird. Wer sagt, daß Männer größere Schmerzen erdulden müssen als Frauen? Die Studie, die zufällig enthüllt hat, daß Frauen besser auf ein gängiges Schmerzmittel ansprechen als Männer, wird bereits fortgesetzt – mit dem Ziel, den Wundschmerz der Männer, über kurz oder lang, genauso wirksam bekämpfen zu können wie den der Frauen.[11] Auch die Medizin wird sich bemühen, Ungerechtigkeiten der Natur auszugleichen, etwa bei der Behandlung von Alzheimer- oder Schlaganfallpatienten. Und wer weiß, vielleicht wird derselbe Jungbrunnen, der zur Zeit nur weibliche Gehirnzellen länger frisch hält, auch bald männliche Gehirne laben. Deshalb möchte Ruben Gur, nicht ganz uneigennützig, wie er zugibt, für sein Leben gerne einmal durch die Augen einer Frau schauen dürfen.

»Vielleicht bekomme ich ja die Gelegenheit dazu«, sagt er, wobei man ihm ansieht, daß er es nicht ganz als Scherz meint, »wenn es stimmt, daß Östrogen hilft, dem Abbau des Gehirns vorzubeugen, dauert es möglicherweise nicht mehr allzu lange – ich bin zwar kein Pharmakologe, sondern nur Psychologe –, bis es eine Art pharmakologischen Eingriff geben wird, der es Männern ermöglicht, mit den Frauen gleichzuziehen, und ihnen dazu verhilft, zehn Jahre länger zu leben. Denn immerhin ist das ein weiterer großer Geschlechtsunterschied: daß Frauen im Durchschnitt ein ganzes Jahrzehnt länger leben als Männer.«

Es gibt also gute Gründe, die Unterschiede zwischen Mann und Frau zu erforschen – wenngleich vielleicht auch ein Warnhinweis an dieser Stelle angebracht ist: Es gibt das asiatische Sprichwort von dem Tausendfüßler, der sich hoffnungslos verknotet, sobald er beginnt, darüber nachzudenken, wann er welchen Fuß vor den nächsten setzen muß. Könnte es Männern und Frauen nicht genauso ergehen? Sind sie nicht jetzt schon mit Informationen über Geschlechtsunterschiede hoffnungslos überladen? Was die Beziehungen zwischen den Geschlechtern anlangt, ist inzwischen jeder »Experte«. Jeder hat zu Hause seinen Ratgeber auf dem Nachttisch, der verrät, wie man den richtigen Mann findet, angelt, ihn in Ruhe läßt oder wieder loswird. Auch zweckdienliche Hinweise, wie man mit Frauen glücklich wird, füllen Seite um Seite der papierenen Gebirge. Ob Mars und Venus darin wirklich die Wahrheit über das andere Geschlecht erfahren? Wer weiß? Die Sorge, die Menschen mit zuviel Wissen zu verwirren, relativiert sich allerdings bei genauerer Betrachtung. Es ist schon so viel geschrieben und gesagt worden, daß die Orientierungslosigkeit eigentlich kaum mehr zunehmen kann.

Doch wenn man bedenkt, wieviel Schaden dagegen durch Unwissen angerichtet wurde, können wir das bißchen Verwirrung, das die neuen Forschungsergebnisse immer wieder stiften werden, sicherlich ganz gut vertragen.

Vive la différence

War es nicht immer so, daß die Erkenntnisse der Wissenschaft das Bild, das wir von uns selber hatten, auf heilsame Art zurechtgerückt haben? Mußten nicht Wissenschaftler wie Giordano Bruno ihr Leben lassen, weil sie die bescheidene Bedeutung des Menschen im Universum als einzige ihrer Zeit richtig erkannt hatten? Die Forschung ist ein Korrektiv, an dem Menschen nicht nur Maß nehmen, sondern auch noch wachsen können. Das gilt natürlich auch für die Erforschung der Unterschiede zwischen Mann und Frau.

»Jedes Mal«, sagt Lionel Tiger[12], »wenn wir in der Archäologie oder Paläontologie eine Entdeckung machen, dringen wir tiefer und tiefer in die Vergangenheit ein. Wir haben vor kurzem einen Fund in Australien gemacht, der beweisen dürfte, daß Menschen schon vor 120.000 Jahren gemalt haben, während die ältesten bisher bekannten Malereien in Lascaux 17.000 Jahre alt sind. Ich glaube, dasselbe wird mit den Geschlechtsunterschieden passieren. Je feiner und zuverlässiger unsere Techniken werden, desto mehr Geschlechtsunterschiede werden wir finden. So wie mit der Evolution – je mehr wir über die Evolution wissen, desto besser werden wir in der Lage sein, uns selber einzuschätzen, desto besser werden wir in der Lage sein, unser ökologisches Verhältnis zu unserem Planeten zu beurteilen, und umso eher wird es uns gelingen, uns selber mit einem gewissen Gefühl der Demut und Würde zu betrachten. Das heißt, wir sind nicht der Mittelpunkt des

Universums, wir sind genauso entstanden wie alle anderen Arten auch ... Also so gesehen war die Erkenntnis, daß wir als Art zwei, drei, vier Millionen Jahre alt sind, ein großer Vorteil, um unseren Platz auf dem Planeten richtig einzuordnen. So ähnlich ist das, wenn wir die Unterschiede zwischen den Geschlechtern erforschen. Wir werden dadurch in der Lage sein, bessere Männer und bessere Frauen zu werden.«

Die Frage der Zukunft wird also nicht lauten: Gibt es Unterschiede? Das hat die Wissenschaft eindeutig bewiesen. Die Frage wird vielmehr lauten: Wie gehen wir damit um? Unsere Gesellschaft bewegt sich weg von der zentralistisch regierten Masse, in der jeder seine Meinung von der Allgemeinheit übernimmt. Immer mehr Individualisten prägen unser Gesellschaftsbild, und daher liegt es auch in der Verantwortung des einzelnen, zukünftige Wertewandel mitzubestimmen.

Wir haben dargestellt, daß es Unterschiede zwischen den Geschlechtern gibt und ebenso große Unterschiede zwischen den einzelnen Individuen. Diese sind nicht nur vorhanden, sondern lebensnotwendig. Ohne individuelle Unterschiede hätte es keine Evolution geben können, keine biologische und schon gar keine kulturelle. Das Leben wäre über die Stadien der ersten Aminosäuren nicht hinausgekommen. Die Schönheit und Vielfalt unserer Erde, die wir so lieben und bewundern, wäre nie zustande gekommen.

Geschlechtsunterschiede waren von Anfang an mitentscheidend für die Höherentwicklung der Lebewesen. Sie sorgten dafür, daß eine Art sich fortpflanzt und weiterentwickelt. Ohne sie gäbe es weder Vielfalt noch Stabilität. Auf ihnen baut schließlich alles auf, was für uns Menschen wichtig ist, was uns ausmacht: Freundschaft, Liebe, Partnerschaft, Familie, Gemeinschaft. Nur auf diesem Nährboden kann sich Kultur entwickeln.

Auch in Zukunft wird jede Weiterentwicklung von eben diesen Unterschieden abhängen. Ohne sie kämen die Kräfte der Veränderung zum Erliegen – jede Chance auf Erneuerung wäre damit vertan. Es wäre das Ende allen Lebens.

Gerade die beispiellose Erfolgsstory der menschlichen Entwicklung von der Amöbe bis zum kulturfähigen, vernunftbegabten Geschöpf sollte uns gelehrt haben, für alle Unterschiede dankbar zu sein. Und wenn nicht, ist es an der Zeit, daß wir lernen, respektvoll mit ihnen umzugehen und ihnen mit Achtung und Wertschätzung zu begegnen. Denn sie sind unser Fundament – ihnen verdanken wir unsere Existenz.

Es lebe der kleine Unterschied!

ANMERKUNGEN

EINLEITUNG

(1) BROCA Paul, 1861: Sur le volume et la forme du cerveau suivant les individus et suivant les races. Zit. n.: GOULD Stephen Jay, 1988: Der falsch vermessene Mensch. Suhrkamp: Frankfurt/M.
(2) MÖBIUS Paul Julius, 1900: Über den physiologischen Schwachsinn des Weibes
(3) EBNER-ESCHENBACH Marie v., 1830, in: FEYL Renate (Hg.), 1991: Sein ist das Weib, Denken der Mann. Kiepenheuer und Witsch: Köln
(4) TIGER Lionel, November 1996, persönliches Gespräch mit Sabina Riedl

DIE UNTERSCHIEDE

DAS KROKODIL IM MANN

1) GRAY John, 1992: Men are from Mars, Women are from Venus. Harper Collins Publishers: New York
2) NOVALIS, 1772, in: FEYL Renate (Hg.), 1991: Sein ist das Weib, Denken der Mann. Kiepenheuer und Witsch: Köln
3) GUR Ruben, November 1996, persönliches Gespräch mit Sabina Riedl
4) GUR Ruben, HARPER MOZLEY Lyn, MOZLEY David, REZNICK Susan M., KARP Joel S., ALAVI Abass, ARNOLD Stephen E. & Raquel E. GUR, 1995: Sex Differences in Regional Cerebral Glucose Metabolism During a Resting State. Science Vol 267, January 27, 528–531
5) ERWIN Roland J., GUR Ruben C., GUR Raquel, SKOLNICK Brett, MAWHINNEY-HEE Maureen & Joseph SMAILIS, 1992: Facial Emotion Discrimination: I. Task Construction and Behavioral Findings in Normal Subjects. Psychiatry Research, 42, 231–240
6) TEMBROCK Günther, 1992: Zur Funktion geschlechtlicher Unterschiede aus verhaltensbiologischer Sicht, in: WESSEL K. F. & H. A. G. BOSINSKI, 1992: Interdisziplinäre Aspekte der Geschlechterverhältnisse in einer sich wandelnden Zeit. Kleine Verlag: Bielefeld
7) KIRSCHBAUM Clemens, KLAUER Thomas, FLIPP Sigrun-Heide und Dirk Helmut HELLHAMMER, 1995: Sex-Specific Effects of Social Support on Cortisol and Subjective Responses to Acute Psychological Stress. Psychosomatic Medicine, 57, 23–31
8) KIRSCHBAUM Clemens, Mai 1997, persönliches Gespräch mit Sabina Riedl

1) LE BON Gustave, 1879: Recherches anatomiques et mathémathiques sur les lois des variations du volume du cerveau et sur leurs relations avec l'intelligence. Zit. n.: GOULD Stephen Jay, 1988: Der falsch vermessene Mensch. Suhrkamp: Frankfurt/M., S. 108f
2) Theorien im Übermaß, Biologische Märchen. FAUSTO-STERLING, Anne, 1985: Gefangene des Geschlechts? Was biologische Theorien über Mann und Frau sagen. Piper: München, S. 62ff
3) Konservatives Y-Chromosom. KNUSSMANN Rainer, 1996: Vergleichende Biologie des Menschen. Lehrbuch der Anthropologie und Humangenetik. Fischer: Stuttgart, Jena, Lübeck, Ulm, S. 222
4) LEHRKE Robert, 1972: A Theory of X-linkage of major intellectual traits. American Journal of Med. Defic., 76, 611–619
5) TURNER Gillian, 1996: Intelligence and the X Chromosome. The Lancet, 347, 1814–1815. TURNER Gillian & Michael W. PARTINGTON, 1991: Genes for Intelligence on the X Chromosome. Journal Med. Genet., 29, 429
6) Prof. Lewis THOMAS, Humangenetiker von der Stanford University, zit. n. EBERHARD-MEYER Claudia, 1977: Eva war zuerst da. Bild der Wissenschaft 2
7) GUR Ruben, November 1996, persönliches Gespräch mit Sabina Riedl
8) WITELSON Sandra F., 1989: Hand and Sex Differences in the Isthmus and Genu of the Human Corpus Callosum. A postmortem morphological study. Brain, 112, 799–835
9) HOFMAN M. A. & Dick F. SWAAB, 1991: Sexual Dimorphism of the Human Brain: Myth and Reality. Exp. Clin. Endocrinol., Vol. 98, No. 2, 161–170
10) Das Neue Guinness Buch der Rekorde, 1996, Ullstein: Frankfurt/M., Berlin
11) KNUSSMANN Rainer, 1996: s. Anm. (3).
12) WALKER A., 1843: Women Physiologically Considered. Zit. n.: FAUSTO-STERLING Anne, 1985: Gefangene des Geschlechts? Was biologische Theorien über Mann und Frau sagen. Piper: München
13) HAYES William N., 1996: Identifying Sex from Handwriting. Perceptual and Motor Skills, 83, 791–800
14) SCHMIDT Robert F. & Gerhard THEWS (Hg.), 1987: Physiologie des Menschen. 23. Aufl. Springer: Berlin, Heidelberg, New York
15) DALY Martin & Margo WILSON, 1983: Sex, Evolution and Behavior. 2nd ed. Willard Grant Press: Boston, p. 266
16) MARANO Hara Estroff, 1993: Chemistry & Craving. Not the Same Old Diet Story. Psychology Today, Jan/Feb, 30–74
17) LEIBOWITZ Sarah F., 1992: Neurochemical-Neuroendocrine Systems in the Brain Controlling Macronutrient Intake and Metabolism. Trends in Neurosciences, 15, 491–497. LEIBOWITZ Sarah F., 1994: Specificity of Hypothalamic Peptides in the Control of Behavioral and Physiological Process. Annals of the New York Academy of Sciences, 739, 12–35 LEIBOWITZ Sarah F., 1994: Adrenal Steroid Receptors: Interactions

With Brain Neuropeptide Systems in Relation to Nutrient Intake and Metabolism. Journal of Neuroendocrinology, 6, 479–501
18) SCHMIDT Robert & Gerhard THEWS, 1983: s. Anm. (13)
19) LeBOEUF Burney J., 1972: Sexual Behavior in The Northern Elephant Seal Mirounga angustirostris. Behavior, 41, 1–26. LeBOEUF Burney J., 1974: Male-Male Competition and Reproductive Success in Elephant Seals. American Zoologist, 14, 163–176
20) NAPIER J. R. & P. H. NAPIER, 1985: The Natural History of the Primates. British Museum (Natural History), Cambridge University Press: London
21) KNUSSMANN Rainer, 1996: s. Anm. (3)
22) KIMURA Doreen, 1995: Estrogen Replacement Therapy May Protect Against Intellectual Decline in Postmenopausal Women. Hormones and Behavior, 29, 312–321

FRAU AM STEUER

1) Der Spiegel, 22/1997: Zaudern und zockeln. Ein Ire bereichert die Forschung zum Geschlechterkrieg am Steuer um eine Erkenntnis: Frauen haben Probleme mit Kurven. RAMSAUER Petra, 1997: Was Frauen am Steuer fehlt… »das richtige Gefühl für Abstände«, meint ein Ire. »Altkluge Männerratschläge«, meinen Autofahrerinnen. Kurier, 28. Mai
2) McKENNA Frank, Juni 1997, persönliches Gespräch mit Sabina Riedl
3) GUR Ruben, November 1996, persönliches Gespräch mit Sabina Riedl
4) BENBOW Camilla P. & Julian C. STANLEY, 1980: Sex Differences in Mathematical Ability: Factor or Artifact? Science 210, 1262–1264
5) HAMPSON Elizabeth & Doreen KIMURA, 1988: Reciprocal Effects of Hormonal Fluctuations on Human Motor an Perceptual-Spatial Skills. Behavioral Neuroscience 102, 3, 456–459
6) KIMURA Doreen, 1991: Sex Differences in Cognitive Function Vary with the Season. Research Bulletin 697, Dept. of Psychology, University of Western Ontario
7) WITKIN H. A. nach einer Zusammenfassung von: MACCOBY Eleanor Emmons & Carol Nagy JACKLIN, 1975: The Psychology of Sex Differences. Stanford University Press, Stanford, Cal., London (Oxford University Press), S. 94, 97, 128. S. a.: WITKIN H. A., DYK R. B., FATERSON H. F., GOODENOUGH D. R. and S. A. KARP, 1974: Psychological Differentiation. Studies of Development. Lawrence Erlbaum Associates, Potomac, Maryland, the Halsted Press Division of John Wiley & Sons: New York–Toronto–London–Sydney

DER SPRACHLOSE MANN

1) HARASTY Jenny, DOUBLE Karl L., HALLISAY Glenda M., KRIL Jillian J. & Deborah A. McRITCHIE, 1997: Language Associated Cortical Regions Are Proportionally Larger in the Female Brain. Archives of Neurology, Vol. 54, February, 171–176

2) BROCA Paul, 1861: Sur le volume et la forme du cerveau suivant les individus e suivant les races. Zit. n.: GOULD Stephen Jay, 1988: Der falsch vermessene Mensch. Suhrkamp: Frankfurt/M.
3) SHAYWITZ Bennet A., SHAYWITZ Sally E, PUGH Kenneth R., CONSTABLE R. Todd, SKUDLARSKY Pawel, BRONEN Richard A., FLETCHER Jack M., SHANKWEILER Donald P, KATZ Leonard & John C. GORE, 1995: Sex Differences in the Functionnal Organization of the Brain for Language. Nature, Vol. 373, 16 February
4) SHAYWITZ Sally, November 1996, persönliches Gespräch mit Sabina Riedl.
5) SACHS Jacqueline, 1975: Cues to the Identification of Sex in Children Speech in Language and Sex, in: THRONE Barrie & Nancy HENLEY, 1975: Language and Sex: Difference and Dominance. Newbury House Publishers Inc.: Rowley, Mass.
6) PERSINGER M. A. & P. M. RICHARDS, 1995: Women Reconstruct more Details than Men for a Complex Five-Minute Narrative: Implications for Right-Hemispheric Factors in the Serial Memory Effect. Perceptual and Motor Skills, 80, 403–410
7) RESCHER Brigitte & Peter RAPPELSBERGER, 1996: EEG Changes in Amplitude and Coherence During a Tactile Task in Females and Males. Journal of Psychophysiology 10, 161–172
8) RESCHER Brigitte, November 1996, persönliches Gespräch mit Sabina Riedl

WOZU UNTERSCHIEDE?

AM ANFANG WAR DIE FRAU

1) Der Vorgang der Befruchtung ist einfach erklärt und abgebildet zu finden in: NILSSON Lennart, 1990: Ein Kind entsteht. Bilddokumentation über die Entwicklung des Lebens im Mutterleib. Mosaik: München
2) RITTER Horst, 1977: Humangenetik. Grundlagen – Erkenntnisse – Entwicklungen. Herder: Freiburg–Basel–Wien
3) THOMAS Lewis, Stanford University, zit. n.: EBERHARD-MEYER Claudia, 1997: Eva war zuerst da. Bild der Wissenschaft 2, 65–68, S. 67
4) REICH Jens, Mann häufigster genetischer Defekt, zit. n.: EBERHARD-MEYER C., 1977: s. Anm. (3)
5) KEVERNE Eric B. et al., 1996: Genomic Imprinting and The Differential Roles of Parental Genomes in Brain Development. Developmental Brain Research, Vol.92, 91
6) VINES Gail, 1997: Where Did You Get Your Brains? New Scientist, May 3, 34–39
7) s. Anm. (6)
8) s. Anm. (6)
9) JOST Alfred, 1953: Problems of Fetal Endocrinology: The Gonadal and Hypophyseal Hormones. Recent Progress in Hormone Research, 8, 379–418

10) GUILLETTE Louis, zit. n. BBC-Dokumentation »Assault on The Male«, Serie Horizon, 1994. ARNOLD S. F., KLOTZ D. M., COLLINS B. M., VONIER P. M., GUILLETTE L. J. jr. & J. A. McLACHLAN, 1996: Synergistic Activation of Estrogen Receptor with Combinations of Environmental Chemicals. Science 272: 1489–1492
11) COLBORN Theo, zit. n. BBC-Dokumentation »Assault on The Male«, Serie Horizon, 1994. COLBORN T. & C. CLEMENT (Eds.), 1992: Chemically-Induced Alterations in Sexual and Functional Development: The Wildlife/Human Connection. Princeton Scientific Publishing: Princeton, NJ
12) CARLSEN E., GIEWERCMAN A., KEIDING N. & N. SKAKKEBÆK, 1992: Evidence for Decreasing Quality of Semen During Past 50 Years. British Medical Journal, 305, January, 609–613
13) SKAKKEBÆK Niels, zit. aus dem Internet »Sex Hormones and Gender«, 25.10.1996. Science Service Inc. 1994
14) SHARPE R. M. & N. SKAKKEBÆK, 1993: Are Oestrogens Involved in Falling Sperm Counts and Disorders of the Male Reproductive Tract? The Lancet, May 29, 341, 1392–1395
15) ARNOLD S. F. et al, 1996: s. Anm. (10). McLACHLAN John, 1993: Functional Toxicology: A New Approach to the Detection of Biologically Active Xenobiotics. Environmental Health Perspectives 101, 386–387. McLACHLAN J. A. (Ed.), 1980: Estrogens in the Environment. Elsevier: New York
16) EICHLER Wolfdietrich, 1992: Mädchenüberschuß als Bioindikator für Umweltverschmutzung. Biol. Schule, 10, 357
17) KNUSSMANN Rainer, 1982: Der Mann – Ein Fehlgriff der Natur. Serie, Stern.
18) GEAR Robert W., MIASKOWSKI Christine, GORDON Newton C., PAUL Steven M, HELLER Philip H. & John D. LEVINE, 1996: Kappa-Opioids Produce Significantly Greater Analgesia in Women Than in Men. Nature Medicine, Vol. 2, No. 11, November, 1248–1250. COHEN Philip, 1996: Pain Discriminates between Sex. New Scientist, 2, November, 16

EINE LAUNE DER NATUR

1) Das Klonen menschlichen Erbgutes ist HALL Jerry, 1993, im Zentrum für künstliche Befruchtung der Washingtoner Universitätsklinik gelungen. »Der (geklonte) Mensch als Ersatzteillager« wird von Ärzten, Wissenschaftlern und Klienten bereits als Desiderat beschrieben. Voraussetzung dafür ist nur mehr die gesetzliche Freigabe für eine allgemein zugängliche Nutzung der Forschungsergebnisse.
2) WICKLER Wolfgang & Uta SEIBT, 1989: Die Entstehung der Geschlechter und ihrer Rollen, in: LIEDKE Max (Hg.), 1989: Paarbildung und Ehe. Biologische Grundlagen und kulturelle Aspekte. Mattreier Gespräche. Jugend und Volk: Wien, München
3) DALY Martin & Margo WILSON, 1983: Sex, Evolution and Behavior. Willard Grant Press: Boston, Mass.

4) VOLAND Eckart, 1993: Grundriß der Soziobiologie. G. Fischer: Stuttgart–Jena
5) Auch das menschliche Ejakulat enthält Killerspermien. Der Biologe Dr. Robert BAKER von der University of Manchester, der seit 1988 das Konkurrenzverhalten von Spermien erforscht, kam zu dem erstaunlichen Ergebnis, daß über 99% des menschlichen Ejakulats aus Killerspermien besteht. Diese sollen verhindern, daß Sperma des Konkurrenten sein Ziel erreicht.
6) MORRIS Desmond, 1968: Der nackte Affe. Droemer: München–Zürich
7) SCHRÖDER Inge, 1992: Menschliches Sexualverhalten, Paarungsstruktur und Hominidenevolution. Wiss. Zeitschr. d. Humboldt Universität zu Berlin, R. Medizin 41, 2, 56–59
8) FISCHER H. E., 1982: The Sex Contract. William Morrow & Co. Inc.: New York.
9) JONAS Doris F., 1980: Aufstieg und Niedergang der weiblichen Macht. Biologische Faktoren, in: FESTER R., KÖNIG M. E. P., JONAS D. F. & A. D. JONAS: Weib und Macht. Fünf Millionen Jahre Urgeschichte der Frau. Fischer: Frankfurt/M.

DIE MACHT DER HORMONE

1) SHAKESPEARE William: Romeo und Julia. Die großen Dramen 3. Band, 1981, Insel, May und Co. Nachf.: Darmstadt, S. 225
2) TIGER Lionel, November 1996, persönliches Gespräch mit Sabina Riedl
3) CARPO Lawrence, 1985: Hormones: The Messengers of Life. Freeman and Co., New York. Graphische Darstellung der unterschiedlichen Entwicklung der Wolffschen und Müllerschen Gangsysteme auf S. 99.
4) KNUSSMANN Rainer, 1996: Vergleichende Biologie des Menschen. Lehrbuch der Anthropologie und Humangenetik. G. Fischer: Stuttgart–Jena–Lübeck–Ulm. S. 227–228. Haarfollikel des Haupt- und Körperhaares reagieren gegensinnig auf Testosteron. Männer die zu Glatzenbildung neigen, haben häufig stark entwickelte Terminalbehaarung.
5) KLOPFER Peter, 1971: Mother Love: What Turns it on? American Scientist, 59, 404–407. Untersuchungen an Ziegen zeigten, daß die Dehnung des Muttermundes bei der Geburt die Ausschüttung von Oxytocin im Gehirn bewirkt. Klopfer bringt das mit den mütterlichen Instinkten in Zusammenhang. EIBEL-EIBESFELD Irenäus v., 1984: Die Biologie des menschlichen Verhaltens. Grundriß der Humanethologie. Piper: München–Zürich. S. 318: Die Verliebtheit der Frau wird über Orgasmus getriggert. Oxytocinausschüttung könnte durch Gebärmutterkontraktionen beim Orgasmus eine Bindung an einen Geschlechtspartner auslösen.
6) Hormonschwankungen beim Mann sind ausführlich dargestellt in: POOL Robert, 1995: Evas Rippe. Das Ende des Mythos vom starken und vom schwachen Geschlecht. Droemer-Knaur: München. S. 289ff
7) Eunuchoidismus nicht nur bei orientalischen Haremswächtern, auch im Vatikan war es üblich, Sängerknaben zu kastrieren, um ihre helle Stimme zu erhalten. KNUSSMANN, Rainer, 1996: s. Anm. (4)

8) BAUM Michael J., ERSKINE M. S., KORNBERG E. & C. E. WEAVER, 1990: Prenatal and Neonatal Testosterone Exposure Interact to Affect Differentiation of Sexual Behavior and Partner Preference in Female Ferrets. Behavioral Neuroscience, Vol. 104, No. 1, 183–198
9) MONEY John & Anke A. EHRHARDT, 1972: Man and Woman, Boy and Girl: Differentiation and Dimorphism of Gender Identity from Conception to Maturity. Johns Hopkins University Press: Baltimore.
10) IMPERATO-McGUINLEY Julianne, PETERSEN Ralph, GAUTIER Teofilo & Erasmo STURLA, 1979: Androgens And The Evolution Of Male Gender Identity Among Male Pseudohermaphrodites With 5 Alpha-Reductase Deficiency. New England Journal of Medicine, 300, 1233–1237
11) MEYER-BAHLBURG Heino F. L., GRUEN Rhoda S., NEW Maria I., BELL Jennifer J., MORISHIMA Akira, SHIMSHI Mona, BUENO Yvette, VARGAS Ileana & Susan W. BAKER, 1996: Gender Changes from Female to Male in Classical Congenital Adrenal Hyperplasia. Hormones and Behavior 30, 319–332. Article No. 0039
12) VAN GOOZEN Stephanie, November 1996, persönliches Gespräch mit Sabina Riedl. VAN GOOZEN Stepahnie H. M., COHEN-KETTINS Peggy, GOOREN Louis J. G., FRIJDA Nico H. et al., 1995: Gender Differences in Behavior: Activating Effects of Cross-Sex Hormones. Psychoendocrinology, Vol. 20/4, 343–363
13) HAMPSON Elizabeth & Doreen KIMURA, 1988: Reciprocal Effects of Hormonal Fluctuation on Human Motor and Perceptual-Spatial Skills. Behavioral Neuroscience 102, 3, 456–459. HAMPSON Elizabeth, 1990: Variations in Sex Related Cognitive Abilities Across The Menstrual Cycle. Brain and Cognition, 14, 26–43
14) Renate, November 1996, persönliches Gespräch mit Sabina Riedl
15) TIGER Lionel, November 1996, persönliches Gespräch mit Sabina Riedl

DER »KLEINE« UNTERSCHIED

1) FREUD Sigmund, 1948: Einige psychische Folgen des anatomischen Geschlechtsunterschieds. Werke aus den Jahren 1925–1931, Gesammelte Werke Band XIV. Fischer: Frankfurt/M.
2) GRABRUCKNER Marianne, 1994: Typisch Mädchen … Prägung in den ersten drei Lebensjahren. Ein Tagebuch. Fischer: Frankfurt/M.
3) MASTERS William H. & Virginia E. JOHNSON, 1970: Die sexuelle Reaktion. Rowohlt: Reinbek
4) MASTERS William H., JOHNSON Virginia E. & Robert C, KOLODNY, 1996: Heterosexualität. Ueberreuter: Wien
5) WAAL Frans de, 1982: Unsere haarigen Vettern. Neueste Erfahrungen mit Schimpansen. Lizenzausgabe mit Genehmigung des Hanakverlages, München. Reife Schimpansinnen paaren sich in ihrer »attraktiven Phase« etwa sechs Mal täglich, Schimpansenmädchen etwas öfter, nicht weil sie für die Männchen attraktiver sind, das Gegenteil ist der Fall: Die Konkurrenz der Männchen verhindert häufigere Kopulationen bei den begehrten älteren Weibchen (S. 161). Manche Schimpansenmädchen

(Amber und Oor) sind regelrecht sexbesessen und können sich nur schwer mit der geringen Leistungsfähigkeit der Männchen abfinden (S. 162 ff). SCHRÖDER Inge, 1992: Menschliches Sexualverhalten, Paarungsstruktur und Hominidenevolution. Wiss. Zeitschrift der Humboldt-Universität zu Berlin, R. Medizin 41, 2, 56–59. Das Hodengewicht des Männchens deutet auf Kopulationshäufigkeit hin. Je polygyner eine Art, umso schwerer der Hoden in Relation zum Körpergewicht. Der Mensch ist daher leicht polygyn.

6) TIGER Lionel, 1992: The Pursuit of Pleasure.Little, Brown & Co.: Boston–Toronto–London

7) PHILLIPS Kathryn, 1996: Why Can't A Man Be More Like A Woman … And Vice Versa. Genderweb, Feminet, 25.10.

UND TÄGLICH GRÜSST NEANDERTAL

1) Infantizid bei Presbytis entellus (Languren). BLAFFER-HRDY Sarah, 1977: Infanticide as a Primate Reproductive Strategy. American Scientist, 65, 40–49. VOGEL Christian & Hartmut LORCH, 1984: Reproductive Parameters, Adult-Male Replacement, and Infanticide Among Free-Ranging Langurs (Presbytis Entellus) At Jodhpur (Rajisthan), India, in: HAUSFATER G. & S. B. HRDY (Eds.): Infanticide: Comparative and Evolutionary Perspectives. Aldine Publishing Company: New York. 237–255

2) DAWKINS Richard, 1976: The selfish Gene. Oxford University Press: Oxford

3) GUR Ruben, November 1996, persönliches Gespräch mit Sabina Riedl

4) OEHLERT Beatrice, 1956: Kampf und Paarbildung einiger Cichliden. Zeitschrift für Tierpsychologie, 168–169

5) MALAMUTH Neil M. & James V. P. CHECK, 1980: Sexual Arousal to Rape and Consenting Depictions: The Importance of Woman's Arousal. Short Report, Journal of Abnormal Psychology, Vol. 98, No. 6, 763–766. MALAMUTH Neil M. & James V. P. CHECK, 1980: Penile Tumescence and Perceptual Responses to Rape as a Function of Victim's Perceived Reaction. Journal of Applied Social Psychology, 10, 528–547

6) FAUSTO-STERLING Anne, 1985: Gefangene des Geschlechts? Was biologische Theorien über Mann und Frau sagen. Piper: München

7) Die Entdeckung eines »Killer-Gens« bei einer Niederländischen Familie soll einen verurteilten Mörder in den USA vor dem Vollzug der Todesstrafe retten. Dies sagte Greg Carey, Forscher am Institut für genetische Verhaltensforschung in Colorado bei einer Konferenz über »Verbrechen und Gene« in London im Februar 1995. Der Millionärssohn Stephen Mobley hatte einen Restaurantbesitzer erschossen, nachdem ihm dieser das geforderte Geld bereits ausgehändigt hatte. Bei der Überprüfung von Mobleys Familienstammbaum stellte sich heraus, daß die Männer zu gleichen Teilen entweder erfolgreiche Geschäftsleute oder gewalttätige Soziopathen waren.

8) In einem Pressebericht vom 13. November 1991 verurteilte die damalige Frauenministerin Johanna Dohnal die frauenverachtende und sexistische

Äußerung des Strafverteidigers Dr. Johann Schriefl: »Die Burschen sind ja net schiach, die bräuchten in einer Disco nur winken und würden hübscheres Material für nette Spiele in die Hände kriegen.« Ferner meinte die Ministerin, daß auch der Rat des Richters an die junge Frau, sie sollte die Sache am besten vergessen, nicht von großer Sensibilität und Kompentenz zeuge. Polizeipräsident Bögl versprach, sich für eine Suspendierung der Beamten einzusetzen.

9) ATZWANGER Klaus 1997: Biopsychische Aspekte des aggressiven Autofahrens am Beispiel des Auffahrverhaltens, in: SCHULZ U. (Hg.): Entscheidungs- und Gestaltungsprozesse in Arbeit und Verkehr. LIT-Verlag, in Druck. Klaus Atzwanger relativiert die Darstellung der Medien bezüglich der aggressiven Fahrweise der Männer in dunklen PS-starken Autos. Der Testfahrer, der von dem Versuchsziel nichts wußte, wich eher auf den rechten Fahrstreifen aus, wenn ein Mann allein in einem dunklen PS-starken Auto auffuhr. Atzwanger sagt, daß die einzigen geschlechtsspezifischen Unterschiede im aggressiven Fahrverhalten darin bestehen, daß Männer rascher auffahren. Frauen fahren genauso dicht auf und ärgern sich genauso über eine Behinderung durch einen langsameren Verkehrsteilnehmer, allerdings wird ihnen weniger rasch Platz gemacht.

10) Der Nationale Forschungsrat, eine Einrichtung der Nationalen Akademie der Wissenschaften (USA) veröffentlichte im November 1992 eine Studie, aus der hervorgeht, daß bei Gewaltverbrechen Täter und Opfer meist Männer sind; die Altersgruppe zwischen 25 und 29 Jahren stellt dabei die meisten Gewaltverbrecher.

11) FAUSTO-STERLING Anne, 1985: s. Anm. (6)

12) GALLIGANI Niklas, RENCK Annika & Stefan HANSEN, 1996: Personality Profile of Men Using Anabolic Androgenic Steroids. Hormones and Behavior, 30, 170–175. Aricle No.0021

13) TIGER Lionel, November 1996, persönliches Gespräch mit Sabina Riedl

IN GUTER GESELLSCHAFT?

DIE UNZERTRENNLICHEN

1) KIPLING Rudyard, 1974: Die Dschungelbücher. Paul List, München. Originalpublikation 1894/1895

2) BURROUGHS Edgar Rice, 1914: Tarzan of the Apes

3) »Tarzans arme Vettern«: ZIMMER Dieter E, 1989: Experimente des Lebens. Über wilde Kinder, Zwillinge, Kibbuzniks und andere aufschlußreiche Wesen. Haffmans: Zürich

4) PINES Maya, 1981: The Civilizing of Genie. Psychology Today, September, 28–34

5) CURTISS Susan, FROMKIN Viktoria, KRASHEN Stephen, RIGLER David & Marilyn RIGLER, 1974: The Linguistic Development of Genie. Language, 50, 3, 528–554

6) TIGER Lionel, November 1996, persönliches Gespräch mit Sabina Riedl
7) MOORE Ceilia L., 1992: The Role of Maternal Stimulation in the Development of Sexual Behavior and Its Neural Basis. Developmental Psychobiology, Vol 662 of the Annals of the New York Akademy of Sciences, October 20
8) MOORE Ceilia L., DOU Hui & Janice M. JURASKA, 1992: Maternal Stimulation Affects the Number of Mortor Neurons in a Sexually Dimorphic Nucleus of the Lumbar Spinal Cord. Brain Research, 572, 52–56. MOORE Ceilia L. & Richard H. WHITE, 1996: Sex Differences in Sensory and Motor Branches of the Pudendal Nerve of the Rat. Hormones and Behavior 30, 1–10
9) MOORE Ceilia L. & Richard H. WHITE, 1996: s. Anm. (8)
10) MOORE Ceilia L., November 1996, persönliches Gespräch mit Sabina Riedl
11) Detaillierte Informationen über das Urvertrauen, das prägungsähnliche Lernen und die sexuelle Entwicklung bei Kindern finden Sie in: HASSENSTEIN Bernhard, 1987: Verhaltensbiologie des Kindes. 4. Aufl., Piper: München
12) SCHENK-DANZINGER Lotte, 1995: Entwicklungspsychologie. ÖBV Pädagogischer Verlag: Wien, 23. Aufl., S. 132 (Die Sprache)
13) HERNEGGER Rudolf, 1982: Psychologische Anthropologie. Von der Vorprogrammierung zur Selbststeuerung. Beltz: Weinheim und Basel, S. 49 (Baby-Emotionen)
14) HERNEGGER Rudolf, Zitat: s. Anm. (13), Rückenmarkslähmung und Emotionsverlust, S. 62
15) Wechselwirkungen von Organismus und Umwelt sowie zwischen allen darin befindlichen hierarchischen Ebenen in: RIEDL Rupert, 1985: Die Spaltung des Weltbilds. Biologische Grundlagen des Erklärens und Verstehens. Paul Parey: Berlin und Hamburg. RIEDL Rupert, 1987: Begriff und Welt. Biologische Grundlagen des Erkennens und Begreifens. Paul Parey: Berlin und Hamburg. S. 63

STRAMMER JUNGE, BRAVES MÄDCHEN

1) SIDOROVICS Laura & Lunney G. SPARKS, 1980: Baby X revisited. Sex Roles, Vol. 6, 1, 67–73
2) Gebrüder GRIMM: Aschenputtel, Schneewittchen und Dornröschen. Gesammelt in: Mein großes Märchenbuch, 1994. Ueberreuter: Wien. Nicht nur die Gebrüder Grimm sind für die Überlieferung des traditionellen Frauenbildes zuständig. Auch Hans Christian ANDERSEN läßt Däumelinchen, die kleine Seejungfrau und die Prinzessin auf der Erbse auf die Erfüllung ihres Lebens durch einen Prinzen hoffen.
3) GUR Ruben, November 1996, persönliches Gespräch mit Sabina Riedl
4) DEMARIA Russel, Liste aus einer Reihe von Quellen der Computer Games Developer's Conference, 1996 (Internet, 27. 01. 97)
5) MACCOBY Eleanor Emmons & Carol Nagy JACKLIN, 1975: The Psy-

chology of Sex Differences. Stanford University Press: Stanford, Cal.; London (Oxford University Press)
6) »Halbe-Halbe« war eine heiß umfehdete, wild umstrittene Aktion, ins Leben gerufen von der ehemaligen österreichischen Frauenministerin Helga Konrad (1996/97). Bei dieser Aktion sollte mittels Werbespots dem Mann die Mitarbeit im Haushalt nahegelegt werden.
7) ORF-Informationssendung, 1997, mit Straßenbefragung zum Thema »Frauenparkplätze«.
8) ZIMMER Dieter E., 1989: Experimente des Lebens. Über wilde Kinder, Zwillinge, Kibbuzniks und andere aufschlußreiche Wesen. Haffmans: Zürich, S. 171 ff
9) TIGER Lionel & Joseph SHEPHER, 1975: Women in the Kibbuz. Harcourt Brace Jovanovich: New York
10) TIGER Lionel, November 1996, persönliches Gespräch mit Sabina Riedl

DUMM, DÜMMER, BLONDINE, MANN

1) FREUD Sigmund, 1992: Der Witz und seine Beziehung zum Unbewußten. Der Humor. Fischer: Frankfurt/M.
2) ROHWER Sievert, 1997: Status Signaling in Harris Sparrows: Some Experiments in Deception. Behaviour, 61, 107–129
3) MORRIS Desmond, 1994: Das Tier Mensch. VGS Verlagsgesellschaft: Köln
4) THELEN Thomas H., 1983: Minority Type Human Mate Preference. Social Biology, 30, 2, 162–180
5) In meiner Untersuchung über die Bedeutung des Gesichtes für die Partnerwahl an 97 Wiener Paaren waren 4,2% der Frauen hellblond, 11,5% blond, 9,4% dunkelblond, 37,5% braun- und 31,3% dunkelbraunhaarig (1% rot), bei den Männern gab es gar keine hellblonden, 7,3% waren blond, 5,2% dunkelblond, 42,7% braun- und 41,7% dunkelbraunhaarig (3,1% grau). RIEDL Barbara I. M., 1990: Morphologisch-metrische Merkmale des männlichen und weiblichen Partnerleitbildes in ihrer Bedeutung für die Wahl des Ehegatten. Homo 41, 72–85. SCHWEDER Barbara I. M., 1994: The Impact of the Face on Longterm Human Relationships. Homo Vol. 45/1, 74–93
6) MINSKY Marvin, 1981: Jokes And Their Relation to The Cognitive Unconscious, in: VAINA & HINTICCA (Eds.): Cognitive Constraints on Communication. Reidel

WER WIRKLICH DIE HOSEN ANHAT

1) GILDER George, 1981: Wealth and Poverty. Basic Books: New York, 137
2) TIGER Lionel, November 1996, persönliches Gespräch mit Sabina Riedl
3) SCHUCHARDT Carl, 1919: Alteuropa. Straßburg, Berlin
4) KÖNIG Marie E. P., 1980: Die Frau im Kult der Eiszeit, in: FESTER R., KÖNIG M. E. P., JONAS D. F. & A. D. JONAS: Weib und Macht.

Fünf Millionen Jahre Urgeschichte der Frau. Fischer: Frankfurt/M., S. 107–158
5) Vulven finden sich unter anderem in der Grotte de Moigny, Ile de France, und in der Kulthöhle Ronceveaux, bei Buthiers/Essonne, Dep. Seine et Marne
6) MALINOWSKI Bronislaw, 1966: The Father in Primitive Psychology. The Northern Library, W. W. Norton & Company Inc.: New York
7) WESEL Uwe,1990: Der Mythos vom Matriarchat. Über Bachofens Mutterrecht und die Stellung von Frauen in frühen Gesellschaften. Suhrkamp: Frankfurt/M.
8) JONAS Doris F., 1980: Aufstieg und Niedergang der weiblichen Macht. Biologische Faktoren, in: FESTER R.et al,: s. Anm. (4)
9) GOODALL Jane, 1991: Ein Herz für Schimpansen. Meine 30 Jahre am Gombe-Strom. Rowohlt: Reinbek, S. 60f
10) FESTER Richard, 1980: Was Schöpfungsgeschichten verraten, in: FESTER R. et al,: s. Anm. (4). ELIADE Mircea, 1978: Geschichte der religiösen Idee. Band 1: Von der Steinzeit bis zu den Mysterien von Eleusis. Herder: Freiburg, Basel, Wien, S. 48, 128, ELIADE Mircea, 1978: Geschichte der religiösen Idee. Band 2: Von Gautama Buddha bis zu den Anfängen des Christentums. Herder: Freiburg, Basel, Wien, S. 133
11) Altes Testament, Gen 3,16, (der Fall des Menschen)
12) BRÜNING Karl, 1972: Die Sache mit dem Apfel. Freiburg
13) FESTER Richard, 19: s. Anm. (10)
14) FESTER, Richard, 1980: Frauenherrschaft in aller Welt, in: FESTER R. et al, s. Anm. (4)
15) PRUITT Ida, 1945: A Daughter of Han. Yale University Press: New Haven
16) ATIYA Nayra, 1988: Khul-Khaal. Five Egyptian Women Tell Their Stories. American University of Cairo Press: Syracuse, New York
17) ALDEEB ABU-SAHLIEH Sami A., 1994: To Mutilate in the Name of Jehovah of Allah. Legitimization of Male and Female Circumcision. Swiss Institute of Comparative Law, Lausanne, Switzerland. Internet
18) zit. n.: FESTER Richard, 1980: s. Anm. (14)
19) Beim Tiefseeangler, Edriolychnus schmidti, ist das Männchen am Bauch des Weibchens angewachsen. BUDDENBROCK W., 1953: Das Liebesleben der Tiere. Athenäum – Gerhard von Reutern K. G.: Bonn
20) JOHNEN Wilhelm, 1994: Die Angst des Mannes vor der starken Frau. Fischer: Frankfurt/M.

DIE GRATWANDERUNG

1) Dr. Kurt A. MAYER vom Institut für Anglistik und Amerikanistik der Universität Wien meint, daß der Vorschlag, auch Frauen beim Gleichbehandlungsgesetz miteinzubeziehen, usprünglich den Versuch einer Gleichstellung der Rassen vereiteln sollte, denn es lag auf der Hand, daß für eine Gleichstellung von Frauen keine Mehrheit im Kongreß zu finden sein würde.

2) TIGER Lionel, November 1996, persönliches Gespräch mit Sabina Riedl
3) CAVALLI-SFORZA Luca und Francesco, 1994: Verschieden und doch gleich. Ein Genetiker entzieht dem Rassismus die Grundlage. Droemer-Knaur: München
4) LE BON Gustave, 1879: Recherches anatomiques et mathématiques sur les lois des variations du volume du cerveau et sur leurs relations avec lÍntelligence. Zit. n.: GOULD Stephen Jay, 1988: Der falsch vermessene Mensch. Suhrkamp: Frankfurt/M., S. 109
5) COPE E. D., 1890: Two Perils of the Indo-European. The Open Court 3, 2052–2054 und 2070–2071. Zit. n.: GOULD, S. J., 1988, S. 109, Fußnote: s. Anm. (4)
6) TIGER Lionel, November 1996, persönliches Gespräch mit Sabina Riedl
7) Herr Resel ist inzwischen zurückgetreten.
8) TIGER Lionel, 1984: Men in groups. Marion Boyars, New York
9) KOTTAS-HELDENBERG Arthur, Juni 1997, persönliches Gespräch mit Barbara Schweder
10) OULEHLA Jaromir, Juni 1997, persönliches Gespräch mit Sabina Riedl
11) BURNS Robert, Associated Press, Agenturmeldung Mai 1997
12) AMBERGER Hermi, 1997: US-Soldaten kämpfen mit strengen Sitten. Kurier, 7. Juni
13) FISHER H. E., 1982: The Sex Contract. William Morrow & Co: New York

UTOPIA

1) HEILIGMAN Werner & Horst JANUS, 1979: Mensch Tier Pflanze I. Klett: Stuttgart
2) GUR Ruben, November 1996, persönliches Gespräch mit Sabina Riedl
3) Dokumentation »Es lebe der kleine Unterschied«, ORF Modern Times Spezial, Redaktion: Sabina Riedl
4) Die Talibanmiliz ist eine afghanische Gruppe fundamentalistischer Rebellen, die sich ideologisch an der strengen Auslegung des Koran orientiert. Frauen müssen verschleiert gehen und werden ins Haus verbannt. Männer müssen beispielsweise ihren Bart in einer bestimmten Länge tragen. Zuwiderhandelnde können öffentlich ausgepeitscht werden.
5) DeLACOSTE Marie Christine, in: PHILLIPS Kathryn, 1996: Why Can´t A Man Be More Like A Woman … And Vice Versa. Feminet 25. 10. 96. Internet
6) FAUSTO-STERLING Anne, 1996, in: PHILLIPS K.: s. Anm. (5)
7) WITELSON Sandra, 1996, in: PHILLIPS K.: s. Anm. (5). Die Ergebnisse der Witelson-Arbeit sind bei Phillips allerdings nicht richtig dargestellt, daher verweisen wir auf die Originalarbeit: WITELSON Sandra F., 1989: Hand and Sex Differences in the Isthmus and Genu of the Human Corpus Callosum. A Postmortem Morphological Study. Brain, 112, 799–835
8) HINES Melissa, 1996, in: PHILLIPS K.: s. Anm. (5)
9) SHAYWITZ Sally: s. Kapitel »Der sprachlose Mann«

10) Schulversuch an einem Wiener Gymnasium in der Rahlgasse, 6. Bezirk, in der Dokumentation »Es lebe der kleine Unterschied«; s. Anm. (3)
11) Geschlechtsunterschiede in der Schmerzempfindung, s. Kapitel »Am Anfang war die Frau«
12) TIGER Lionel, November 1996, persönliches Gespräch mit Sabina Riedl.

LITERATUR

ARNOLD S. F., KLOTZ D. M., COLLINS B. M., VONIER P. M., GUILLETTE L. J. jr. & J. A. McLACHLAN, 1996: Synergistic Activation of Estrogen Receptor with Combinations of Environmental Chemicals. Science 272, 1489–1492

ATIYA Nayra, 1988: Khul-Khaal. Five Egyptian Women Tell Their Stories. American University of Cairo Press: Syracuse, New York.

ATZWANGER Klaus 1997: Biopsychische Aspekte des aggressiven Autofahrens am Beispiel des Auffahrverhaltens, in: SCHULZ U. (Hg.): Entscheidungs und Gestaltungsprozesse in Arbeit und Verkehr. LIT-Verlag, in Druck

BAUM Michael J., ERSKINE M. S., KORNBERG E. & C. E. WEAVER, 1990: Prenatal and Neonatal Testosterone Exposure Interact to Affect Differentiation of Sexual Behavior and Partner Preference in Female Ferrets. Behavioral Neuroscience, Vol. 104, No. 1, 183–198

BENBOW Camilla P. & Julian C. STANLEY, 1980: Sex Differences in Mathematical Ability: Factor or Artifact? Science 210, 1262–1264

BERRY John W., POORTINGA Ype H., SEGALL Marshall H. & DASEN Pierre R.,1992:.Cross-cultural psychology. Research and applications. Cambridge University Press: New York, Melbourne

BLAFFER-HRDY Sarah, 1977: Infanticide as a Primate Reproductive Strategy. American Scientist, 65, 40–49

BROCA Paul, 1861: Sur le volume et la forme du cerveau suivant les individus et suivant les races. Zit. n.: GOULD Stephen Jay, 1988: Der falsch vermessene Mensch. Suhrkamp: Frankfurt/M.

BRÜNING Karl, 1972: Die Sache mit dem Apfel. Freiburg

BUDDENBROCK W., 1953: Das Liebesleben der Tiere. Athenäum – Gerhard von Reutern K G: Bonn

BURROUGHS Edgar Rice, 1914: Tarzan of the Apes

CARLSEN E., GIEWERCMAN A., KEIDING N. & N. SKAKKEBÆK , 1992: Evidence for Decreasing Quality of Semen During Past 50 Years. British Medical Journal, 305, January, 609–613

CARPO Lawrence, 1985: Hormones: The Messengers of Life. Freeman and Co.: New York.

CAVALLI-SFORZA Luca und Francesco, 1994: Verschieden und doch gleich. Ein Genetiker entzieht dem Rassismus die Grundlage. Droemer-Knaur: München

COHEN Philip, 1996 (?): Pain Discriminates between Sex. New Scientist, 2, November, 16

COLBORN Theo & C. CLEMENT (Eds.), 1992: Chemically-Induced Alterations in Sexual and Functional Development: The Wildlife/Human Connection. Princeton Scientific Publishing, Princeton, NJ

COPE E. D., 1890: Two Perils of the Indo-European. The Open Court 3, 2052–2054 und 2070–2071. Zit. nach Stephen Jay GOULD, 1988: Der falsch vermessene Mensch. Suhrkamp: Frankfurt/M., S. 109, Fußnote

CURTISS Susan, FROMKIN Viktoria, KRASHEN Stephen, RIGLER David & Marilyn RIGLER, 1974: The Linguistic Development of Genie. Language, 50, 3, 528–554
DALY Martin & Margo WILSON, 1983: Sex, Evolution and Behavior. Willard Grant Press: Boston, Mass.
DAWKINS R., 1976: The selfish Gene. Oxford University Press: Oxford
EBNER-ESCHENBACH Marie v., 1830, in: FEYL Renate (Hg.), 1991: Sein ist das Weib, Denken der Mann. Kiepenheuer und Witsch: Köln
EIBEL-EIBESFELD Irenäus v., 1984: Die Biologie des menschlichen Verhaltens. Grundriß der Humanethologie. Piper: München, Zürich
EICHLER Wolfdietrich, 1992: Mädchenüberschuß als Bioindikator für Umweltverschmutzung. Biol. Schule, 10, 357
ELIADE Mircea, 1978: Geschichte der religiösen Idee. Band 1: Von der Steinzeit bis zu den Mysterien von Eleusis; Band 2: Von Gautama Buddha bis zu den Anfängen des Christentums. Herder: Freiburg, Basel, Wien
ERHARDT Ute, 1994: Gute Mädchen kommen in den Himmel, böse überall hin. Warum bravsein uns nicht weiterbringt. Wolfgang Krüger u. Fischer: Frankfurt/M..
ERWIN Roland J., GUR Ruben C., GUR Raquel, SKOLNICK Brett, MAWHINNEY-HEE Maureen & Joseph SMAILIS, 1992: Facial Emotion Discrimination: I. Task Construction and Behavioral Findings in Normal Subjects. Psychiatry Research, 42, 231–240
FAUSTO-STERLING, Anne, 1985: Gefangene des Geschlechts? Was biologische Theorien über Mann und Frau sagen. Piper: München
FESTER R. 1980: König M. E. P., Jonas D. F. & A. D. Jonas: Weib und Macht. Fünf Millionen Jahre Urgeschichte der Frau. Fischer: Frankfurt/M.
FESTER Richard, 1980: Was Schöpfungsgeschichten verraten; Frauenherrschaft in aller Welt, in: FESTER R. et al: Weib und Macht. Fünf Millionen Jahre Urgeschichte der Frau. Fischer: Frankfurt/M.
FISCHER H. E., 1982: The Sex Contract. William Morrow & Co. Inc.: New York
FREUD Sigmund, 1948: Einige psychische Folgen des anatomischen Geschlechtsunterschieds. Werke aus den Jahren 1925–1931, Gesammelte Werke Band XIV, Fischer: Frankfurt/M.
FREUD Sigmund, 1992: Der Witz und seine Beziehung zum Unbewußten. Der Humor. Fischer: Frankfurt/M.
GALLIGANI Niklas, RENCK Annika & Stefan HANSEN, 1996: Personality Profile of Men Using Anabolic Androgenic Steroids. Hormones and Behavior, 30, 170–175. Aricle No.0021
GEAR Robert W., MIASKOWSKI Christine, GORDON Newton C., PAUL Steven M., HELLER Philip H. & John D. LEVINE, 1996: Kappa-Opioids Produce Significantly Greater Analgesia in Women Than in Men. Nature Medicine, Vol. 2, No. 11, November, 1248–1250
GILDER George, 1981: Wealth and Poverty. Basic Books: New York, 137
GOLEMAN Daniel, 1995: Emotionale Intelligenz. Hanser: München, Wien
GOODALL Jane, 1991: Ein Herz für Schimpansen. Meine 30 Jahre am Gombe-Strom. Rowohlt: Reinbek

GRABRUCKNER Marianne, 1994: Typisch Mädchen ... Prägung in den ersten drei Lebensjahren. Ein Tagebuch. Fischer: Frankfurt/M.
GRAMMER Karl, 1993: Signale der Liebe. Hoffmann und Campe: München.
GRAY John, 1992: Men are from Mars, Women are from Venus. Harper Collins: New York
GRIMM Gebrüder Jacob und Wilhelm, ca. 1850: Aschenputtel, Schneewittchen, Dornröschen. Gesammelt in: Mein großes Märchenbuch, 1994. Ueberreuter: Wien
GUILLETTE Louis, zit. n. BBC-Dokumentation »Assault on The Male«, Serie Horizon, 1994
ARNOLD S. F., KLOTZ D. M., COLLINS B. M., VONIER P. M., GUILLETTE L. J. jr. & J. A. McLACHLAN, 1996: Synergistic Activation of Estrogen Receptor with Combinations of Environmental chemicals. Science 272, 1489–1492
GUR Ruben, HARPER MOZLEY Lyn, MOZLEY David, REZNICK Susan M., KARP Joel S., ALAVI Abass, ARNOLD Stephen E. & Raquel E. GUR, 1995: Sex Differences in Regional Cerebral Glucose Metabolism During a Resting State. Science Vol. 267, January 27, 528–531
HAMPSON Elizabeth & Doreen KIMURA, 1988: Reciprocal Effects of Hormonal Fluctuations on Human Motor an Perceptual-Spatial Skills. Behavioral Neuroscience 102, 3, 456–459
HAMPSON Elizabeth, 1990: Variations in Sex Related Cognitive Abilities Accross The Menstrual Cycle. Brain and Cognition, 14, 26–43
HARASTY Jenny, DOUBLE Karl L., HALLISAY Glenda M., KRIL Jillian J., & Deborah A. McRITCHIE, 1997: Language Associated Cortical Regions Are Proportionally Larger in the Female Brain. Archives of Neurology, Vol. 54, February, 171–176
HASSENSTEIN Bernhard, 1987: Verhaltensbiologie des Kindes. 4. Aufl. Piper: München
HASSLER Marianne, 1990: Androgynie. Eine experimentelle Studie über Geschlechtshormone, räumliche Begabung und Kompositionstalent. Verlag für Psychologie Dr. C. J.. Hofgrefe: Göttingen, Toronto, Zürich
HAYES William N., 1996: Identifying Sex from Handwriting. Perceptual and Motor Skills, 83, 791–800
HEILIGMAN Werner & Horst JANUS, 1979: Mensch Tier Pflanze I. Klett: Stuttgart
HERNEGGER Rudolf, 1982: Psychologische Anthropologie. Von der Vorprogrammierung zur Selbststeuerung. Beltz: Weinheim und Basel
HOFMAN M. A. & Dick F. SWAAB, 1991: Sexual Dimophism of the Human Brain: Myth and Reality. Exp Clin Endocrinol, Vol. 98, No. 2, 161–170
IMPERATO-McGUINLEY Julianne, PETERSEN Ralph, GAUTIER Teofilo & Erasmo STURLA, 1979: Androgens And The Evolution of Male Gender Identity Among Male Pseudohermaphrodites With 5 Alpha-Reductase Deficiency. New England Journal of Medicine 300, 1233–1237
JOHNEN Wilhelm, 1994: Die Angst des Mannes vor der starken Frau. Fischer: Frankfurt/M.

JONAS Doris F.,1980: Aufstieg und Niedergang der weiblichen Macht. Biologische Faktoren, in: FESTER R. et al.: Weib und Macht. Fünf Millionen Jahre Urgeschichte der Frau. Fischer: Frankfurt/M.

JOST Alfred, 1953: Problems of Fetal Endocrinology: The Gonadal and Hypophyseal Hormones. Recent Progress in Hormone Research, 8, 379–418

KEVERNE Eric B. et al., 1996: Genomic Imprinting and The Differential Roles of Parental Genomes in Brain Development. Developmental Brain Research, Vol. 92, 91

KIMURA Doreen, 1991: Sex Differences in Cognitive Function Vary with the Season. Research Bulletin 697, Dept. of Psychology, University of Western Ontario

KIMURA Doreen, 1995: Estrogen Replacement Therapy May Protect Against Intellectual Decline in Postmenopausal Women. Hormones and Behavior, 29, 312–321

KIPLING Rudyard, 1974: Die Dschungelbücher. Paul List: München. Originalpublikation 1894/1895 (Dschungelbuch/neues Dschungelbuch)

KIRSCHBAUM Clemens, KLAUER Thomas, FLIPP Sigrun-Heide und Dirk Helmut HELLHAMMER, 1995: Sex-Specific Effects of Social Support on Cortisol and Subjective Responses to Acute Psychological Stress. Psychosomatic Medicine, 57, 23–31

KLOPFER Peter, 1971: Mother Love: What Turns It On? American Scientist, 59, 404–407

KNUSSMANN Rainer, 1982: Der Mann – Ein Fehlgriff der Natur. Serie, Stern

KNUSSMANN Rainer, 1996: Vergleichende Biologie des Menschen. Lehrbuch der Anthropologie und Humangenetik. G. Fischer: Stuttgart, Jena, Lübeck, Ulm

KÖNIG Marie E. P., 1980: Die Frau im Kult der Eiszeit, in: FESTER R. et al.: Weib und Macht. Fünf Millionen Jahre Urgeschichte der Frau. Fischer: Frankfurt/M., S. 107–158

LeBOEUF Burney J., 1972: Sexual Behavior in The Northern Elephant Seal Mirounga angustirostris. Behavior, 41, 1–26

LeBOEUF Burney J., 1974: Male-Male Competition and Reproductive Success in Elephant Seals. American Zoologist, 14, 163–176

LE BON Gustave, 1879: Recherches anatomiques et mathémathiques sur les lois des variations du volume du cerveau et sur leurs relations avec l'intelligence. Zit. nach: GOULD Stephen Jay, 1988: Der falsch vermessene Mensch. Suhrkamp: Frankfurt/M., S. 108–109

LEHRKE Robert, 1972: A Theory of X-linkage of major intellectual traits. American Journal of Med Defic, 76, 611–619

LEIBOWITZ Sarah F., 1992: Neurochemical-Neuroendocrine Systems in the Brain Controlling Macronutrient Intake and Metabolism. Trends in Neurosciences, 15, 491–497

LEIBOWITZ Sarah F., 1994: Specificity of Hypothalamic Peptides in the Control of Behavioral and Physiological Process. Annals of the New York Academy of Sciences, 739, 12–35

LEIBOWITZ Sarah F., 1994: Adrenal Steroid Receptors: Interactions With Brain Neuropeptide Systems in Relation to Nutrient Intake and Metabolism. Journal of Neuroendocrinology, 6, 479–501

LORENZ Konrad, 1985: Der Abbau des Menschlichen. Piper: München

MACCOBY Eleanor Emmons & Carol Nagy JACKLIN, 1975: The Psychology of Sex Differences. Stanford University Press: Stanford, Cal.; London (Oxford University Press).

MALAMUTH Neil M. & James V. P. CHECK, 1980: Sexual Arousal to Rape and Consenting Depictions: The Importance of Woman's Arousal. Short Report, Journal of Abnormal Psychology, Vol. 98, No. 6, 763–766

MALAMUTH Neil M. & James V. P. CHECK, 1980: Penile Tumescence and Perceptual Responses to Rape as a Function of Victim's Perceived Reaction. Jorunal of Applied Social Psychology, 10, 528–547

MALINOWSKI Bronislaw, 1966: The Father in Primitive Psychology. The Northern Library, W. W. Norton & Company Inc.: New York

MARANO Hara Estroff, 1993: Chemistry & Craving. Not the Same Old Diet Story. Psychology Today, Jan/Feb, 30–74.

MASTERS William H. & Virginia E. JOHNSON, 1970: Die sexuelle Reaktion. Rowohlt: Reinbek

MASTERS William H., JOHNSON Virginia E. & Robert C. KOLODNY, 1996: Heterosexualität. Ueberreuter: Wien

McLACHLAN John A. (Ed.), 1980: Estrogens in the Environment. Elsevier: New York

McLACHLAN John, 1993: Functional Toxicology: A New Approach to the Detection of Biologically Active Xenobiotics. Environmental Health Perspectives 101, 386–387

MEYER-BAHLBURG Heino F. L., GRUEN Rhoda S., NEW Maria I., BELL Jennifer J., MORISHIMA Akira, SHIMSHI Mona, BUENO Yvette, VARGAS Ileana & Susan W. BAKER, 1996: Gender Changes from Female to Male in Classical Congenital Adrenal Hyperplasia. Hormones and Behavior 30, 319–332. Article No. 0039

MINSKY Marvin, 1981: Jokes and Their Relation to The Cognitive Unconsciousness, in: VAINA & HINTICCA (Eds.): Cognitive Constraints on Communication. Reidel

MONEY John & Anke A. EHRHARDT, 1972: Man and Woman, Boy and Girl: Differentiation and Dimorphism of Gender Identity from Conception to Maturity. Johns Hopkins University Press: Baltimore

MONNEUSE Marie Odile, BELLISLE France & Jeannine LOUIS-SYLVESTRE, 1991: Impact of Sex and Age on Sensory Evaluation of Sugar and Fat in Diary Products. Physiology and Behavior, 50, 1111–1117

MOORE Ceilia L. & Richard H, WHITE, 1996: Sex Differences in Sensory and Motor Branches of the Pudendal Nerve of the Rat. Hormones and Behavior, 30, 1–10

MOORE Ceilia L., 1992: The Role of Maternal Stimulation in the Development of Sexual Behavior and Its Neural Basis. Developmental Psychobiology, Vol 662 of the Annals of the New York Akademy of Sciences, October 20

MOORE Ceilia L., DOU Hui & Janice M. JURASKA, 1992: Maternal Stimulation Affects the Number of hic Nucleus of the Lumbar Spinal Cord. Brain Research, 572, 52–56

MOORE Ceilia L. & Richard H. WHITE, 1996: Sex Differences in Sensory

and Motor Branches of the Pudendal Nerve of the Rat. Hormones and Behavior 30, 1–10
MORRIS Desmond, 1994: Das Tier Mensch. VGS Verlagsgesellschaft: Köln
MORRIS Desmond, 1968: Der nackte Affe. Droemer: München, Zürich.
MÖBIUS Paul Julius, 1900: Über den Physiologischen Schwachsinn des Weibes
NAPIER J. R. and P. H. NAPIER, 1985: The Natural History of the Primates. British Museum (Natural History), Cambridge University Press: London
NILSSON Lennart, 1990: Ein Kind entsteht. Bilddokumentation über die Entwicklung des Lebens im Mutterleib. Mosaik: München
NOVALIS, 1772, in: FEYL Renate (Hg.), 1991: Sein ist das Weib, Denken der Mann. Kiepenheuer und Witsch: Köln
OEHLERT Beatrice, 1956: Kampf und Paarbildung einiger Cichliden. Zeitschrift für Tierpsychologie, 168–169
PERSINGER M. A. & P. M. RICHARDS, 1995: Women Reconstruct more Details than Men for a Complex Five-Minute Narrative: Implications for Right-Hemispheric Factors in the Serial Memory Effect. Perceptual and Motor Skills, 80, 403–410
PHILLIPS Kathryn, 1996: Why Can't a Man be More Like A Woman … And Vice Versa. Feminet 25. 10. 96. Internet
PINES Maya, 1981: The Civilizing of Genie. Psychology Today, September, 28–34
POOL Robert, 1995: Evas Rippe. Das Ende des Mythos vom starken und vom schwachen Geschlecht. Droemer-Knaur: München
PRUITT Ida, 1945: A Daughter of Han. Yale University Press: New Haven
REICH Jens, Mann häufigster genetischer Defekt. Zit. n.: EBERHARD-MEYER Claudia, 1977: Eva war zuerst da. Bild der Wissenschaft 2, 65–68
RESCHER Brigitte & Peter RAPPELSBERGER, 1996: EEG Changes in Amplitude and Coherence During a Tactile Task in Females and Males. Journal od Psychophysiology 10, 161–172
RIEDL Barbara I. M., 1990: Morphologisch-metrische Merkmale des männlichen und weiblichen Partnerleitbildes in ihrer Bedeutung für die Wahl des Ehegatten. Homo 41, 72–85
RIEDL Rupert, 1985: Die Spaltung des Weltbilds. Biologische Grundlagen des Erklärens und Verstehens. Paul Parey: Berlin und Hamburg
RIEDL Rupert,1987: Begriff und Welt. Biologische Grundlagen des Erkennens und Begreifens. Paul Parey: Berlin und Hamburg.
RITTER Horst, 1977: Humangenetik. Grundlagen – Erkenntnisse – Entwicklungen. Herder: Freiburg, Basel, Wien
ROHWER Sievert, 1997: Status Signaling in Harris Sparrows: Some Experiments in Deception. Behaviour, 61, 107–129
ROSE Horst, 1992: Die Kuriere der Sexualität. Geo Wissen Nr.4, Sex Geburt Genetik, aktualisierter Nachdruck, 42–44
SACHS Jacqueline, 1975: Cues to the Identification of Sex in Children Speech in Language and Sex, in: THRONE Barrie & Nancy HENLEY, 1975: Language and Sex: Difference and Dominance. Newbury House Publishers Inc.: Rowley, Mass.

SCHELSKY Helmut, 1955: Soziologie der Sexualität. Rowohlts deutsche Enzyklopädie:Hamburg

SCHENK-DANZINGER Lotte, 1995: Entwicklungspsychologie. ÖBV Pädagogischer Verlag: Wien, 23. Auflage

SCHMIDT Robert F. & Gerhard THEWS (Hg.), 1987: Physiologie des Menschen. 23. Auflage. Springer: Berlin: Heidelberg, New York

SCHRÖDER Inge: 1992: Menschliches Sexualverhalten, Paarungsstruktur und Hominidenevolution. Wiss. Zeitschr. d. Humboldt Universität zu Berlin, R. Medizin 41, 2, 56–59

SCHUCHARDT Carl, 1919: Alteuropa. Sraßburg, Berlin

SCHWEDER Barbara I. M., 1994: The Impact of the Face on Longterm Human Relationships. Homo, Vol. 45/1, 74–93

SHARPE R M & N SKAKKEBÆK, 1993: Are Estrogens Involved in Falling Sperm Counts and Disorders of the Male Reproductive Tract? The Lancet, May 29, 341, 1392–1395

SHAYWITZ Bennet A., SHAYWITZ Sally E., PUGH Kenneth R., CONSTABLE R. Todd, SKUDLARSKI Pawel, FULBRIGHT Robert K., BRONEN Richard A, FLETCHER Jack M., SHANKWEILWER Donald P., KATZ Leonard & GORE John C., 1995: Sex Differences in the Functional Organization of the Brain For Language. Nature, Vol. 373, 16 February, 607–609

SIDOROVICS Laura & Lunney G. SPARKS, 1980: Baby X revisited. Sex Roles, Vol. 6, 1, 67–73

SKAKKEBÆK Niels, zit. aus dem Internet »Sex Hormones and Gender«, 25. 10. 1996. Science Service Inc. 1994

TEMBROCK Günther, 1992: Zur Funktion geschlechtlicher Unterschiede aus verhaltensbiologischer Sicht, in: WESSEL K. F. & H. A. G. BOSINSKI, 1992: Interdisziplinäre Aspekte der Geschlechterverhältnisse in einer sich wandelnden Zeit. Kleine Verlag: Bielefeld

THELEN Thomas H., 1983: Minority Type Human Mate Preference. Social Biology, 30, 2, 162–180

THOMAS Lewis, Stanford University, zit. n.: EBERHARD-MEYER Claudia, 1997: Eva war zuerst da. Bild der Wissenschaft 2, 65–68

TIGER Lionel & Joseph SHEPHER, 1975: Women in the Kibbuz. Harcourt Brace Jovanovich: New York

TIGER Lionel, 1984: Men in Groups. Marion Boyars, New York.

TRAMITZ Christiane, 1992: Du und kein anderer. Econ: Düsseldorf

TURNER Gillian & Michael W. PARTINGTON, 1991: Genes for Intelligence on the X Chromosome. Journal Med Genet, 29, 429

TURNER Gillian, 1996: Intelligence and the X Chromosome. The Lancet, 347, 1814–1815

VAN GOOZEN Stephanie H. M., COHEN-KETTENIS Peggy T., GOOREN Luois J. G., FRIJDA Nico H. et al., 1995: Gender Differences in Behavior: Activating Effects of Cross-Sex Hormones. Psychoendocrinology, Vol. 20/4, 343–363

VINES Gail, 1997: Where Did You Get Your Brains? New Scientist, May 3, 34–39

VOGEL Christian & Hartmut LORCH, 1984: Reproductive Parameters, Adult-Male Replacement, and Infanticide Among Free-Ranging Langurs

(Presbytis Entellus) At Jodhpur (Rajisthan), India, in: HAUSFATER G. & S. B. HRDY (Eds.): Infanticide: Comparative and Evolutionary Perspectives. Aldine Publishing Company: New York. 237–255

VOLAND Eckart, 1993: Grundriß der Soziobiologie. G. Fischer: Stuttgart, Jena

WAAL Frans de, 1982: Unsere Haarigen Vettern. Neueste Erfahrungen mit Schimpansen. München

WALKER A., 1843: Women Physiologically Considered. Zit. n.: FAUSTO-STERLING Anne, 1985: Gefangene des Geschlechts? Was biologische Theorien über Mann und Frau sagen. Piper: München

WESEL Uwe, 1990: Der Mythos vom Matriarchat. Über Bachofens Mutterrecht und die Stellung von Frauen in frühen Gesellschaften. Suhrkamp: Frankfurt/M.

WICKLER Wolfgang & Uta SEIBT, 1989: Die Entstehung der Geschlechter und ihrer Rollen, in: LIEDKE Max (Hg.), 1989: Paarbildung und Ehe. Biologische Grundlagen und kulturelle Aspekte. Mattreier Gespräche. Jugend und Volk: Wien, München.

WITELSON Sandra F., 1989: Hand and Sex Differences in the Isthmus and Genu of the Human Corpus Callosum. A postmortem morphological study. Brain, 112, 799–835

WITKIN H. A., DYK R. B., FATERSON H. F., GOODENOUGH D. R. and KARP S. A., 1974: Psychological Differentiation. Studies of Development. Lawrence Erlbaum Associates: Potomac, Maryland, Halsted Press Division of John Wiley & Sons: New York, Toronto, London, Sydney

ZIMMER Dieter E., 1989: Experimente des Lebens. Über wilde Kinder, Zwillinge, Kibbuzniks und andere aufschlußreiche Wesen. Haffmans: Zürich

REGISTER

Deuticke
A-1010 Wien, Hegelgasse 21

Herstellung: Josef Embacher
Umschlaggestaltung: Robert Hollinger
Umschlagphoto: PIX Bildagentur, Wien
Druck: Wiener Verlag, Himberg
Printed in Austria
ISBN 3-216-30306-3